帝政期ローマの
法学者

ケルススの分析を中心に

塚原義央
Yoshihisa Tsukahara

早稲田大学エウプラクシス叢書──046

早稲田大学出版部

A Study of Roman Legal Lawyers in the Imperial Period
With a Central Focus on Celsus

TSUKAHARA Yoshihisa, PhD, is Lecturer at Faculty of Law, Tohoku Gakuin University.

First published in 2024 by
Waseda University Press Co., Ltd.
1-9-12 Nishiwaseda
Shinjuku-ku, Tokyo 169-0051
www.waseda-up.co.jp

© 2024 by Yoshihisa Tsukahara

All rights reserved. Except for short extracts used for academic purposes or book reviews, no part of this publication may be reproduced, stored in a retrieval system or transmitted in any form whatsoever—electronic, mechanical, photocopying or otherwise—without the prior and written permission of the publisher.

ISBN978-4-657-24803-9

Printed in Japan

まえがき

　古代ローマ人が残した文化的遺産を数え上げれば切りがないが，一つに法を挙げることができる。まさに彼らは法を創出した民族であった。近代ドイツを代表する法学者であり，パンデクテン法学者でもあったイェーリングは『ローマ法の精神』を著し，ローマ人を以下のように称賛する。すなわち「ローマは三たび世界に掟を命じ，三たび諸民族を統一態に結合した。一度目は，ローマ民族がなおその活力の充実した状態にあったとき，国家の統一に結合し，二度目は，ローマ民族がすでに没落してしまった後に教会の統一に結合し，三度目にはローマ法の継受の結果として，中世において，法の統一に結合した。第一回は，武器の力による外面的な強制をもって，他の二回は，精神の力をもって[1]」と。古代ローマ人が創り出した法はローマが滅亡した後も長い命脈を保ち続け，中世にはイタリア・ボローニャの地で「ローマ法大全」のテクストが学ばれ，そこで学んだ学生が故郷にローマ法を持ち帰り，法実務にあたった。また近世には人文主義法学者がローマ法文の歴史的解析に取り組み，法制史研究の礎を築いた。近代になるとドイツにおいてヴィントシャイトを代表とする先のパンデクテン法学者が，「ローマ法大全」をはじめとしたローマ法史料を基礎にした私法学を構築し，これがわが国の民法典が範としたドイツ民法典の創出に大きく貢献した。この事実だけを見てもローマ法がヨーロッパ諸国の法の礎になっているのみならず，フランス法やドイツ法を積極的に継受してきたわが国の法体系とも深く関わっていることがわかるであろう。

　このような法体系を創り上げたのはいうまでもなくローマ人自身であるが，中でも「法学者 *iurisconsultus*」と呼ばれる人たちであった。「法学者」というと現代の私たちは大学教員をはじめとしたいわゆる法学研究者，また

　1）　イェーリング（原田慶吉監修訳）『ローマ法の精神　第一巻（1）』有斐閣，1950年，3頁。

は法曹をはじめとした実務家をイメージするであろうか。ローマにおいて法学者の大多数は，どこか特定の学術機関で研究に従事するということではなく，公職に就きローマ国家運営の最前線を走りながら，また帝政時代には皇帝のよき相談役として活動しながら，裁判運用をはじめとした実務活動や法学教育に携わる人たちであった。彼らがこのような多忙を極める公務の合間に残した法学著作は，その門弟たちによって伝えられ，いわゆるローマ法大全の「学説集 *digesta*」にその一部が残っている。学説集は同名の著作が紀元前からローマで存在していたが，それを模してローマ法大全の立法者であるユスティニアヌス帝が編纂委員に命じて作り上げたものである。編纂委員により三年かけて 20 分の 1 にまで縮約され，最終的に 50 巻にまとめられたこの学説集は，個別具体的な事例に立脚しながらどのように法的に問題を解決すべきか，法学者とその著作名を記してまとめ上げたものである。この学説集をはじめとした法文史料を通じて，私たちはローマの法学者たちの法思考を辿ることができるのである。所々ギリシア語も交えながらラテン語で書かれたこの作品は中世以降も多くの人たちの関心を引き，大学の起こりとされるボローニャで本格的な解析が始まり，それ以降も解析の手法を変えながら近世を経て近代に至るまで多くの法学者たちの関心を集めた。

　ローマ法研究は，古代ローマで運用された法制度を対象とする古代ローマ法研究と，中世以降のローマ法を素材とした法運用を研究するものとに分かれるが，後者は西洋法制史の中で語られることが多いため、基本的には前者を対象とする。特にパンデクテン法学を代表とする近代ドイツの私法学の影響により，ローマ私法に着目する研究が伝統的に多かったが，近年では国内でも公法にも着目した研究が多くなってきている。特に公法面の研究は，歴史学とも親和性を有するため歴史学研究者による学説集をはじめとしたローマ法大全の解析も行われるようなってきた。国内における伝統的なローマ法研究は，ローマの法制度がいかなるものであったのかに着目し，その法制度を生み出した法学者に注目することはほとんどなかったが，ヨーロッパでは個別の法学者に着目し，その特徴を浮き彫りにするというような試みがなされてきた。近年では林智良が共和政末期の法学者の研究に着手し，『共和政末期ローマの法学者と社会』と題してその法学と社会的活動との連関を明ら

まえがき　iii

かにしている。

　また私たちはローマ法大全の学説集に収められた法文を通じて、ローマの法学者たちの著作の一部を知ることができるのであるが、近世の人文主義法学以降、この残された断片をつなぎ合わせ，部分的にでも著作を復元しようとする試みがなされてきた。19世紀にはドイツのローマ法研究者であるO. Lenelがローマの法学者たちの著作の復元を試みて「市民法の再生 *palingenesia iuris civilis*」と呼ばれる業績を残し、近年、ローマ大学でこれをアップデートする形で「ローマ法の著作家たち *scriptores iuris romani*」というプロジェクトの下，ローマの法学著作の復元が再度試みられている。また20世紀に入ると歴史学におけるプロソポグラフィー研究の進展とも相俟って、ドイツのローマ法の研究者であるW. Kunkelが「ローマの法学者たち：出自と社会的地位 Die Römischen Juristen : Herkunft und soziale Stellung」を発表し、ローマの法学者たちの出自や公職就任経歴を明らかにしローマ法研究に新しい地平を拓いた。

　このように著作の復元に始まり，ローマの法学者研究は19世紀から20世紀にかけて大きく進展してきたといえる。それはローマ法大全，なかんずく学説集に採録されるローマの法学者たちの言説を，それ以外の史料がほとんどない中で，立体的に再構成しようとする試みであったともいえるだろう。本書はこれらの研究を範としながら，特に法学の古典期と呼ばれるローマ帝政期の法学者に焦点をあてて、法文解析を中心としながら出自や公職就任経歴等も調査し、その実態を解明しようとするものである。この時代は五賢帝期とも呼ばれ、「ローマの平和 *pax Romana*」と呼ばれる平和を享受した時代といわれる。トラヤヌス帝の時代に最大版図を獲得したローマは、以降、ハドリアヌス帝の時代になると防衛路線に舵を切り、ローマにとっても大きな転換点となる時代であった。そのような時代に生きたケルススの法学者像を、同時代を生きたユリアヌスと対比しつつ法文に触れながら描いていきたい。

目　次

まえがき　i

序　論 ……………………………………………………………… 001
第 1 節　問題関心　001
第 2 節　先行研究　004
第 3 節　本書の構成　010

第 1 章　帝政前期ローマの法学者を取り巻く状況 …… 013
第 1 節　帝政前期ローマにおける法学の状況　013
第 2 節　プロクルス学派とサビヌス学派　020
第 3 節　皇帝顧問会での法学者の活動　028
第 4 節　小　　括　038
コラム：ローマの歴史　038

第 2 章　公職者としてのケルススの活動
相続財産請求に関するある元老院議決をめぐって ………… 041
第 1 節　ケルススの経歴　041
第 2 節　同元老院議決の分析にあたっての諸前提　045
第 3 節　S.C.Q.P. の内容を伝える史料（D.5,3,20,6~6^{d}）　050
第 4 節　ハドリアヌス帝と元老院との関係における S.C.Q.P.　067
第 5 節　小　　括　075
コラム：ギリシア人とエトルリア人　076

第3章　ケルススが残した法格言（1）

「法は善および衡平の術である」 ·· 077

第1節　先行研究　079

第2節　共和政期および帝政期における善および衡平
　　　　bonum et aequum のあり方　087

第3節　ケルススの *b.e.a* の用い方　098

第4節　小　　括　107

コラム：ローマ人の名前　109

第4章　ケルススが残した法格言（2）

アクィリウス法の解釈を中心として ································· 111

第1節　先行研究　112

第2節　共和政期における *vis ac potestas* のあり方　116

第3節　帝政期における *vis ac potestas* のあり方　119

第4節　ケルススの法解釈事例　126

第5節　小　　括　141

コラム：ローマの公職　142

第5章　ケルススの遺贈解釈

家財道具 *supellex* の遺贈を中心に ······························· 143

第1節　D.33,10,7　144

第2節　ローマにおける家財道具遺贈　160

第3節　D.33,10 に採録される諸法文　164

第4節　小　　括　173

コラム：ローマの皇帝　176

第6章　ユリアヌスの法解釈

アクィリウス法を素材に …………………………………… 177

第1節　ユリアヌスの出自および法学修習経歴，公職就任経歴　179

第2節　ユリアヌスのアクィリウス法解釈法文（D.9,2,51）　181

第3節　アクィリウス法上の文言「殺害する」の理解　195

第4節　小　括　201

結　論 …………………………………………………………… 203

第1節　ケルススの法学者像　203

第2節　ユリアヌスとの対比において　206

あとがき　209

初出一覧　211

参考文献一覧　213

索　引　225

英文要旨　228

凡　例

1. 固有名詞について，古代の人名に関しては原則としてカタカナ表記としたが，定着しているもの（例えばキケロー）を除いて，長音符は付していない。現代の研究者について，欧米の研究者に関してはアルファベット表記を採用し，国内外の研究者共に敬称は略した。

2. 雑誌略号は原則としてL'année phiologiqueに従う。史料以外のその他の主な略号については，以下の通りである。
   AE = L'Année épigraphique
   ANRW = Aufstieg und Niedergang der Römischen Welt
   BIDR = Bullettino dell'Istituto di diritto romano
   BNP = Brill's New Pauly
   CIL = Corpus Inscriptionum Latinarum
   ED = Enciclopedia del diritto
   Iura = Iura : rivista internazionale di diritto romano e antico
   NNDI = Novissimo Digesto Italiano
   OCD = The Oxford Classical Dictionary, 4th ed., 2012
   OLD = Oxford Latin Dictionary, 2nd ed., 2012
   RE = Paulys Realenzyklopädie der Altertumswissenschaft
   SDHI = Studia et documenta historiae et iuris
   TLL = Thesaurus Linguae Latinae
   TR = Tijdschrift voor rechtsgeschiedenis
   VIR = Vocabularium Iurisprudentiae Romanae
   ZRG = Zeitschrift der Savigny-Stiftung für Rechtsgeschichte. Romanistische Abteilung.

3. 史料について，主な略号は以下の通りである。
   C. = *Codex Iustinianus*
   D. = *Digesta Iustiniani Augusti*
   NA = *Noctes Atticae*
   PS = *Pauli Sententiae*
   SHA = *Scriptores Historiae Augustae*

4. 史料のテクストについて，法文史料はThe Roman Law Library（https://droitromain.univ-grenoble-alpes.fr/）に掲載のものに，非法文史料はThe Latin Library（http://www.thelatinlibrary.com/）に掲載のものに基づく。

5. 史料の翻訳は注で言及がない限り筆者による試訳であるが，D.の法文を翻訳する際には以下の翻訳も参照した。

A. Watson, *The Digest of Justinian*, Philadelphia, c1985（英訳）

C. E. Otto, B. Schilling, C. F. F. Sintenis, *Das Corpus iuris civilis*, Leipzig, 1831–1839（旧独訳）

O. Behrends, R. Knütel, B. Kupisch, H. H. Seiler, *Corpus iuris civilis : Text und Übersetzung*, Heidelberg, c1990–c2012（独訳）

G. Vignali, *Corpo Del Diritto*, Napoli, 1856–1862（旧伊訳）

a cura di Sandro Schipani, *Iustiniani Augusti Digesta, seu Pandectae = Digesti o pandette dell'imperatore Giustiniano : testo e traduzione*, Milano, 2005–2011（伊訳）

6. 下線は，筆者による。

序　論

第 *1* 節　問題関心

　本書は，ローマ法の古典期と呼ばれる時代を代表する法学者たちについて，特にケルススを中心としながらその法学的側面のみならず社会的側面にも着目し，総合的な把握を試みるものである[1]。ローマにおいて法学者 *iurisconsultus* は，法の重要な担い手であった。ローマは西ローマに限定しても，紀元前8世紀から始まる王政期から共和政期を経て帝政期へと至り，5世紀に滅亡するまで1,500年以上もの長い歴史を有する。「法の民族」として精緻な法制度を作り上げ，近代法の形成にも多大な影響を与えた。

　こうした古代ローマにおいて裁判は法務官 *praetor* と呼ばれる公職者を中心として運用されていたが，彼らは必ずしも専門的な法学識を有していたわけではなく，法学者に助言を受けた上で司法の運用に携わっていた[2]。また法学者は公職者のみならず一般市民の相談にも応じて助言を与えるなど，現

---

1)　このような視角を立てるにあたり，林智良の共和政末期ローマの法学者研究の成果に多くを負っていることは論を俟たない。また林も述べるように，国内においては上山安敏の研究がこのような法社会史的研究の先駆的な業績として評価される。林智良『共和政末期』20頁，注(2) を参照。上山は法と社会とをつなぐ中間項として裁判官や法学者をはじめとする法の担い手たちを想定しその分析の重要性を指摘する。上山『法社会史』428-429頁を参照。筆者も林と同様，上山のそのような主張に導かれている。

2)　上山はローマにおける法学者のあり方について，近代ヨーロッパ文化への影響を指摘する。上山『近代ヨーロッパ』V-9VI頁を参照。

代のよろず法律相談所のような役目も果たしていた。結果的にローマにおいては法学者が法運用の実質的な担い手となり，ローマ法学の発展に寄与するのみならず社会的にも重要な役割を果たすようになる[3]。ちなみにこのようにして築き上げられたローマ法学は，共和政期からその土台を作り始め，帝政期に古典期として最盛期を迎えるとするのが通説となっている。

　法学者たちの活動は，ローマが一都市国家として歩みを始めた王政期にも王法 leges regiae と呼ばれる法律はあったものの，「古典期」と呼ばれる時代があるように実質的には共和政期に始まり帝政期に至るまでが主な活躍の場となる。現代の弁護士のように市民の法律相談に乗ることもあれば，司法を司る公職のブレーンとして実際の司法を運営し，有力な法学者は帝政期の最高権力者である皇帝の諮問機関の構成員としても活動することも稀ではなかった。現代でいえば弁護士や裁判官が，首相のブレーンとなってサポートするような感覚である。このような状況は紀元後3世紀前半まで続き，以降，有名な法学者は輩出されなくなるが，共和政後期にあたる紀元前2世紀から紀元後3世紀前半に至るまでの400年以上の間，法学者が司法面のみならず国政の運営にも絶大な影響力を持っていたことは間違いない。

　しかし伝統的なローマ法学，またはローマ法研究は，比較的近年になってしか法学者，特に帝政期のそれにフォーカスを当てることはなかった。詳細な研究史は次節に譲るが，それはいわゆるローマ法大全の名で知られるユスティニアヌス法典または市民法大全の中核である学説彙纂 Digesta がこれら法学者の学説で構成され，その難解な法文の解釈をめぐって中世ボローニャの注釈学派以降，その法文の内容解析に注力してきたということが1つの原因として考えられる。この学説彙纂を中心としたローマ法大全の解析は，中世および近世を経て近代の大陸法を中心とした私法学へ結実し大きな成果を得たのであるが，近世における人文主義法学を例外として，そのテクストの背景に潜んでいる古代ローマ社会の実態やそれを創出した法学者たちの存在

---

3)　柴田光蔵は，共和政初期の法学者の活動を以下の3つに集約している。すなわち①当事者のために効果の発生に必要な行為方式を作成し cavere，②当事者が提起する訴訟の方式の作成に助力し agere，③法律問題について解答を与える respondere，である。柴田「法学」32頁を参照。

にはほぼ関心を示さなかったと言ってよい。

　また法学者の情報について教えてくれる史料の有無も関係している。多くの法学者の情報を伝えるキケローのテクストが残る共和政期とは異なり，帝政期はキケローのように法学者の情報を伝えてくれるような史料が存在せず，唯一，2世紀の法学者であるポンポニウスによる記述が残るのみでこれも断片的なものである。この他の非法文史料についても非常に限定的な情報に限られており，近年は碑文史料が発掘され少しずつ個別の法学者についても情報が伝えられるようになっているが，その歴史像を再構成することが非常に困難であったことがもう1つの原因として挙げられる。

　学説彙纂をはじめとした法文を元のテクストに再構成する作業は，人文主義法学のクヤキウスに始まり，19世紀にはドイツでO. Lenelが「市民法の再構成 *palingenesia iuris civilis*」という形でまとめることになる。Lenelはローマの公職の1つであり司法を司る法務官の告示を再構成する中で学説彙纂に採録される法文，特に「告示註解 *ad edictum*」と呼ばれる著作からの断片を解析することになり，その成果をもって法学者たちの著作の再構成に取り組むことになるが，現代でも学説彙纂の断片が元のテクストにおいてどのような文脈であったかを確認する際に用いられている古典的な業績である。また近年はローマ大学を中心に「ローマ法の著作家たち *scriptores iuris romani*」というプロジェクトでこのLenelの業績をアップデートする作業が進められている。また個別の法学者への関心も高まりその法文解析を中心として徐々に研究が進んでいるが，まだまだローマの法学者たちに関する研究は欧米において緒に着いたばかりであり国内においては共和政期の赤井や林智良を除いて，ほぼ皆無と言ってよい。

　学説彙纂の法文は，特に帝政期の法学者の言説が多くを占めるが，ローマ史上，五賢帝期からセウェルス氏族による支配までの時代が特に法学が栄えた時代とされ，同時代の法学者たちの言説が多く残されている。一番多いのはセウェルス朝期に活躍したウルピアヌスのものであるが，五賢帝期の法学者としてケルススとユリアヌスがいた。両者共にハドリアヌス帝の時代に活動したと思われ，帝政期にはプロクルス学派とサビヌス学派と呼ばれる2つの学派の対立があったとされるが，ケルススはプロクルス学派の学頭を，

ユリアヌスはサビヌス学派の学頭を務めたとされる。また両者ともハドリア
ヌス帝の顧問会員も務めた。この時代の法学は古典期の中でも「古典盛期
hochklassische Zeit」と呼ばれ，法学が最も隆盛を迎えた時代と位置づけ
られている。しかしながら同時代が法学隆盛期とされる一方で，同時代を代
表する二人の法学者の実像がどのようなものであったかについては明らかに
されておらず，先行研究はただ個別の法文の解析に終始している。

第2節　先行研究

　ローマの法学者たちに関する研究について，国内においてはまず赤井が，
共和政初期の法学者の一人であるティベリウス・コルンカニウスを対象とし
て分析した[4]。赤井は十二表法制定を共和政期におけるパトリキ（貴族）とプ
レブス（平民）の身分闘争の結果と捉え，パトリキによる法の独占状態の崩
壊という身分闘争説に則った上で，プレブスへのティベリウスの法教授とい
う史実を，パトリキによる法の独占状態の崩壊という文脈で捉えようとした。
　また林智良は共和政末期の法学者たちを対象として従来のような法学説の
検討に終始せず，キケローといった非法文史料を用いてその社会的実態をも
分析して，ローマの法学者たちの法社会史的な把握を試みた[5]。林は先行研
究に基づきながら共和政末期の三人の法学者たち，すなわちクイントゥス・
ムキウス・スカエウォラ，セルウィウス・スルピキウス・ルフス，アルフェ
ヌス・ウァルスについて，それまでコンスル（執政官）をはじめとする高位
の公職に就任するための手段として有効なものの1つであった法学の習得が
徐々にそのようなものではなくなっていく中で，法学それ自体がどのように
変化していったかを捉えようとした。
　欧米における古典的なローマ法学史の研究として，Schulzのものが挙
げられる。Schulzは「ローマ法Roman Law」ではなく，「ローマの法科
学Roman Legal Science」の歴史を叙述するとし，それをアルカイック

---

4)　赤井「古代ローマ法学者」を参照。
5)　林智良『共和政末期』を参照。

期Archaic Period, ヘレニズム期Hellenistic Period, 古典期Classical Period, 官僚化期Bureaucratic Periodの4つに分けて論じている。またSchulzは各時代の中でまず法学者の社会的あり方の特徴について述べ，法学者の具体的な活動のあり方，当該時代の法学の特徴，そして法学者たちが残した著作について述べている[6]。

またKunkelはプロソポグラフィー的手法を用いて古代ローマの法学者たちの出自や所属階層を明らかにしている。Kunkelは共和政期と帝政期の個別の法学者たちについて，碑文史料等を用いてその出自や公職経歴を明らかにし，それぞれの時代を法学者の多くが元老院階層であった時代と，その下の騎士階層であった時代との大きく2つの時代に分けて論じている[7]。それまでユスティニアヌス帝の学説彙纂に代表される法文史料をメインにした古代ローマ法学者たちの分析に対し，Kunkelは碑文史料等を駆使しながらローマの法学者たちの社会的あり方を明らかにしようとした点で，古代ローマの法学者研究に新しい地平を拓いた。

Honoréは，3世紀の皇帝たちの勅答*rescirptum*を素材に，これらの多くが嘆願局長官*procurator a lbellis*, *magister libellorum*に就任していたセウェルス朝期のパピニアヌスをはじめとする法学者たちによって作成されたということを，勅答と法学者の文体スタイルとの比較で明らかにしようとする[8]。このような研究は実質的な皇帝の官吏として活動する法学者の実態を，ユスティニアヌス帝の勅法彙纂をはじめとする勅法集成との関連で明らかにしようとした点で，それまでの研究とは一線を画すものであった。同じような方向性でLiebsは帝政期の法学者たちを「皇室法学者Hofjuristen」とし，皇帝たちの官吏として活動する法学者として帝政期の法学者たちを捉えた[9]。

またBaumanはローマの法学者たちの社会史的把握として共和政期から帝政前期にかけて3つの著作を書いている[10]。これらはいずれもそのタイト

---

6) Cfr. Schulz, Science
7) Cfr. Kunkel, Juristen
8) Cfr. Honoré, Lawyers. 同著の初版にはLiebsによる書評がある。Cfr. Liebs, Juristen
9) Cfr. Liebs, Hofjuristen
10) Cfr. Bauman, Republican Politics ; Idem, Transitional Politics ; Idem, Roman Empire

ルが示す通り，ローマの法学者たちの政治的なあり方について検討したもの
であるが，特に帝政時代については皇帝の出現に伴う法学者の官僚化を取り
上げ，皇帝顧問会における法学者の活動のあり方も検討している。

　また特定の法学者に焦点を当てるという研究として，Honoréはセウェ
ルス朝期のウルピアヌスに焦点を当て彼の法学者像を描いている。Honoré
はそのタイトル通りウルピアヌスを「人権の開拓者Pioneer of Human
Rights」とする。Honoréは，アントニヌス勅令の公布による市民権の拡大
に伴いウルピアヌスがローマ法を，全ての人が生まれながらにして自由であ
り平等であり尊厳を有しているという思想に根付かせたとする。これら自
由，平等，尊厳は人権の基本的な構成部分であり，ウルピアヌスは人権運動
の開拓者として捉えることができるとする[11]。

　ここまで代表的なものに限定して古代ローマの法学者についての先行研究
を概観してきたが，伝統的な法文分析を中心としたものの他に，Kunkelを
はじめとしたプロソポグラフィカルな手法を用いて法学者の社会的活動の実
態を明らかにしようとするものまで，研究の幅の拡がりを確認できる。その
上で帝政期については皇帝の出現により法学者の活動のあり方も変化し，特
に帝政後期に至ると帝国統治のための官僚として活動するようになるという
のが研究史の大きな流れといえる。この法学者の帝国官僚化への傾向は，帝
政前期から後期へと至る際のローマ社会の衰退という伝統的なローマ史の把
握の仕方の中で国家の衰退に伴う皇帝権力の強化という図式に合わせたもの
と考えられよう。このような帝政期の変遷の捉え方，特に帝政後期の解釈を
めぐってはローマ史研究においても再検討がなされており，ローマ法研究に
おいてもそのような試みがなされている[12]。

　本書で中心に検討を加えようとするケルススは帝政前期の法学者である
が，同時代に活躍したユリアヌスと並んでローマ法の古典期を代表する法
学者である。これまでケルススの法学は多くの学者の研究対象となってき

---

11)　Honoré, Ulpian, pp.76-93

12)　例えば粟辻は帝政後期の弁護人について先行研究の不十分さを指摘し，弁護人が有し
　　　ていた資質に着目しながらその存在意義について検討を加えている。粟辻「弁護人」を
　　　参照。

た。例えばWieackerはケルススの論争的性格を分析する中で，背理法 *reductio ad absurdum* という特殊な論証形式に触れている。この論証形式をWieackerは，批判的な性格を持つがその論証は常に適格とも取れない攻撃的傾向の典型的な表れとして考える。ケルススは突飛かつ不調和ではあるが，だからこそ大きな革新をなすことができた精神を獲得しているとする[13]。

またHausmaningerはケルススの法律，遺言，契約のそれぞれの解釈について詳細に検討している[14]。Hausmaningerは，ケルススによって形成された解釈についての抽象的な格言が，個別の判断の中においても考慮されていることを確認する。Hausmaningerはそれに対応する形でケルススの法学者像を描写する際，単にカズイスティックな方法の代わりに理論的に深めた学問を支持し[15]，正確な手法の助けを借りてその判断を獲得していたとする[16]。

それに対してBretoneはケルススの方法論上の原理を形式化した学問への否定として見る[17]。これはケルススによって示された法の課題としての「善および衡平」という格言においてのみならず，個別の決定にも表れているとする。しかし個別の決定の検討までには，Bretoneは及んでいない。

Ussaniは後期プロクルス派の法文化に関する研究の中で，ケルススがネラティウスとは対照的に経験主義的な，全ての教条主義を忌避する方法を用いていたとする[18]。Ussaniはケルススの思考の中にネオアカデミックな懐疑的態度と同時に，博愛主義的なストア主義および善および衡平の基盤としての自然法的な一定の規範観念を確認する。

以上，代表的なケルススの研究を紹介してきたが，「法は善および衡平の術である」を代表する法格言を中心とした分析，すなわち関連する個別の事例からその法格言の意味を探るというもの，またはWieackerの研究に代表

---

13) Cfr. Wieacker, Amovenitates

14) Cfr. Hausmaninger, Gesetzesinterpretation ; Idem, Legatsinterpretation ; Idem, Id quod actum est. なおHausmaningerはこれらの他にも以下のようなケルススに関する研究を残している。Cfr. Hausmaninger, Regula ; Idem, Proculus ; Idem, Celsus filius

15) Hausmaninger, Celsus, S.407

16) Hausmaninger, Celsus, S.403

17) Cfr. Bretone, Tecniche

18) Ussani, Valori, 101ss.

されるようなケルススの批判的性格に着目してその特徴を明らかにするというようなものとに分かれる[19]。しかしながら多くは前者のケルススの法格言に着目した彼の法学分析であり，各研究者が独自の視点でケルスス像を描いてきた。Hausmaningerは，一般的にローマの法学者がカズイスティックに法的紛争を処理したのに対し，ケルススが教義学者Dogmatikerであったと評価している。これはHausmaninger自身が近代ドイツ民法学に多くの影響を受けていることからも明らかなように，近代ドイツ法学に特徴的な教義学的思考がローマにも見出されるということを，無意識のうちに反映したものといえる。またUssaniはこれに対してケルススが経験主義的に紛争を解決していったとするが，大陸法のような演繹的思考に対して英米法のような経験主義的思考がローマにもあったという考えが，そこに反映されているといえる。Tuoriは共和政末期から帝政前期を対象として法学者像を論じているが，各時代・地域の法学者が自らの生きた時代・地域の法と法学者の権威とを高めるという利害関心から，これらを理想化して描いたとする[20]。もちろん筆者も無意識のうちに何かしらの制約をかけられていることは否定できないが[21]，ローマ法研究が法史学である以上，法と社会との関連を可能な限り把握することが必要である。すなわち，ケルススが帝政前期ローマという社会の中で，具体的な社会的状況を前にしてどのように自身の法学を展開したかということが重要である。これを実現するためには社会的背景を含めたケルススの法学説の検討のみならず，彼自身の経歴や公職としての活動の検討といった社会史的分析も必要となろう。

　また古典盛期はローマ史上，五賢帝期とほぼ同じ時代であるが，通説的には政治も安定し，その結果，法学も隆盛を極めたという図式の中で古典期とされる[22]。しかし政治の安定をもって果たして法学も隆盛を極めたといえ

---

19)　その他にケルススの法学上の論拠に関する以下のような文献がある。Cfr. Harke, Argumenta

20)　Cfr. Tuori, Lawyers

21)　林智良もTuoriの議論を紹介する中で，「わが国が継受した西洋法の基層たることを標榜してローマ法の意義を示しつつ法史学の研究教育をおこなう筆者の営みも，彼〔Tuori〕の言う相対化と批判の射程外ではない」と述べている。林智良「ローマ元首政」18頁を参照。

序　論　009

るのか，またそもそも何をもって法学の水準を決定しうるのかという問題がある[23]。また原田俊彦はそもそも時代区分そのものが一般に相対的なものでしかありえないと述べた上で，ローマ法の時代区分もそれぞれの時期の生産関係に対応してそれぞれの時期の法の基本的態様が存在するというメルクマールに基づくものであることを指摘している[24]。この古典期概念の検討

22)　船田『ローマ法』1巻，310-328頁を参照。Kunkel もハドリアヌス帝期から五賢帝期の終わりまで（A.D.117～180年）を古典盛期，セウェルス朝期を古典後期 spätclassische Zeit としている。Cfr. Kunkel / Schermaier, Rechtsgeschchte, SS.154-163
23)　例えば真田芳憲もこの「古典性」という概念について疑問を投げかけている。真田は 19 世紀以来，帝政期が古典期と呼ばれた理由について，(1)《古典期》の法学が後世の法学を規定する一般的な価値尺度ないしは基準となったこと，(2) 共和政期の創造的天才と斗胆な先駆者の法思推が発展し，完全かつ精緻の極みに至り，ローマ法史上の他の時期の法はもとより，他の民族のいかなる法体系よりはるかに科学的，法学的となり，法学が学として確立したことを挙げる。しかし真田はこれらに対し，(1) ローマ私法の発展は，その法思考においても，その法概念においても，共和政末期までに大体において軌道に乗せられ，帝政期の法学者は，必要な細目を一杯に埋めたり，それほど重要ではない調整をするのが精々であったこと，(2) 古典ローマ法はすぐれて科学的個性を具備した法体系であったが，そもそも法の科学性が法文化の価値を決定する要素ではなく，社会正義を実現し社会秩序を維持できるかどうかによって決定されるべきであること，を理由にこれらを否定する。真田「古典性」158-169頁を参照。また真田は，伝統的に法律文化の古典期が一般文化の衰退・凋落期と共に始まるが，その理由として (1) 法以外の文学・学問の全ての領域を侵していた弁論術という毒素に対する時機を得た免疫性，および訴訟事件に没頭する代わりに法素材を精緻且つ形式にかなうように表現しようとする思想が台頭したこと，(2) 元首政初期の 2 世紀間における平和と経済的繁栄，ローマ文化とローマ市民法の強大な拡張，ローマの法生活が濃度化・空間的拡大化したこと，(3) 皇帝による行政と司法の合目的育成，および皇帝の行政・司法に奉仕する法学への関心の増大，が挙げられたことを指摘する。しかし真田はこれらに対しても，(1) 古典期より前の共和政末期の法学者は，ギリシアの弁論術や哲学といった学問からその法学が決定的支配を受けるような影響を受けておらず，(2) ローマの平和は貧困と頽廃に彩られた血腥い平和であり，ローマ世界の拡大化は必ずしもローマ法生活の質的・空間的拡大を意味するものではなく，帝国の東部諸地方においては，ギリシア的，東方的地方法が残存し発達しており，(3) 勅許解答権が特定法学者に付与されたことを通じて法学者の権威は回復し高められたが，その反面，共和政期の自主・主体的な自由にして誇り高き法学者像はもはや影を潜め，この制度は元首の下僕としての法学，法学の御用学問化の第一歩であり，法学者の国家権力への従属が完成し，この意味において《古典法学》とは共和政下の法学者が保有していた自主・独立・自由の法精神を喪失しての御用法学の完成であり，《古典法》とは中央集権化に基づく法創造の統一的・権威的統制の所産であった，として批判する。そして古典期を帝政時代の法と呼ぶので足りるとする。真田「古典性」172-193頁を参照。

が本書の課題ではないが，古典期の法学者の一人であるケルススを分析することで古典期法学の実態の一側面も明らかになる。

またこれからケルススの分析を進めるが，帝政期の史料状況は共和政期のそれとは異なり，法学者の社会史的な把握が共和政期と比べて難しい[25]。したがって法学の分析をメインとしながらも，可能な限り社会的側面をも明らかにした上でケルススの総合的把握を試みる。その上でユリアヌスの法学とも比較し，ケルススの法学に何か特徴があるかを明らかにしたい。

第3節　本書の構成

このような分析を始めるにあたり，その前提として第1章においては帝政前期における法学の状況，プロクルス学派とサビヌス学派による学派対立，皇帝顧問会への法学者の参加について見ることにする。帝政前期の法学は古典期という括りになるが，当該時期を象徴する法学史上の出来事は解答権制度と学派対立である。両者とも非常に重要な出来事ではあるが，その一方で

---

24)　原田俊彦『共和政初期』39-40頁を参照。また「古典的」という表現について，アヴェナリウス「自然法」302頁（注10）を参照。Avenariusによれば「古典的」という表現は（a）特定の時期を示す用法と共に，（b）「前古典的」と対置しつつ法思想に関する特定の伝統を示す用法とがある。まず（a）について，18-19世紀の新人文主義法学者であるG. Hugoにならって紀元後における最初のおおよそ250年間を含む期間を示すものとして「古典的」という表現が一般に用いられる。Hugoはこの時期の法学者による知的業績に関する好意的な評価を示そうとして，租税負担階層というゲッリウスの隠喩（NA 19,8,5）を使って「古典的klassisch」と表現した。ゲッリウスの時代には「第一階級classicus（原義には第一租税負担階層に属する者）」という表現は何かの評価を伴うものではない。また（b）について，特定の法思想を示すために「前古典的」「古典的」という表現を用いることがある。これはO. Behrendsによってなされたもので，「前古典的」とは共和政期の先人たちveteresによるより古い法学を指し，これはストア哲学の影響を受けて法を主に自然法上の諸原理へと還元した。それに対し，後にセルウィウスが提唱した「古典期」に特有な思想は，アカデメイア派懐疑主義の影響を受けて人間が創造し，整然とまとめられた諸々の法制度を総括したのが法だと捉える。Cfr. Behrends, Denken

25)　キケローが法学者について多くの情報を伝えている共和政期と比べて，帝政期は法学者についての情報を伝える史料が少ない。Kunkelもこの点については指摘している。Kunkel, Juristen, S.271

26)　Kunkel, Juristen, S.146f.

看過されることの多かった当該時期の法学の特徴や法学者の具体的な活動のあり方はどのように説明されてきたかを，先行研究の成果によりながら見ておきたい。それによって帝政前期の法学者たちが置かれていた状況がより明らかになるといえる。そして古典期にはプロクルス学派とサビヌス学派との間で学派対立が生じ，ケルススはプロクルス学派の学頭を務めたといわれるが，この両学派の対立の意義や特徴についても見ておきたい。両学派の対立をめぐってはこれまでも多くの議論がなされてきた。もし両学派それぞれに学風のような特徴が認められるのであれば，ケルススもそれを引き継いだことは十分考えられる。そして帝政期の法学の特徴の1つとして皇帝顧問会への法学者の参加があるが，この顧問会についても先行研究の成果によりながら見ておくことにする。同顧問会の性格を明らかにすることでケルススと皇帝との関係，およびケルススが顧問会に参加していた意義も明らかになる。

　第2章ではケルススの社会的側面を明らかにする試みとして，まずケルススの経歴を確認し，彼がコンスルのときに定められたとされる元老院議決を素材に彼と皇帝との関係を中心に分析する。ケルススの公職就任経歴についてはKunkelもその研究の中で紹介しているように史料上コンスルに就任していたことなどが明らかになっていたが[26]，1978年に出土した碑文により彼の出自等を含めて新たなことがわかった。当該碑文についてはCamodecaが検討を加えているので，その研究成果によりながらケルススの出自や経歴について新たになった部分も見ていきたい。またケルススがコンスルのときに定められたとされる元老院議決は，相続回復請求の中で論じられることを常とし，特にその規定の解釈をめぐって相続法の分野で議論されることが多かった。しかし具体的な規定とは別に，同元老院議決が定められた過程が伝わる部分も史料として残っており，当該部分の分析を通じてケルススのコンスルとしての活動のあり方や，皇帝顧問会への帰属でしか伝えられることがなかったケルススと皇帝との関係も明らかになる。

　第3章から第5章にかけてはケルススの法学分析となるが，まず第3章ではケルススの法学分析の1つとして，彼が残した法格言として有名な「法は善および衡平の術である」を対象とし，その法格言の意味，具体的には「善および衡平」という論拠がどのように用いられたかを検討する。同格言はケ

ルススを代表する法格言として紹介され，それがケルススの法学を表しているかのように考えられてきた。具体的には個別の解決を，同格言の中に組み込んでいくという作業がケルススの研究の中で多くを占めてきた。しかし「善および衡平」に着目し，その論拠をケルススがどのように用いているか検討した上で帰納的に同法格言の意味を探るという分析も現れてきた。第3章ではそれら先行研究を踏まえた上でさらに「善および衡平」という論拠が，法的な場面を含めてローマ社会の中でどのように用いられたかを分析し，ケルススの用法とどのように違うのか検討したい。

　また第4章ではケルススの法解釈に関する法格言の1つを取り上げ，その格言の意味を検討する。これまで同格言の中の *vis ac potestas* という文言の解釈をめぐって，多くの議論がなされた。多くの先行研究は「意義および目的」といった意味で解釈することで，文言に固執する解釈を忌避し立法者の意思を尊重するケルススの傾向を示すものとして解釈してきた。しかしこの *vis* も *potestas* もどちらも同じような意味を持った類義語であり，*vis ac potestas* という表現は共和政期の史料からも見出せる。このような背景を踏まえて第4章では同格言から見出せるケルススの特徴を考えてみたい。

　第5章ではケルススが家財道具の遺贈について述べた法文を分析の対象とし，彼の遺贈解釈についての考え方を検討したい。同法文はD.33,10に採録され，伝わっているケルススの法文の中でも比較的長い部類に属する法文である。同法文は一見すると遺言人の意思を尊重するような見解を示しており，第4章で分析する法格言と共に遺言者の意思を尊重するケルススの傾向を示すものとして考えられてきた。しかしながら同法文ではセルウィウスをはじめとして三人の法学者の見解を引用しており複雑で，端的にケルススの意思主義を示したものとは言いきれない部分がある。そのような現状を踏まえた上で，ケルススが同法文で示したものは何だったのかを検討したい。

　第6章ではケルススと同時代を代表する法学者であるユリアヌスについて，不法損害を与えた場合の賠償責任について定めたアクィリウス法の解釈をもとに，彼がどのような法学を展開したのかについて述べる。そして結論においてこれらの検討結果を踏まえ，ケルススを中心とした古典期法学者像をどのように描けるかを考えてみたい。

第1章
帝政前期ローマの法学者を取り巻く状況

第 *1* 節　帝政前期ローマにおける法学の状況

　帝政前期の法学の状況を見る前に，ローマ社会における法学者 *iuriscon-sultus* という者たちがどういう者であったかを見ておきたい。林信夫は，ローマ社会において法知識の保有が上流階層にとって必須の事柄であったと考えるべきこと，および近代人が考えるほど法律家，法学者，法曹と非法律家，非法学者，非法曹との間には，特にローマの上流層にとっては境界線がなかったことを指摘する。また法学は弁論術や修辞学などと同様に上流層にとっては常識的なことであり，上流層の就くポストにはその資質が当然のように要求されたとする[27]。

　また有斐閣の法律学小辞典の「法学者」の説明によれば以下のように述べられている。

　　伝承によれば，古代ローマにおける公開の場で法について講ぜられたのは紀元前3世紀前半に始まる。論拠とそれに基づく推論によって法的解決の正当性を論証し，論拠および推論について公開の議論において検証するというギリシアの学問伝統にのっとった法学は，この頃に遡るといえる。これ以降「法に通じた人 *iuris peritus, iuris consultus*」の名前

---

27)　林信夫「書評」338–339頁を参照。

が伝えられているが，彼らはもちろん職業的法学者ではなく，通常は政治支配層に属する貴族であった。彼らの法学者としての活動は，具体的問題に対する法的助言と著述とであった。職業的法学者といえるのは，11世紀以降西ヨーロッパで大学ができ，そこで教育を職業とする法学教授が出てきてからのことである[28]。

　また上山安敏は伝統的なドイツの「法学者Juristen」概念について以下のように述べる。

　　ドイツにおいて法律家（Juristen）という概念は，中世の封建社会に存立する「民衆の共通財産としての法」の担い手である法名望家層と対照的に，封建制解体期において法を営利に対象とし，特殊職業専門化された外国法の学識者を指している。歴史法学派のベゼラーの指摘を待つまでもなく，この法律家の創造した「法曹法」（Juristenrecht）は，「民衆法」（Volksrecht）に対立する概念として考えられ，しかも法曹法が制定法に結実する以前にも，また以降ですら，民衆との疎遠をなくするために，いくどか反省的自立運動を繰り返さなければならなかった。このようにドイツにおける法律家・法曹法は，歴史的には非民衆的高踏性という烙印を押された，すぐれてドイツ的概念なのである。ところがそのような歴史的概念としての法律家・法曹法が社会学的に用いられてから，法形成・運用の直接的担い手として，いいかえれば社会的事実関係から，その中で法技術的加工（例えば一般化，体系化など）が加えられて法規への吸収作用をするパイプとして考えられてきた。まさに「法規形成」・「制定法としての確認」の基礎付けを行う装置なのである。このような社会学的概念として用いられるかぎり，法律家は広義に裁判官・弁護士・法学者・立法者・官僚を包含しており，そのままドイツのみならず，ヨーロッパ，さらにローマにおいても有用な概念である[29]。

---

28)　高橋他編『法律学小辞典』1187頁を参照。
29)　上山『法社会史』3-4頁。

ここまでの先学の説明を見ても明らかなように，「法学者」といっても時代や地域によって様々な意味合いを有していることがわかる。本書で用いる「法学者」は，法律学小辞典が指摘するようにラテン語の*iuris consultus*や*iuris peritus*から想起される「法に通じた人」として想定し，それが職業的なものであるかどうかは問題にしないものとする。

帝政前期の法学は古典期と呼ばれるが，この時代を象徴する法学史上の出来事は，皇帝による法学者への解答権付与およびプロクルス学派とサビヌス学派の学派対立である[30]。後者については第2節で見ることとし，まず解答権制度について見てみたい。Schulzの解説によれば以下の通りである。すなわち，解答活動それ自体は共和政期以来，法学者の重要な活動の1つであったが，帝政期への移行と共に法学者はその活動の幅を拡大することになる。アウグストゥスは共和政以来，伝統的であったこの解答活動の慣行を妨げず，むしろこれを保存することを考えた。そして法学者のこの解答活動を統治システムの中に組み込むことを考え，数名の法学者に「皇帝の権威に基づく」解答権を与えた。しかしこれは解答活動それ自体が皇帝の権威に基づくものだけに限定されたわけではない。解答活動を皇帝の権威にのみ依拠させるというような共和政的な伝統から外れる行為は，アウグストゥスの政策に反したからである。したがって皇帝から解答権を与えられなかった法学者たちも，「自身の，個人的な権威に基づいて」解答活動をしていた。アウグストゥスの考えは，皇帝の権威に基づくものはより高い権威を有するということであった。実際に助言を得るプラエトルpraetor（法務官）や審判人は，このような解答権を与えられた法学者の見解に従わずとも何ら法的な制裁を受けることはなかった。しかしながら他の多くのアウグストゥスが創設したものと同じく，この解答権制度は長く続かなかった。彼の後継者たちのもとで優れた法学者たちは，皇帝の権威に基づくのではなく，共和政期のように「自身の権威に基づいて」解答することを好んだ。法学者を好まなかったクラウディウスやカリグラといった皇帝たちは，解答権を与えるのを拒ん

---

30)　共和政期から帝政期に至るまでのローマ法学の状況について，Frier, Sociology ; Honoré, Roman Lawyersも参照。

だし，与えたとしても非常に稀であった。ハドリアヌス帝は顧問会を再編成した後，この解答権制度を廃止した。全ての法を通じた統治やその実務は，皇帝が指導的法学者を集めた顧問会に集中した[31]。

また解答権制度については，Schulz 以外にも多くの先行研究の議論の蓄積が見られる。例えば帝政期前期の皇帝と法学者との関係についてまとめた Bauman によれば，アウグストゥスによる解答権制度の確立は以下の4つの理由による。すなわち①法の混乱状態を解消するため，②解答者としてふさわしくない者が自身を解答者として名乗ることを防ぐため，③解答の不正使用に対する予防措置，④法学者間で同意がある問題は審判人によって受け入れられることを保証するため，である[32]。しかしながらその制度の設立目的や詳細については明らかでない部分が多く，前に述べたようにケルススもこの解答権を与えられたかどうかはわからない[33]。

また同時期における法学の特徴を Schulz に基づいてまとめると，以下の四点に集約される。すなわち①権威主義的性格，②創造性の凋落，③弁証法的な方法，④形式主義の欠如，である。まず①について，法学者は皇帝のものであれ自身のものであれ，権威に基づいて解答していた。これは解答の論理性を重視するというよりは，その法学者が持つ権威にその理論の正当性を根拠づけていたということになる。そうなれば法学の水準を高めるには自由

---

31) Schulz, Science, pp.103-108. またハドリアヌス帝が解答権制度を廃止したとあるが，Schulz はウェスパシアヌス帝の時代から，アウグストゥスの創設した「皇帝の権威に基づく」支配が実質的に放棄されたとする。Cfr. Schulz, Science, p.113 nt.4

32) Bauman, Roman Empire, pp.8-10

33) 解答権制度について，邦語文献としてさしあたり柴田『裁判制度』313-327頁を参照。この解答権制度を伝える史料はポンポニウスの法文（D.1,2,2,48-50）であるが，ポンポニウスは皇帝が法学者に解答権を与えた例として，ティベリウス帝がサビヌスに与えた例を挙げるのみである。また解答権制度を伝える史料としてガイウスの法学提要の法文（Gai.1,7）が先行研究において取り上げられる。しかしながら同史料が「法学者たちの解答とは，法を定立することを許された者たちの意見および主張である（Responsa prudentium sunt sententiae et opiniones eorum, quibus permissum est iura condere）。」と伝えていることから推測するに，これが解答権制度に関係するかどうかはわからない。また具体的に誰が解答権を与えられていたかについて，柴田は①法学者 iuris consultus の名称を持つ者，②「解答録 responsa」の著作を持つ者，③一般に知られている法学者たち，を可能性として挙げている。

な議論が必要となるがゆえ，高い水準に達することは難しくなる。ケルスス
が他の法学者を笑止千万といって攻撃していることは，彼自身の権威に基づ
く攻撃として驚くべきことである。また②について，ガイウスの法学提要を
はじめとした多くの法学著作が生み出された一方で，同時期は創造性に欠く
時代でもあった。すなわち同時期の法学は，共和政期の法学を完成させるこ
とに努力を傾注した。共和政期の法学の代表的な成果である告示はユリアヌ
スの「永久告示録edictum perpetuum」によって固定化された。法学者た
ちが常に猜疑の目で見ていた法律の代わりに立法は元老院議決や皇帝の勅法
によってなされるようになり，皇帝の顧問会に法学者が直接参加するように
なって法学の発展の新しい道も開かれたが，しかしながら大きな変革はなさ
れなかった。そして④について，形式主義は徐々に欠如していった。遺言の
かたわらで形式なしの小書付が，棍棒解放のかたわらで友人間の開放が発達
した。法律や遺言の解釈においても，文言に拘束されないより自由な解釈が
発展した[34]。

　以上，Schulzの記述に基づいて帝政前期の法学の状況について見てきた
が，権威主義的性格や創造性の凋落といった「古典的」という表現とは異な
る状況があったと解釈する見解もあることがわかる。自由な議論を展開する
可能性が皇帝権力の出現，特に皇帝による解答権付与により特定の法学者が
権威を振る舞う状況を作り出してしまったため，解答権を与えられていない
法学者との自由な議論の可能性を狭めていき，またハドリアヌス帝の時代に
至ると顧問会と言う形で統治機構の中に法学者が組み込まれていくことで，
自由な議論の可能性はさらに狭められていったことも推測される[35]。

　また法学者たちは，具体的にどのような活動を通じて法形成に寄与してい
たのであろうか[36]。共和政期から帝政期にかけての法学者の統治への関与

---

34)　Schulz, Science, pp.124-134. またSchulzの他に古典盛期の法学の特徴をまとめたものと
　　して，Wieacker, RRG, S.90f.を参照。
35)　ハドリアヌス帝による法改革，特に法学説の公定について，船田「法学説」を参照。
　　船田によればハドリアヌス帝の諸改革はアウグストゥス帝によって始められた解答権制
　　度をはじめとする法学統制の方針を完成し法学をその最盛期に導いたと共に，これを衰
　　退させる遠因を作ったとする。

の仕方の変化について，Schulzの記述に基づけば以下のようになる。すなわち，ウェスパシアヌス帝の時代までは共和政時代以来の伝統的な公職への就任が法学者に見られ，例えばプロクルス学派の初代学頭であるラベオは法務官プラエトルに就任したし，反対学派であるサビヌス学派の初代学頭であるカピトは補充コンスル consul suffectus や水道造営官 curator aquarium に就任している。他方でラベオより後にプロクルス学派の学頭となったプロクルスや，カピトより後にサビヌス学派の学頭となったサビヌスは公職には就任せず，法学教師や法的助言を与えるコンサルタントとして活動した。このような法学者の活動の仕方の二分化は，すでに共和政期の終わりに見られる。ウェスパシアヌス帝の登場と共に新しいタイプの法学者が生まれる。すなわち公務に仕えた者たちであり，国家から報酬を受け取る者たちであった。共和政期から伝統的な公職とは別に，皇帝の統治に寄与する者として皇帝の顧問会に入る法学者も多く，ケルススもハドリアヌス帝の顧問会であった。このような皇帝官吏として活動する法学者とは別に，法学教授や著作活動といった学問活動を主たる活動とする者たちもおり，代表的な者は法学提要で有名なガイウスである[37]。

　また同時期の法学者の具体的な活動は大きく以下の4つに分けることができる。すなわち①解答活動（皇帝による解答権付与），②皇帝顧問会における活動，③審判人としての活動，④弁護人としての活動，⑤法学者の教育・育成である[38]。特に②の顧問会について，顧問会は審判人や公職者のためのものと皇帝のものとがあり，前者は共和政期から機能していた。帝政期にな

---

36)　共和政期の法学者の活動について，林智良『共和政末期』3-4頁を参照。林はSchulzの研究成果によりながら，同時期の法学者の活動を以下のようにまとめる。すなわち①遺言や契約文書の起草，②方式書訴訟において用いられる方式書の起草への助言，③公衆に法的問題に対する解答，④審判人や法務官等に専門的助言を与えること，特に告示の起草を助けること，⑤審判人として働くこと，⑥法廷で弁護活動をすること，⑦法学者の教育・育成，⑧法学についての著述活動の8つであり，このうち②，③，④の活動を通じて法創造に直接寄与したとする。

37)　Schulz, Science, pp.103-108

38)　Schulz, Science, pp.111-123. またローマの法学者の解答活動と，代表的な著作形式の1つである「解答録responsa」との関係について以下のものも参照。Cfr.Liebs, Rechtsgutachten.

ると公職者は，専門的に訓練された職務であるという原則は忌避され，少なくともハドリアヌス帝の治世にはコンスルやプラエトルといった裁判実務に携わる公職者は，法的助言を与える者を永久的にそばに置く必要があり，このような助言を与える者は*adsessores*や*comites*, *cosiliarii*やときに*studiosi iuris*と呼ばれることもあった。法学者が皇帝の顧問会に参加することは特に重要であった。アウグストゥスの時代からすでにこの顧問会は存在したがこれは共和政期のものの1つであり，ハドリアヌス帝の時代になって初めて常設の，俸給が支給される機関となった。ハドリアヌス帝とその後継者たちは指導的な法学者たちをこの顧問会に招集し，あらゆる司法業務に携わらせた。この顧問会の再編はハドリアヌス帝にとって告示集成の対をなすものであり，「皇帝の権威に基づく解答権」の廃止であった。法を適用し発展させるという古くからの法学者の権利は尊重されたが，時代の官僚主義的傾向は中央集権化および官僚化を必要とし，古来の貴族主義的な法学は徐々に終ろうとしていた[39]。

　以上，Schulzの記述に基づいて帝政前期の法学者の具体的な活動について見てきたが，共和政からの帝政への移行に伴い法学者と皇帝権力との関係が重要になり，それが解答権付与および顧問会という制度を伴って現れている。帝政の初めの段階でアウグストゥスは自身の権力を表に出し過ぎず，あくまで彼の権威に基づく形で解答権を付与したが，やはりそれでもこの制度に反発する法学者たちはいた。このような状況の中でウェスパシアヌスはこのような「皇帝の権威に基づく」支配を放棄し，ハドリアヌスが解答権制度を顧問会に変えるという形で自身の権力に組み込んだ，という流れが見られる。それに伴い法学者の解答をはじめとする法学者の活動は，共和政以来の「個々の権威に基づく」自由なものではなく，顧問会という形で皇帝権力による支配の中に実質的に埋め込まれていった，とされる。ケルススはハドリアヌス帝の顧問会の構成員であったことがわかっており，この顧問会については第3節で改めて見ることにする。

---

39)　Schulz, Science, pp.112-118

第2節　プロクルス学派とサビヌス学派

　帝政前期における二大法学派の対立という現象は多くのローマ法の基本文献の中でも紹介されており，両学派の対立がローマ法学の発展を促したという形で紹介されてきた。この対立は解答権と並んで同時期の法学を象徴するものであり，プロクルス学派とサビヌス学派という二大法学派の対立である。ケルススもプロクルス学派の学頭として活動したことが伝えられており，両学派は1〜2世紀の間に存在し，両学派ともアウグストゥスの時代において，プロクルス学派はラベオを，サビヌス学派はカピトを学頭に成立した。プロクルス派の学頭はラベオに続いて父ネルウァ，プロクルス，ペガスス，父ケルスス，子ケルススおよびネラティウスと続く。サビヌス学派の学頭はカピトに続いてマスリウス・サビヌス，カッシウス，カエリウス・サビヌス，ヤウォレヌス，ウァレンスおよびトゥスキアヌス，ユリアヌスと続く。両学派の対立は，サビヌス学派の学頭であったユリアヌスの出現によって解消されたとされる[40]。本書で扱うケルススはプロクルス学派の子ケルススであるがネラティウスと共に学頭を務めたとされる。この両学派の対立を伝える代表的な史料はポンポニウス法文であるが，その内容は以下の通りである。

　D.1,2,2（ポンポニウス『法学通論』）
　47. この者〔アエリウス・トゥベロ〕の後で極めて大きな権威を有していた法学者は，オフィリウスに師事したアティウス・カピトとアンティスティウス・ラベオであった。ラベオはセルウィウスの弟子たち皆より講義を受けたのだが，特に教え込まれたのはトレバティウスによってであった。両者のうちでカピトはコンスルになったが，ラベオはその名誉ある職を引き受けることを望まなかった。なぜならアウグストゥスよりラベオにコンスル職就任の打診があったとき，その職がプロコンスルで

40）　柴田「法学」37-38頁を参照。

あったからである。その代わりにラベオは勉学に対して最大限の労力を傾けた。つまり一年全体を分割して6か月はローマにおいて向学心ある者たちと共にあり，6か月は都より退いて書物の起草に労苦を傾けた。かくしてラベオは400巻の書物を残し，そのうち大多数は現在も必携のものとして扱われている。この二人はいわば相対立する学派を初めて創設した。実際，アティウス・カピトは自分に伝えられている事柄に固執する立場を取ったが，ラベオは他分野の学知に関する仕事にも労力を傾けており，非凡なる学才と教学上培われた信頼感とによって，極めて多くの事柄において改革を成し遂げた[41]。

48. そしてこのようにしてマスリウス・サビヌスはアティウス・カピトの，ネルヴァはラベオの後を継いだ。彼らはその論争を一層拡大させた。このネルヴァも皇帝と極めて親しかった。サビヌスは騎士階層に属し，初めて公に解答した。その後これは，特権として与えられ始めた。これは皇帝ティベリウスによって彼に与えられていた。

49. そしてついでに触れるのだが，アウグストゥスの時代よりも前には，公に解答する権利は皇帝から与えられるのではなく，その学識に信頼を勝ち得ている者が，助言を求めた者に解答していた。また彼らは解答も決して封印しては与えず，大抵の場合は助言を求めた者が自身で審判人にそれを書いて与えるか，またはそれを審判人に証明した。神皇アウグストゥスは初めて彼らがより高い法の権威を持つように，彼の権威に基づいて彼らが解答することを定めた。そしてその時代からこれは特権のように求められ始めた。そしてそのためにプラエトル級の人々が解答することを自身に許すよう最良の皇帝であるハドリアヌスに求めたときに，彼は，これは求められるものではなく授けられるのを通例とし，そのためにもし自身への信頼を得ている者があって国民に解答を与える用意があれば喜びとする，と指令した。

50. したがって国民に解答を与えることは，皇帝ティベリウスによってサビヌスに与えられた。彼はすでに高齢に達し，ほとんど50歳になろ

---

41) 翻訳にあたって，林智良「ローマ元首政」20頁に掲載のものを参照した。

うとするときに，騎士階層へ入った[42]。

51. この〔サビヌスを〕トゥベロの娘から生まれたガイウス・カッシウス・ロンギヌスが継ぎ，トゥベロの娘はセルウィウス・スルピキウスの孫であった。したがってセルウィウス・スルピキウスのことを自身の曽祖父と〔カッシウスは〕呼んでいる。彼はティベリウスの時代にクアルティヌスと共にコンスルであったが，その間，彼は皇帝によって追放されるまで，共同体において最も高い信頼を得ていた。

52. 彼によってサルデニア島に追放されたが，ウェスパシアヌス帝によって〔ローマに〕呼び戻された。ネルウァの後をプロクルスが継いだ。同時代には子ネルウァもいた。他に騎士階層出身の者としてはロンギヌスがいたが，彼はその後プラエトル職にまで到達した。しかしプロクルスが持つ権威はより大きなものであり，なぜならば彼は最も大きな影響力を持っていたからである。そして一部はカッシウス派，一部はプロクルス派と呼ばれ，これらの者はカピトとラベオにその起源を有している。

53. カッシウスの後をウェスパシアヌス帝の時代に大きな影響を及ぼしたカエリウス・サビヌスが継ぎ，プロクルスの後をウェスパシアヌス帝の時代に首都長官であったペガススが継いだ。カエリウス・サビヌスをヤウォレヌス・プリスクスが，ペガススをケルススが，父ケルススを両者ともコンスルであった子ケルススおよびプリスクス・ネラティウスが継ぎ，子ケルススは二回コンスルを務めた。ヤウォレヌス・プリスクスをアプルニウス・ウァレンスおよびトゥスキアヌス，そしてサルウィウス・ユリアヌスが継いだ[43]。

この学派の対立をめぐって，これまで多くの議論がなされた。例えばSteinは47節でラベオが「極めて多くの事柄に改革を打ち立てた」と述べられていることから，史料に基づきながらこのことを検証する。結論として両学派の間での方法論上の違いは確認され，その意義を次のように考える。すなわち，共和政期の間，法はルールを集めたものとは考えられておらず，それは元来，個別の状況において何が正しいかを判断するまとまりのない概

42) 翻訳にあたって柴田『裁判制度』313-314頁に掲載のものを参照した。

43) 47. Post hunc maximae auctoritatis fuerunt Ateius Capito, qui Ofilium secutus est, et Antistius Labeo, qui omnes hos audivit, institutus est autem a Trebatio. Ex his Ateius consul fuit: Labeo noluit, cum offerretur ei ab Augusto consulatus, quo suffectus fieret, honorem suscipere, sed plurimum studiis operam dedit : et totum annum ita diviserat, ut Romae sex mensibus cum studiosis esset, sex mensibus secederet et conscribendis libris operam daret. Itaque reliquit quadringenta volumina, ex quibus plurima inter manus versantur. Hi duo primum veluti diversas sectas fecerunt : nam Ateius Capito in his, quae ei tradita fuerant, perseverabat, Labeo ingenii qualitate et fiducia doctrinae, qui et ceteris operis sapientiae operam dederat, plurima innovare instituit.

48. Et ita Ateio Capitoni Massurius Sabinus successit, Labeoni Nerva, qui adhuc eas dissensiones auxerunt. Hic etiam Nerva Caesari familiarissimus fuit. Massurius Sabinus in equestri ordine fuit et publice primus respondit : posteaque hoc coepit beneficium dari, a Tiberio Caesare hoc tamen illi concessum erat.

49. Et, ut obiter sciamus, ante tempora Augusti publice respondendi ius non a principibus dabatur, sed qui fiduciam studiorum suorum habebant, consulentibus respondebant : neque responsa utique signata dabant, sed plerumque iudicibus ipsi scribebant, aut testabantur qui illos consulebant. Primus divus Augustus, ut maior iuris auctoritas haberetur, constituit, ut ex auctoritate eius responderent : et ex illo tempore peti hoc pro beneficio coepit. Et ideo optimus princeps Hadrianus, cum ab eo viri praetorii peterent, ut sibi liceret respondere, rescripsit eis hoc non peti, sed praestari solere et ideo, si quis fiduciam sui haberet, delectari se populo ad respondendum se praepararet.

50. Ergo Sabino concessum est a Tiberio Caesare, ut populo responderet : qui in equestri ordine iam grandis natu et fere annorum quinquaginta receptus est. Huic nec amplae facultates fuerunt, sed plurimum a suis auditoribus sustentatus est.

51. Huic successit Gaius Cassius Longinus natus ex filia Tuberonis, quae fuit neptis Servii Sulpicii : et ideo proavum suum Servium Sulpicium appellat. Hic consul fuit cum Quartino temporibus Tiberii, sed plurimum in civitate auctoritatis habuit eo usque, donec eum Caesar civitate pelleret.

52. Expulsus ab eo in Sardiniam, revocatus a Vespasiano diem suum obit. Nervae successit Proculus. Fuit eodem tempore et Nerva filius : fuit et alius Longinus ex equestri quidem ordine, qui postea ad praeturam usque pervenit. Sed Proculi auctoritas maior fuit, nam etiam plurimum potuit : appellatique sunt partim Cassiani, partim Proculiani, quae origo a Capitone et Labeone coeperat.

53. Cassio Caelius Sabinus successit, qui plurimum temporibus Vespasiani potuit: Proculo Pegasus, qui temporibus Vespasiani praefectus urbi fuit : Caelio Sabino Priscus Iavolenus : Pegaso Celsus : patri Celso Celsus filius et Priscus Neratius, qui utique consules fuerunt, Celsus quidem et iterum : Iavoleno Prisco Aburnius Valens et Tuscianus, item Salvius Iulianus.

念であった。これは人為的なものではなくローマの生活様式の1つであり，様々な形を取って現れる。それは最初に明示的に法律 *lex* において表され，これは一般的に適用されるものでもあり，または個々人の間で何が正しいかを示したもの（*lex privata*）どちらでもありえた。法が慣習や実践の中で指し示されうるものなのか，あるいは事例の本質が何が正しいかを示すべきなのか，どちらかであった。共和政期の終わりに法学者たちは，個別の決定の効果を一般化することで規範として形成された前提の連なりに，この法を組み込む必要性を感じた。これらいわゆる準則はクイントゥス・ムキウス・スカエウォラの先駆的な業績において技術的な正確性を与えられた。共和政の終わりに法が発見されるべき場所の一覧は伝統的な法源と並んで，法学者の見解およびプラエトルの告示を含んだ。ラベオはこの発展の過程にさらなる一歩を示した。彼の言葉のアナロジーへの関心は彼をアナロジーのいくつかのテクニックを体系的にローマの法思考へ導入させた。ラベオはおそらく，定義のように単に記述的な一般化だけではないが規範的前提であるところの準則という概念を取り入れた人物である。ラベオは伝統的な法発見の手法を放棄したわけではなく，新しいものを加えた。プロクルス学派はこの手法を受け継いだが，サビヌス学派は共和政期以来の伝統的な手法を受け継いだ[44]。またLiebsは帝政前期における法学派および法学教授について紹介しているが，両学派を比較して以下のように述べる。すなわち，サビヌス学派に比してプロクルス学派の中では学問的伝統が受け継がれておらず，非法学者からはサビヌス学派については小プリニウスをはじめとしてその存在を知るが，プロクルス学派については知られる存在が皆無である[45]。またサビヌス学派は先学の教えや見解をプロクルス学派ほど参照せず，初期のサビヌス学派の著作は「市民法論 *libri iruis civilis*」といった教育著作が目立つのに対し，プロクルス学派は「書簡集」をはじめとしてカズイスティックなものが目立つ[46]。

　これまでSteinとLiebsの先行研究を中心に両学派の特徴を紹介してきた

44）Cfr. Stein, Two Schools, p.29
45）Cfr. Liebs, Rechtsschulen, S.215
46）Cfr. Liebs, Rechtsschulen, S.216

が[47]，具体的な論争点としてScacchettiは7つの争点を紹介している。すなわち①成熟年齢について，②飼いならされることを常とする動物が手中物と考えられる場合について，③加工の効果について，④売買における価格の本質について，⑤占有の意思*animus*の重要性について，⑥父親が存命中における，遺言で看過された息子の死の効果について，⑦問答契約や遺贈に際しての成就不可能な条件を付加することの効果について，である[48]。このうち③の点について原田俊彦は，「加工*specificatio*」という言葉がローマの法文史料には見出せずそれが中世以降の法学の産物であることを指摘した上で，「別々の所有者に帰属する複数の物が，結び付けられて1つの物になった場合」として同事例を考えたとする。プロクルス学派はそのような物が手を加えて別の物にした者の所有に帰すとし，サビヌス学派は原材料を所有していた者の所有に帰すとした。前者はおそらく無主物先占の考えでもって理論構成をしたのに対し，後者は附合の考えでもって理論構成をしたとする[49]。

またポンポニウスの記述は帝政期の法学の状況を伝えるものであるが，アウグストゥスの解答権付与と共に学派対立について伝えており，ラベオとカピトにその起源を有することが述べられている。しかしながらポンポニウスはこの対立がいかなる意義を有していたかについいは言及しておらず，実際にこの学派対立の意義については，解答権制度と同様に多くの議論がなされてきた[50]。長谷川もわれわれが「学派」として解する*secta*という表現が一体何を意味するのかについて，抽象的な「流儀」を指すのか，人的なつながりをもとにした「派閥」を指しているのか，あるいは実際に存在した「法学

---

47) この他にも両学派の対立について述べたものとして，Falchi, Controversie を参照。Falchiはプロクルス学派が共和政期の古法学者たちの市民法体系に則った解釈に依拠したのに対し，サビヌス学派はそれよりもより自由な解釈を展開したとする。

48) Cfr. Scacchetti, Differenze, pp.374-399

49) 原田俊彦「加工」81-82頁。

50) 例えば柴田は，学派の対立について一貫した理論的・思想的背景があるわけではなく，むしろ具体的・個別的な法律問題に関して生ずる立場の相違から自然に学派的なものが発生し，それが師弟関係を重視するローマ人のやり方によって順々に受け継がれていったと考えるのが適切である，とする。柴田「法学」38頁を参照。

校」を意味しているのか定かではないと述べている。さらに*secta*が「法学校」を示すという見解が広く承認されてきた理由として、①ポンポニウスとほぼ同時代人であるガイウスの「法学提要」にサビヌスやカッシウスを教師とする学校があったことを推測させる表現があること、②小プリニウスの「書簡集」にカッシウスを創始者とする学校があったことを推測させる表現があることを挙げる[51]。そしてポンポニウス法文には両派の具体的な争点は出てこないことを指摘し、両学派の対立は後世の研究者がガイウス等の史料を用い理論的に再構成したものであるとした上で、Tellegen、Vogt、Steinによる学派に関する議論を紹介している[52]。

　Tellegenは小プリニウスの「書簡集」やその他の史料に基づいて、従来、法学を教授する場として考えられてきた*schola*が哲学やレトリックにおいて集会*curia*を表すこともあることを指摘する。その上で*schola*は法学に通じ最新の法的問題を議論することを職務とする指導的な元老院議員のリーダーシップのもとで機能した元老院の一部門であったとし、そのような文脈で考えれば、アウグストゥスがこのような者に解答権を与えたと考えても不自然ではないとする[53]。またVogtは、そもそもこの学派というものがポンポニウスによる創作であるとする。Vogtによれば、ポンポニウスの叙述スタイルは列伝のジャンルを示しており、これは特に哲学史においてある創始者からその継承者たちを、便宜上1つの系列としてまとめるスタイルである。そしてポンポニウス法文の第47節に出てくる「いわゆる*veluti*」を文字通り実態のない事柄を示す言葉として解釈し、一連の学者の系統譜は実際の出来事ではなく、ポンポニウスの創作ではないかとして疑問を投げかけている[54]。

　長谷川をはじめとして学派対立は存在したのか、またそもそも学派対立とは何だったのかという視点も確かに重要ではあるが、さしあたり通説通り学派対立が存在していたとしてそれがいわゆる学説上の対立であったとす

---

51)　長谷川「二学派」132頁を参照。
52)　長谷川「二学派」138-144頁を参照。
53)　Tellegen, Pliny's letter, pp.310-311
54)　Vogt, Rechtsschulen, SS.516-518

れば，個別の学説対立から各学派の特徴を導き出すのは難しいといえる。Steinも述べるように，ポンポニウスが，カピトは「自分に伝えられている事柄に関して固執する立場を取った」と伝えているがゆえに，サビヌス派は共和政以来の伝統的な法学を継承し，またラベオは「他分野の学知に関する仕事にも労苦を傾けており，非凡なる学才と教学上培われた信頼感とによって，極めて多くの事柄に改革を打ち立てた」と伝えているがゆえに先進的な学説を展開した，とされる。しかしいわゆる「加工」の議論を1つとってもどちらが保守的でどちらが先進的かという区別は困難である。また林智良は，両学派の初代学頭であるラベオおよびカピト両者の皇帝権力へのスタンスの取り方について，ラベオは反皇帝的な言動をしており皇帝とは距離を保ったが，これは共和政末期以来の法学者の脱政治的な傾向を受け継いだものであるとし，その反面，カピトは皇帝に迎合的な態度を取っており，これもやはり共和政末期以来の法学者の有力者への協力姿勢の流れを受け継いだものとして理解する[55]。しかし政治権力へのスタンスの取り方で両法学派への評価を下すこともまた困難である。

　しかし長谷川も指摘するように，法知識を獲得する際には習得のプロセスが必要であり何らかの形で法学教育に相当する活動が行われていたはずであるから，教師と学生というような師弟関係が発生してきたということも当然予想され，指導者と教授を受ける者という時間系列の中で法学者の間に一種の学閥らしきものが形成されてきたのではないかというのも不思議ではない[56]。史料上，ケルススがプロクルス学派の学頭としてどのように活動したかは示されていないが，たとえポンポニウスの記述がVogtの言うように創作であったとしても，ポンポニウスが両学派の系統に何らかのつながりを見出し，整理したといえる。もしそのつながりがいわゆる学風のようなものでポンポニウスも述べるようにラベオが「極めて多くの事柄に改革を打ち立てた」のであれば，そのような進取の気風のようなものがプロクルス学派の中で受け継がれていったといえるのではないか。

---

55)　林智良「ローマ元首政」28頁を参照。

56)　長谷川「二学派」139頁を参照。またローマにおける法学教育について，以下のものも参照。Cfr. Atkinson, Education

第 *3* 節　皇帝顧問会での法学者の活動

　帝政期の法学者を研究するにあたって，皇帝と法学者との関係を無視することはできない。実際に帝政期の法学者たちが，皇帝権力に対してどのような態度を取ったかという問題は，欧米において多くの研究の蓄積が見られる[57]。帝政期において皇帝と法学者とが関係した具体的な事例として皇帝顧問会が挙げられる。これは皇帝の帝国統治にあたっての諮問機関として，政策決定や司法，軍事等多岐にわたる事柄をこの顧問会構成メンバーに問うたものである。南川は，皇帝顧問会は以下のように説明している。

　　皇帝の顧問会の存在は，初代皇帝アウグストゥスより知られる。もっともそれは，共和政時代の公職者が人材を集めて顧問会を形成し，政策決定に際して意見を聴いた伝統を踏まえたものである。皇帝は随時その裁量に応じて人材を選び顧問会を構成したが，次第に制度として整えられるようになった。通説的な理解に従えば，2世紀前半のハドリアヌス帝が1つの『改革』をなし，法学者で常設の顧問会を形成して，顧問会構成者には俸給が支払われるようにしたという。2世紀後半のマルクス・アウレリウス・アントニヌス帝時代より，この顧問会において近衛長官 *praefectus praetorio* が指導的役割を果たすようになった。ただ顧問会の歴史は決して明快なものではなく，史料の関係上細かな点で不明の部分が多い[58]。

　この説明を見てもわかる通り，皇帝顧問会については不明な部分が多い。法学者たちもこの顧問会メンバーに加わっていたことがわかるが，ケルススもハドリアヌス帝の顧問会メンバーとして活動していたことがSHAのハドリアヌス伝に伝えられている。

---

　57)　ここで取り上げたもの以外にも以下のようなものがある。Cfr. Amarelli, Consilia ; Idem, Giuristi ; Tissoni, Consilium ; Arcaria, Commissioni.

　58)　南川，333頁。

SHA, De vita Hadriani 18,1

裁判を行う時，ハドリアヌスは顧問会に友臣や側近たちだけでなく，法学者，特にユウェンティウス・ケルスス，サルウィウス・ユリアヌス，ネラティウス・プリスクス，そしてその他に元老院が満場一致で是認した人々をも参加させた[59]。

　SHAの史料的価値については議論があるが[60]，さしあたりその信憑性は高いものとしてケルススがハドリアヌス帝の顧問会メンバーとして，ユリアヌスやネラティウスと共に活動していたことがわかる[61]。この皇帝顧問会については第1節でもSchulzの説明を見たが，代表的な西洋古典学の辞典ではどう説明されているであろうか。まずOCDの説明によれば以下の通りである。

　ローマの公職者は常に審議の場や法廷においてアドバイザーに諮問する自由を持っていた。皇帝のために招集されたアドバイザー集団はこの半アンオフィシャルな性格を保持していたが，しかしながら友人たち amici の招集は徐々に司法や行政に関わる者たちによって強化され，その会議は個々人の諮問会とは区別されねばならない。選任と手続きの原則は流動的であり続けたが，マルクス・アウレリウス帝のもとで一定の俸給を与えられる法律専門家 consiliarii が現れるようになる。カッシウス・ディオは，顧問会によってなされた業績の実際の範囲というよりも，彼らの役割においてサークルを支配する利益を考慮して，マエケナスがアウグストゥスに用務の管理を彼自身と最良の市民たちの手

---

59)　Cum iudicaret, in consilio habuit non amicos suos aut comites solum sed iuris consultos et praecipue Iuventium Celsum, Salvium Iulianum, Neratium Priscum aliosque, quos tamen senatus omnis probasset. なお翻訳にあたって，南川他訳『皇帝群像』を参照した。

60)　SHAの史料的価値を論じたものとして，南川他訳『皇帝群像』4，285-310頁を参照。SHAは大きく主伝，副伝，それ以外という3つのグループに分類され，ハドリアヌス伝が属する主伝のグループは比較的に信憑性の高いものとされる。

61)　SHAに現れる法学者たちを扱った研究として，以下のものも参照。Cfr. Honoré, Government.

に委ねるよう助言した，とする。したがって他の帝政期の伝記作家たち
の関心は，この構成を取る。実際に顧問会の特徴は2〜3世紀に少し変
化する。その機能は，大部分は司法的なものまたは外交上のものであ
り続けた。個別の事例に対して設置され，その仕事のほとんどは「政
策」の形成というよりもより具体的なものに関するものであった。この
顧問会は，アウグストゥスによって創設され6か月の顧問会*consilium*
*semenstre*として知られるものとは区別されねばならず，これはコンス
ルによって構成され同僚制であり，15人の元老院議員がくじで選ばれ
任期は6か月であった。この組織は皇帝と協力して元老院に用務を用意
した。その構成は13年に修正され，それがなした決定は元老院議決の
効力を与えられた。しかしティベリウスは，元老院の役割を減ずるその
組織を必要としなかった[62]。

　アウグストゥスの時代の初期の顧問会は友人たち*amici*によって組織され
たものであり，まさに皇帝の私的な諮問機関であったことがわかる。またア
ウグストゥスによって徐々に組織化され始めた顧問会は6ヶ月任期となり，
コンスルや元老院議員までもが加わり，顧問会での決定は元老院議決の効力
までをも与えられるようになった。しかしながら顧問会の権限は時代によっ
て変化し，初期は大枠の政策を決定するための諮問機関であったが徐々に個
別の事例に対して解決策を与えるための機関となり，マルクス・アウレリウ
スの時代に俸給をもらって活動する法学者が顧問会に加わるようになった。
また初期の顧問会を形成していた「友人たち*amici*」について，OCDは以
下のように説明している。

　　ヘレニズム期の支配者たちの制度化された友人たち*philoi*を利用しなが
　　ら，紀元前1世紀の政治的指導者たちは交友関係をローマの政治生活の
　　専門用語にした。皇帝たちは，騎士階層および元老院階層が好まれてい
　　たが，生じていた君主制的なシステムのもとで基本的に廷臣として，ま

---

62)　OCD, *consilium principis*の項を参照。

た皇帝の諮問機関である顧問会*consilium*を構成する内部のサークルのための徐々に形式的なラベルとして同定するために，友人*amicus*という言葉を採用した。

　友人*amicus*は*philoi*に由来し，このある程度組織化された*philoi*の制度を共和政期の指導的立場にある者たちが模倣していたことがわかる。またこのような制度は皇帝にも受け継がれ，社会的に上層の者たちに限定されるものの皇帝の私的な人的関係に基づいて組織されていた様子がうかがえる。また古典学以外の辞典として法学系の辞典であるNNDIのOrestanoによる説明によれば，皇帝顧問会に所属した代表的な法学者としてトレバティウス，カッシウス・ロンギヌス，子ケルスス，ユリアヌス，ネラティウス，マルケルス，パピニアヌス，メナンドルス，パウルス，ウルピアヌスを挙げている[63]。
　また帝政前期の皇帝顧問会に関する新保の研究成果によれば，皇帝顧問会をめぐる論争は以下の三点に整理できる。①顧問会は審議する内容に応じて招集されたのか否か，すなわち1つの顧問会が多様な問題に対応したに過ぎないのか，それとも問題ごとに，用途に応じて顧問会が招集されたのか（顧問会の種類の問題），②顧問会はいかなるメンバーから構成されたのか，すなわち皇帝がメンバーをその都度，適宜，招集したのか，元老院が彼らを人選したのか（顧問会の人的構成についての問題），③顧問会が下した結論はあくまで皇帝にとって参考意見に過ぎなかったのか，それとも皇帝はそれに従わなければならなかったのか（顧問会が提示する意見の拘束力の問題）である[64]。その上で新保は特に②および③の問題について検討している。
　まず②の問題について，新保は政治案件に関する顧問団と皇帝裁判における顧問団とを分けた上で，政治案件に関する顧問団については以下の二点において段階的な変成を遂げたとする。すなわちi. アウグストゥス帝は元老院提出案件の予備審議顧問団と広く政策立案に当たる政治顧問団とを併用したが，13年の改革[65]以降は前者が現れなくなったこと，ii. 顧問団編成に

---

63)　NNDI 4, p.223.
64)　新保「皇帝裁判」133-134頁。

関して，元老院提出案件の予備審議団の構成がくじや公職という客観的条件により決まる一方で，広く政策立案に当たる政治顧問団の構成は皇帝の裁量で招かれ，13年の改革からティベリウス帝にかけては元老院が選出する議員と皇帝が選出する友人たちという二要素が顧問団に認められるが，27年以降はこの構成原理が認められなくなり，元老院による顧問団員の選出行為はもはや確認されず，今や皇帝が有力議員中心にメンバーを自ら選び，招集するようになった，ということである[66]。そしてこのような改革の背景を新保は以下のように述べる。すなわち共和政の継続というアウグストゥスが打ち立てた旗印のもとでは，皇帝にとって元老院こそが本来の正式諮問機関であらねばならなかった。ゆえに政治顧問団はその代替機関であってはならず，元老院が選抜した代表者たちをこれに参加させることは理に適わず，さらに皇帝は職務領域の拡大と共に国家的機密事項を扱う機会も増え，その場合には秘密漏洩を防ぐために少人数の審議形態を採る必要が生じたに違いなく，皇帝は顧問団を非公式な存在として位置づけ，柔軟にそのメンバーを招集するようになった，と[67]。

　また皇帝裁判における顧問団について，新保は皇帝が人事権全般を有するのではなく，この点で政治顧問団と異なるとし，政治と司法と両方を兼ねる顧問団員は確実にいたであろうが，構成原理の差異を看過してはならない，とする[68]。さらに司法顧問会の編成原理の特徴として，i. 元老院による顧問団の人事関与はもはや選出ではなく，せいぜい皇帝選出人事案の承認にあり，元老院の主体的な貢献度は著しく低下していたこと，ii. 元老院の有力議員や騎士の有力者のみならず，法学者も参集されていること，の二点を指摘する。そして新保は，このように皇帝裁判の顧問会が政治顧問会とは異質

---

65) 同改革の内容について，新保は①顧問団の決定が元老院議決に等しい効力を付与され，その職能は以前の予備審議から一挙に強化されたこと，②顧問団の構成員を，帝室，任期一年の助言者20名，コンスルと予定コンスル，皇帝が随意に招集できるその他の人々としたこととし，2つの既存顧問団が統合されたとしている。新保「皇帝顧問団」19〜20頁。

66) 新保「皇帝顧問団」22-23頁。

67) 新保「皇帝顧問団」29頁。

68) 新保「皇帝顧問団」28頁。

の構成原理を採った背景として，皇帝裁判は元老院と共にいかなる犯罪も裁くことができる「特別審理手続」であったのみならず，両裁判は併存競合の関係にあったが，いずれも法的権限に基づき成立したのではなく，法定犯罪しか裁けない国家法廷 quaestio の管轄領域を侵食しつつ，裁判事実の積み重ねによりなし崩し的に世の承認を獲得していったが，少なくとも元老院は共和政以来の諮問機関たることを主張しえたのに対し，皇帝は理論上「市民の第一人者 princeps」に過ぎず，元老院裁判に相応する正当性を皇帝裁判も能う限り具備せざるをえず，特に帝政初期の皇帝たちはその充足を最大限，追求したことを指摘する。皇帝裁判が未だ定着したとはいえない過渡的状況下では，それが悪評に晒されることもあり，皇帝は共和政下の公職による裁判に準じ顧問団を陪席させるが，皇帝がその人事権一切を保持したのであれば権原なきまま側近と共に裁判を恣意的に運用していたと指弾されかねず，皇帝は公職や元老院の代表を顧問団に組み込むことにより元老院も皇帝裁判に寄与しているという錯覚を与え，皇帝裁判に対する表立った批判を封じた，とする[69]。

　そして③の問題について，新保は先行研究を以下のように整理している。すなわち，Mommsen[70] や Crook[71] が判決についての最終的な判決は皇帝自身がなしたと主張しているのに対し，Kunkel[72] は，Mommsen や Crook が扱っている事例は民事に限定されていると指摘していることを確認した上で，刑事事件も検討すれば顧問会が判決について最終的な判断をなしていたことは明らかであるとする。しかしながら新保はそのような Kunkel のテーゼを批判し，史料を検討すれば Mommsen や Crook が述べるように最終的な判決は皇帝自身がしていたと考えざるを得ない，とする[73]。その上で新保は，顧問会の影響が全くなかったというわけではなく，皇帝は個別の事例に応じて顧問会の意見を尊重することもあれば，皇帝自身の判断で判決する

69）　新保「皇帝顧問団」30頁。
70）　Mommsen II-2, S.992.
71）　Crook, pp.109ss.
72）　Kunkel, Funktion, S.315ff.
73）　新保「皇帝裁判」134-135頁。

こともあったとする[74]。実際にMommsenやCrookが皇帝の決定が優先したと推測する史料はどのようなものか。該当する史料は以下の通りである。

D.28,4,3（マルケッルス「法学大全」第29巻）
つい最近，皇帝の裁判において，ある者が彼の相続人の名前を消去し，その相続財産が皇帝金庫によって転落財産として請求されたとき，遺贈物，特にその〔相続人〕指定が取り消された者たちに割り当てられた遺贈物について長い議論があった。多数は受遺者も排除されて然るべきであると考えていた。〔遺言者が〕遺言書の全ての文字を消去したならば，そのような意見に従うべきであると私は言っていた。法上当然に，〔遺言人によって〕消された部分は取り去られるが，残りのものは有効である，と主張する者も少なからずいた。しかしどうであろう？　相続人の名前を消した者が，無遺言で死亡するという目的を達成しようと欲したと信じることができるであろうか？　しかし疑わしき事例においてはより柔軟な解釈に従うことがより正当であるのみならず，より安全でもある。プデンスとポッリオがコンスルのときに皇帝アントニヌス・アウグストゥスの意見は以下のようなものであった。「ウァレリウス・ネポスが意思を変え，自身の遺言書を開封し相続人たちの名前を消去した場合，その相続財産はわが父で神君である〔アントニヌス・ピウス〕の勅法に従えば，〔遺言書に〕書かれた者たちに帰属するとはみなされない。」さらに皇帝は，皇帝金庫の弁護人たちに「そなたらは，そなたらの審判人を持っている。」と言った。ウィビウス・ゼノは「皇帝よ，どうか辛抱強く私の述べることを聞いてください。相続財産について何をお決めになられたのですか？」と言った。アントニヌス・カエサルは「相続人たちの名前を消した者が，遺言書が有効であることを欲している様に見えるか？」と言った。レオの弁護人であるコルネリウス・プリスキアヌスは言った。「単に相続人たちの名前を消しただけです。」と。皇帝金庫の弁護人であるカルプルニウス・ロンギヌスは「相続人を指定

74）　新保「皇帝裁判」138-139頁

しない遺言書など有効であることはできない。」と。プリスキアヌスは
「彼ら〔奴隷たち〕を解放し，遺贈物を与えたのです。」と言った。皇帝
アントニヌスは全ての出席者を退席させ熟考し，また全員を呼び戻した
後，以下のように述べた。「今回の事例は以下のようにより人間的な解
釈を許すようにみえる。すなわち，消したもののみが無効であるようネ
ポスは欲した，とわれわれは少なくとも推測する，ということである。」
遺言人は，解放した奴隷の名前を消去した。アントニヌスは，同時に彼
が自由人であることも手紙で書いた。これは明らかに自由を優遇したも
のである[75]。

　同法文の著者は代表的な古典期法学者の一人であるマルケッルスである。
彼はピウス帝およびマルクス・アウレリウス帝（138年〜180年）のもと
で皇帝顧問会に所属し，代表的な著作は161年から167年にかけて執筆さ
れた31巻の「法学大全 *libri digestorum*」である[76]。遺言書に書かれた文

75)　Proxime in cognitione principis cum quidam heredum nomina induxisset et bona eius
ut caduca a fisco vindicarentur, diu de legatis dubitatum est et maxime de his legatis,
quae adscripta erant his, quorum institutio fuerat inducta. Plerique etiam legatarios
excludendos existimabant. Quod sane sequendum aiebam, si omnem scripturam testamenti
cancellasset : nonullos opinari id iure ipso peremi quod inductum sit, cetera omnia valitura.
Quid ergo ? Non et illud interdum credi potest eum, qui heredum nomina induxerat,
satis se consecuturum putasse, ut intestati exitum faceret ? Sed in re dubia benigniorem
interpretationem sequi non minus iustius est quam tutius. Sententia imperatoris Antonini
Augusti Pudente et Pollione consulibus. "Cum Valerius Nepos mutata voluntate et inciderit
testamentum suum et heredum nomina induxerit, hereditas eius secundum divi patris mei
constitutionem ad eos qui scripti fuerint pertinere non videtur". Et advocatis fisci dixit : "Vos
habetis iudices vestros". Vibius Zeno dixit : "Rogo, domine imperator, audias me patienter :
de legatis quid statues ?" Antoninus Caesar dixit : "Videtur tibi voluisse testamentum valere,
qui nomina heredum induxit ?" Cornelius Priscianus advocatus Leonis dixit : "Nomina
heredum tantum induxit". Calpurnius Longinus advocatus fisci dixit : "Non potest ullum
testamentum valere, quod heredem non habet". Priscianus dixit : "Manumisit quosdam et
legata dedit". Antoninus Caesar remotis omnibus cum deliberasset et admitti rursus eodem
iussisset, dixit : "Causa praesens admittere videtur humaniorem interpretationem, ut ea
dumtaxat existimemus nepotem irrita esse voluisse, quae induxit". Nomen servi, quem
liberum esse iusserat, induxit. Antoninus rescripsit liberum eum nihilo minus fore : quod
videlicet favore constituit libertatis.

言，特に相続人の名前が遺言人によって消去され，当該相続財産が転落財産 *caduca* として皇帝金庫 *fisucus* に徴収されようとしていた事例において，相続人の元に当該相続財産がとどまるかどうかが議論されている。同法文の著者であるマルケッルスを含む顧問会員の間では，①相続人を含めて受遺者をも排除すべき（多数案），②遺言人が遺言書の文言全体を削除していたならばそうすべき（マルケッルス案），③相続人が排除された部分のみ無効であり，その他の部分についてはなお有効である（小数案）の3つの案が対立していた。結論としてマルクス帝は相続人が排除された部分のみ無効とする少数案を採用するが，事例としては少々複雑である。遺贈 *legatum* の仕組みが理解できていないと妥当な判決を下すことは困難であり皇帝もある程度は法学識を有していたとしても，法学者の見解を求めることは必須であっただろう[77]。

また史料上，唯一「皇帝の顧問会 *consilium principis*」という言葉が見出されるものとしてパピニアヌスのものが挙げられるが，同史料によれば皇帝の顧問会に参加する法学者は，後見事務を免れることが述べられている。

> D.27.1.30.pr.（パピニアヌス「質疑録」第5巻）
> 後見事務を始めた法学者が顧問会に入った場合，最良にして最大なるわれらが皇帝たちは，皇帝たちのかたわらに従事しまた与えられた栄誉が一定の時間や場所という制約を持たないのであるからには，その後見事務を免れると定めた[78]。

パピニアヌスはセウェルス朝期の法学者の一人であるが，セプティミウス・セウェルス帝のもとで近衛長官 *praefectus praetorio* の補佐を務め，私的な伺いに対する皇帝の返答を作成する嘆願担当書記 *magister libellorum*

---

76) B. Kupisch, Marcellus（Ulpius M.; 2. Jh.），in : Stolleis, Juristen, S.405f.
77) 同法文については以下の論文も参照。Cfr. Hendel, Sicherheitsgedanken
78) Iuris peritos, qui tutelam gerere coeperunt, in consilium principum adsumptos optimi maximique principes nostri constituerunt excusandos, quoniam circa latus eorum agerent et honor delatus finem certi temporis ac loci non haberet.

としても活動し，最終的には近衛長官としても活動した[79]。同史料によれば，皇帝たちが顧問会に招いた法学者たちを，後見事務から免除したことが伝えられている。後見事務それ自体は元来，ローマ市民の名誉として発達して制度であったが，時代が下るにつれその煩雑さから忌避されるようになったとされる。このような煩雑な後見事務を免除することで，法学者を重用しようとした傾向が，同史料から読み取れる[80]。

南川は帝政前期の皇帝支配の本質について「皇帝と元老院との協調関係」を指摘する。すなわち，帝政前期の皇帝と元老院階層との関係は，Mommsenのなした帝政前期の法制史的定義のために一般に対立的に捉えられがちであるが決してそうではなく，むしろ両者は不可分の関係にあり，帝政前期とは両者がそうした関係に立つところに成立し維持されたものである，と[81]。

このような見解を踏まえれば，皇帝顧問会の基本的な実態は以下のように想定できるのではないだろうか。すなわち，共和政期以来の伝統であった個人的あるいは公的なレベルの顧問団を皇帝も踏襲し，帝国統治にあたってそのような顧問団を有する必要があった。その構成員については帝政前期における皇帝と元老院との共同支配体制のもとで，皇帝と親しく，また皇帝自身が信頼を置くことができる者たちの他に，元老院への配慮として元老院議員を複数名配置した。そしていわゆる法学者が加わったという事実は，このような元老院階層を中心とする構成員の中に法学識を有する者が加わっていき，またそれが徐々に俸給を与えられるというような形で特権化され，それが結果として顧問会に法学者を加えたという後代の解釈につながっていったということになるであろう。

---

79) R. Knütel, Papinianus, Aemilius（um 150-212），in：Stolleis, Juristen, S.473f.
80) ローマにおける後見 *tutela* は未成熟者後見と婦女後見とから成り，主として財産管理を職務とする。
81) 南川，356頁。

第4節 小 括

　ここまでケルススをはじめとした法学者の分析の前提として帝政前期の法学の状況について見てきたが，プロクルス学派とサビヌス学派との対立において，それぞれの初代学頭が先進的な性格と保守的な性格で対置されていること，またその学風は後の世代にも少なからず引き継がれプロクルス学派の学頭を務めたケルススにも，先進性という気風は継承されたといえることも確認した。

　そしてケルススの経歴を見た際に最終的には元老院階層に上がっていったといえることを指摘したが，皇帝顧問会の編成の経緯からすれば構成員としてケルススが参加したことも不自然ではない。また顧問会が元来，皇帝の友人たちから構成されていたことを考えれば，構成員として参加したケルススも皇帝とはかなり近い関係にあったといえる。これまでケルススと皇帝との関係を示すものはこの皇帝顧問会への帰属で紹介されることが多かったが，次章ではこれまでケルススがコンスルのときに定められ，相続回復請求に関わるものであったとだけ紹介されることの多い元老院議決の分析を通して，ケルススの社会的あり方，具体的には皇帝との関係により迫る一助としたい。

コラム：ローマの歴史

　紀元前753年にイタリア半島のラティウム平原に一都市国家として成立したローマは，後にイタリア半島を支配し，地中海世界を「われらが海」とする大帝国へと発展する。ローマは初代の王ロムルスをはじめとする七代の王が支配した王政，元老院とコンスルを中心とした公職者を指導者として運営された共和政，カリスマを有する一人のリーダーが支配する帝政という3つの時代を経験した。特に共和政と帝政はそれぞれ約500年間あるため，前期，後期という形でそれぞれを区切るのが一般的である。本書が対象とする帝政期について言えば紀元前27年から紀元後284年までが前期，284年か

ら西ローマが滅亡する476年までが後期という具合である。

　共和政前期はパトリキとプレブスとの間の身分闘争史として語られることが多い。この時期に重要な立法が多くなされたが，中でも重要なのは前450年頃に制定された十二表法である。パトリキが独占していた法知識をプレブスが開示するよう求め，それに応じて法を成文化した。後期になるとカエサルを代表とするカリスマ的支配者が登場し，それまでの伝統的な共和的政治体制は崩れ，一人の支配者による支配が確立されていく。カエサルは途中で暗殺されたため皇帝となることはなかったが，その甥のオクタウィアヌスが帝政への道を拓いた。

　帝政前期は五賢帝期を含め，「ローマの平和」が実現された時代とされる。この政治的安定期に法学も古典期を迎えたとされるが，トラヤヌス帝の時代にローマは最大版図を獲得する。現代に残るコロッセウム（円形闘技場）や凱旋門もこの時期に多くが建設された。後期に入るとディオクレティアヌス帝が帝国を東西に分かち，それぞれに正帝と副帝を立てて四人で統治し，コンスタンティヌス帝は帝国の首都を西のローマから東のコンスタンティノポリスへと移した。その後，西ローマは後475年に終焉を迎える。

　西ローマが滅亡した後も東ローマは長くその命脈を保ち，6世紀にはユスティニアヌスが現れ，後にローマ法大全と呼ばれる法典編纂事業を成し遂げる。この編纂事業は編纂委員長であるトリボニアヌスの主導のもと法学提要 institutiones，学説彙纂 deigesta，勅法集 codex の順に進められ，ユスティニアヌス没後に彼自身が発した勅令を集成した新勅法 novellae が編纂された。いずれも当時の東ローマで実定法として用いるために法文を改変する権限までユスティニアヌスは編纂委員たちに与えたが，学説彙纂や勅法集は古典期ローマ法学を知る上で，現代のローマ法研究者にとって貴重な史料として用いられている。

第2章

公職者としてのケルススの活動

相続財産請求に関するある元老院議決をめぐって

第 *1* 節　ケルススの経歴

　プロソポグラフィーの手法を使ってローマ法研究に新しい地平を拓いた
Kunkelによれば，ケルススの経歴は以下のように紹介されている。

　106年または107年　プラエトル *praetor*
　107～117年　トラキア皇帝属州長官 *legatus pro praetor Thraciae*
　129年　二度目のコンスル *consul iterum*
　？年　アシア元老院属州長官 *proconsul Asiae* [82]

　ケルススはネラティウスと共に，プロクルス学派の学頭を務めた。ハドリ
アヌス帝の顧問会の構成員も務めていた。ケルススは父も法学者であり，
この父と区別するためそれぞれ父ケルスス *Celsus pater* および子ケルスス
Celsus filius と呼ばれるが，一般的にケルススというと子ケルススを指すこ

---

82)　帝政前期における元老院議員官僚の武官人事および任務について，新保『帝国官僚』
　　125-164頁を参照。新保によれば「ローマの平和」を支えたのは軍隊であるが，平和状
　　態が軍事能力無き武官を再生産し，かつ彼らによる帝国統治を支えたとする。そして帝
　　政前期の属州長官をはじめとする武官人事は軍事にではなく治安維持および行政全般に
　　重きが置かれ，軍事のスペシャリストではなく多様な事案に対応可能なジェネラリスト
　　が優先されたとする。

とが多い。この父をも含めたユウェンティウス・ケルスス家については，その出自がイタリア半島なのかまたは属州なのかについてはわからないが，子ケルススについて伝わっているその他の名前がより正確な情報を与えている。すなわち子ケルススは，ホエニウス・セウェルス家と血縁関係であろうと，養子縁関係であろうとつながっていたということである。この一家は142年および170年にティティウス・ホエニウス・セウェルスという人物（おそらく父とその子と思われる）をコンスル職に輩出しており，北部ウンブリアのファヌム・フォルトゥナエの出身である。この地でホエニウス・セウェルスの墓碑が発見されており，他にもホエニウス家と直接関係のあるものがこの都市では相当数発見されている。ケルススの息子も164年にコンスルに就任している[83]。

またHausmaningerはケルススの経歴について以下のように述べる。ケルススはプロクルス学派に属したと言われる父の影響によって法学の道を志した。ディオによればケルススは若き日にドミティアヌス帝に対する謀反に参加したが，巧みな画策で刑罰を逃れた。小プリニウスはケルススが一度，元老院会議の場においてプラエトルの態度に怒りをあらわにしたことを伝え，またその元老院会議でケルススは敵対していたリキニウス・ネポスを激しく攻撃した[84]。

また1976年に発見されたセンティヌム碑文[85]はケルススの経歴について新たな情報を提供しており，Camodecaがこの碑文を用いてケルススの経歴について以下のように分析している。

106（107？）年　プラエトル*praetor*

110～113年　トラキア皇帝属州長官*legatus Augusti Thraciae*

115年　補充コンスル*consul suffectus*

---

83)　Kunkel, Juristen, S.146f.

84)　Hausmaninger, Iuventius, p.248

85)　AE 1978, 292 Sentinum : [P(ublio) Iu]uentio P(ubii) f(ilio) [V]el(ina tribu) Celso [T(ito) Auf]idio Hoenio [Severia]no, co(n)s(uli), sodali [Titial(i)], leg(ato) proc(praetore) (sic) Imp(eratoris) Cae [saris N]eruae Traiani Op [ti]mi Aug(usti) Germ(anici) D [ac(ici)…]

129年　二度目のコンスル *consul iterum*

129～130年　アシア元老院属州長官 *proconsul Asiae*

　Kunkelとの違いは115年に補充コンスルに就任したというところである。これはファスティにルキウス・ユリウス・フルギという人物とともその名が示されていることを根拠にしているが[86]，129年に二度目のコンスルに就任するまでの経過が明らかになった。また当該碑文はケルススの出自についても新たな情報を提供している。それによればケルススのトリブスはウェリナというトリブスだったことが判明しているが，このトリブスはセンティヌムの住民が属していたトリブスであったレモニアとは異なる。しかしこの都市においてプブリウス・ユウェンティウス・アンニアヌスという人物がいたことが証言されており，この人物は確かにケルススの一族と何らかの方法で結縁関係を持っており，ケルススのウンブリアの都市への関与は確実である[87]。

　また一般的にケルススはプブリウス・ユウェンティウス・ケルススという形で表記されるが，センティヌム碑文ではその後にさらにティトゥス・アウフィディウス・ホエヌス・セウェリアウスという名前が伝えられており，これはどのように考えるべきか。実際にこの時期の有力な家系としてティトゥス・ホエヌス・セウェルス家が存在し，同家系は間違いなくウンブリアに，またKunkelも指摘するように，より正確には三人委員植民市であったファヌム・フォルトゥナエに出自を有しており，センティヌムからは遠く離れていない。隣接しているピサウルムがアウフィディウス家によって構成されたいたことを鑑みると，70年に父プブリウス・ユウェンティウス・ケルススの妻であった子ケルススの母親は，ファヌム・フォルトゥナエを拠点とするティトゥス・ホエヌス・セウェルス家の娘であり，ピサウルムに出自を有するアウフィディアという名であったことが容易に想起される。したがって全てウンブリア州，特にウェリナというトリブスに隣接したピケヌムという都

86）　Camodeca, p.32

87）　Camodeca, p.26

市に集約している。ユウェンティウス・ケルスス家は，これらの州，そして彼らのトリブス，またもしかするとウェリナに登録されたピケヌムのための市民による貴族政の構成員であった。したがってケルススはおそらくピケヌム（ウェリナトリブス）に出自を有し，76年または77年に出生し，確実に元老院階層ではなく，騎士階層の出身である[88]。

またKunkelによれば，共和政末期の法学者は騎士階層出身者によって占められていたが，2世紀の半ばまで騎士階層出身者に属していたと推測される法学者はマスリウス・サビヌスとロンギヌスの二人しかおらず，帝政期に入ると元老院階層出身者の優位が存在していた。これはアウグストゥスの元老院階層優遇政策とも関連し，いわゆる解答権を元老院階層に優先的に与えたため，このような状況になったとする。またKunkelはハドリアヌス帝の時代に活躍したマエキアヌスから再び法学者に騎士階層出身者が多くなったとする[89]。

ケルススの最終的な所属階層はわからずまた解答権を与えられていたかもわからないが，高位の公職に多く就任していることから元老院階層にあり，また騎士階層から元老院階層に階層移動したといえる。林智良は共和政末期においてコンスル就任者たちがどのような知的背景を有していたかについて特に法学と弁論術に焦点を当てて分析しているが，多くのコンスル就任者が軍人であり，かつ弁論家を兼ねる者も相当数いたこと，またコンスル就任者の中で法学者であった者はごく少数であったことを指摘している。またこの理由について林は，高度化した法学を習得して法学者として認められるためのハードルが相当高かったためと推測する[90]。

もちろん皇帝の出現という点で共和政期の状況と帝政期の状況とは大きく異なり，法学者がより高位の公職に就任するためには皇帝との関係が重要になることは確かだが[91]，帝政期に入っても法学や弁論術が政治的成功のための重要な素養であり続けたといえる。特に法学は高度化したがゆえに，林

---

88) Camodeca, pp.27-29. Camodecaは父ケルススが騎士階層であったことから，子ケルススも騎士階層であったと推測している。

89) Kunkel, Juristen, SS.272-304

90) 林智良「執政官」43-44頁を参照。

も指摘するように習得が非常に難しい学問であった。このような状況の中で Camodeca も指摘するようにケルススは新人 *homo novus* であったと推測されるが[92]，最終的にプロコンスルにまで就任しまた皇帝顧問会に所属していたことを考えれば，政治的成功を得るためにケルススにとって法学が重要な役割を果たしていたといえる。

第 *2* 節　同元老院議決の分析にあたっての諸前提

　本章で扱う元老院議決はケルススがコンスルのときに定めたとされ[93]，通常は彼のノーメン（氏族名）を取って「ユウェンティウス元老院議決 *senatus consultum Iuventianum*」と呼ばれている[94]。その内容は相続回復請求を扱った D.5,3,20,6 以下に採録される，ウルピアヌスの「告示註解 *ad edictum*」第15巻からの抜粋法文の中で伝えられている。ウルピアヌスはケルススと同じく古典期の法学者で，彼はその著作である「告示註解」第15巻の中で，129年3月14日，ハドリアヌス帝治世に決議された同元老院議決を引用した上で，その各文言について注釈を付けている。

　この法文は主として相続回復請求の被告適格の問題の中で取り上げられ，様々な相続財産請求に関する研究の中で扱われてきた[95]。近年では Roldán が同元老院議決の規定についてのウルピアヌスの解釈を分析しながら，その

---

91)　林も共和政末期において，アルフェヌスが土地配分三人委員 triumviri agris dividendis としてオクタウィアヌスに貢献し，その褒賞としてコンスル・スッフェクトゥスに就任したことを指摘している。林智良『共和政末期』82-91頁を参照。

92)　Camodeca, p.29

93)　ケルススの公職経歴については例えば B. Kupisch, Celsus filius, in Stolleis, Juristen を参照。それによればケルススは紀元後106～107年の間プラエトルとして活動し，129年に二度目のコンスルに就任している。そもそもケルススは129年にコンスルに就任していたかという問題があるが，Kunkel は，ケルススが129年に二度目のコンスルに就任していたことを肯定している。Cfr. Kunkel, Juristen, S.146f. また Camodeca は，ケルススが115年に最初のコンスルに就任し，129年に二度目のコンスルに就任していたことを否定していない。Camodeca, pp.33-34

94)　原田慶吉『ローマ法』361頁，船田『ローマ法』4巻，365頁を参照。

95)　例えば戦後のものに限ってみても，Di Paola, Saggi ; Kaser, Passivlegitimation, ; Schwarz, Studien ; Talamanca ; Müller-Ehlen 等々がある。

規定の後世に与えた影響といった歴史的検討をも加えた研究成果を発表している[96]。しかしながら相続回復請求の歴史の中で同元老院議決の規定が果たした役割が重視されるあまり，彼が具体的に元老院議決成立の過程でどのような役割を演じてきたかということはあまり問題にされてこなかった[97]。これは相対的なケルスス研究の少なさにも起因するものといえるが，同元老院議決はケルススの分析にあたって，彼の政治的あり方，具体的には帝国統治において彼が果たしていた役割を考える際に1つの素材になりうるといえる。

本章ではまず第2節1以降で同元老院議決の規定を伝える史料であるウルピアヌスの「告示註解」について見た上で，同元老院議決の名称について考えてみたい。そして第3節で実際に同元老院議決の規定を伝えるD.5,3,20,6〜6^{d}を見た上で，ケルススが同元老院議決の成立過程においてコンスルとしてどのように関わり，また同元老院議決が何を規定していたのかを考えてみたい。そして第4節では先行研究の中で指摘されてきた同元老院議決とハドリアヌス帝の宣示*oratio*との関係について見た上で，ケルススがハドリアヌス帝と元老院との間に立ちながら，どのような役割を果たしていたかを考えてみたい。

1　同元老院議決の規定を伝える史料

同元老院議決の規定を伝える史料は，D.5,3,20,6〜6^{d}の他には存在しない[98]。したがって同元老院議決の分析に際してはこの学説彙纂に採録されるウルピアヌス法文からの抜粋のみが一次史料である。ウルピアヌスはいわゆる古典後期spätklassische Zeitの法学者でセプティミウス・セウェルス

---

96)　Cfr. Roldán

97)　例えばKupischによれば，ケルススは，善意の不当利得債務者の特権等を規制したユウェンティウス元老院議決を通じて，立法に影響を及ぼした，とするが，具体的にどのような影響を及ぼしたのかについては論じられていない。

98)　Brunsにおいては，同元老院議決の規定を伝えるものとしてはD.5,3,20,6以下を挙げるのみである。

帝のもとで活動した人物であり，古典盛期hochklassische Zeitの法学者であるケルススよりは百年ほど後に活動した人物である[99]。彼は「告示註解」という著作の中で同元老院議決を引用している。ウルピアヌスの「告示註解」については，Lenelが再構成を試みているが[100]，その再構成によれば相続回復請求の被告適格やその請求の対象について述べた後に，同元老院議決が引用される。

Roldánは，ウルピアヌスが同元老院議決の規定を，カピトリウムの丘に建てられ全ての元老院議決を収蔵していた記録庫*tabularium*に保存されていた文書から記録した，と推測している[101]。いずれにしろ同元老院議決の規定を伝える史料が他にないことからウルピアヌスによる記録に頼るしかないが，少なくとも彼による同元老院議決の文言の解釈を見るに際しては当該「告示註解」という書物がいかなる性格を持つものなのか，また誰を読者に想定して書かれているのかについては注意を要する必要がある。すなわちウルピアヌスが本当に同元老院議決の意図を探るために解釈を付したのかどうか，という問題である。

Liebsによれば，古典期の法学著作の一形態である大部にわたる注釈書における注釈は法実務に向けられたものであり，読者としては一方でローマやイタリア半島，および属州における裁判官を想定することができ，他方で法廷外で法実務に携わる者，すなわち顧問会や皇帝の官吏として活動する法学者たちを想定することができる，とする[102]。ウルピアヌスが同じく古典後期の法学者であるパウルスと共に近衛長官*praefectus praetorio*の補佐として，活動していたことを鑑みれば，下級の官吏たちの法的問題についての問

---

99) ウルピアヌスについてのより詳細な解説としては，R. Knütel, Ulpianus, Domitius, in : Stolleis, Juristen, S.625f. を参照。

100) Lenel, Palingenesia, 421-903

101) Roldán, p.36. また帝政前期において，栄誉のための影像に代表される記念建造物が建てられる場所，すなわち「最も人通りの多い場所*locus celebrissimus*」が元老院議決の公示場にも用いられたことについて，島田「locus celebrissimus」1-24頁を参照。おそらく同元老院議決もこのような人通りの多い場所に公示された。またローマにおける公文書記録の保存慣行について，ボウマン「官僚制と文書」を参照。

102) Liebs, Jurisprudenz, S.140

い合わせに対して，著作活動を通じて一定の見解を示していたということは
考えうる。「告示註解」についても属州等で統治に係わる下級官吏たちを読
者に想定した上で，これらの者たちから問い合わせられた特定の法的な問題
を前提にした上で書かれたと考えうる[103]。したがってD.5,3,20,7以降で展
開される同元老院議決の文言のウルピアヌスの解釈については，同元老院議
決の成立年代とウルピアヌスが活動した年代とでは100年ほどの時間の開
きもあり社会も変化していたものといえるため，ウルピアヌス研究の中で取
り上げるのが適当である。

　またウルピアヌスが同著作の中でラベオ，ペディウス，ユリアヌス，ポン
ポニウス，マルケッルス，パピニアヌスといった古典期の法学者たちを引用
しケルススも引用していたことはLiebsによって指摘されているが[104]，同
元老院議決に関する注釈の中ではケルススに言及していない。おそらくウル
ピアヌスはケルススについて言及する必要性を感じなかったか，あるいはそ
もそも同元老院議決の中で登場するケルススを，法学者のケルススとして認
識できていなかったものと考えうる。

2 「ユウェンティウス」元老院議決：その名称

　ここで本書において取り上げる元老院議決の名称について，Roldánによ
る解説に基づきながら見ておきたい。同元老院議決は通常「ユウェンティ
ウス元老院議決 *senatus consultum Iuventianum*」と呼ばれている。しか
し同元老院議決については史料上，正式な名称が付けられていない。古典
期の法学者たちは法律や元老院議決については一般にその名称を示すが，
同元老院議決については，例えばマルクス・アウレリウス帝が170年に発
布した勅令（C.3,31,1,pr.）では「神君でありわが祖父であるハドリアヌス帝
によりなされた元老院議決 *senatus consultum auctore divo Hadriano avo*

---

103)　ウルピアヌスが同元老院議決についての解釈の中で「元老院は述べる senatus ait」と
　　　いう表現を用いていることからも，彼が元老院の権威を借りて自説を補強したものと
　　　いえる。

104)　Liebs, Jurisprudenz, S.177f.

meo factum」とされている。このような現象は中世になっても変わらず，例えば注釈学派の一人であるアゾは当該元老院議決を「ハドリアヌス元老院議決，あるいはハドリヌスによってなされた元老院議決 *senatus consultum Hadrianum, vel ab Hadriano factum*」とし，一方で注解学派のバルトルスやバルドゥス・デ・ウバルディスはそれを考慮する際に「元老院議決は述べる *ait senatus*」と言及するにとどめている。そしてハイネッキウスは本書で扱う元老院議決を「プブリウス・ユウェンティウス・ケルススおよびユリウス・バルブスがコンスルのときになされた元老院議決 *S.C. P. Juventio Celso et Julio Balbo Conss. facto*」とし，法学者ケルススの名前を先に挙げ次いでもう一方のコンスルの名前を引用している。要するに 19 世紀の前までは「ユウェンティウスの *Iuventianus*」という形容詞を使っては表現されておらず，サヴィニーの「現代ローマ法体系」で初めて「ユウェンティウス元老院議決 *S.C. Juventianum*」と呼ばれるようになり，Dernburg といったパンデクテン法学者たちによってそれが踏襲された[105]。

　この名称は直接的に史料には見出されないにもかかわらず現代のローマ法研究者たちに受け入れられ，それは制定当時のコンスルの一人がハドリアヌス帝時代の著名な法学者と同名であるという根拠によって正当化されている。ここでもそのような根拠を否定するものではないが，しかし即座に「ユウェンティウスの」という形容詞を付けることには注意を要する必要がある。史料上のプブリウス・ユウェンティウス・ケルススはあくまで当時のコンスルの一人にすぎないのであり，例えば D.29,5,13 で述べられているような「タウルスおよびレピドゥスがコンスルのときに定められた元老院議決 *S.C. Tauro et Lepido consulibus*」のように，「クィントゥス・ユリウス・バルブスおよびプブリウス・ユウェンティウス・ケルススがコンスルのときに定められた元老院議決 *S.C. Q. Iulio Balbo et P. Iuventio Celso consulibus factum*（以下，S.C.Q.P. と略）」とする方が正確であるといえる。

---

105)　Roldán, pp.31-33

第 *3* 節　S.C.Q.P.の内容を伝える史料（D.5,3,20,6~6ᵈ）

1　S.C.Q.P.の成立過程（D.5,3,20,6）

D.5,3,20,6（ウルピアヌス「告示註解」第15巻）
この他にわれわれは相続請求や譲渡された相続財産，過去の悪意や果実
についても考えられた多くのものを見つけた。そしてこれらについては
元老院議決によって規定が与えられたので，その元老院議決を，言葉
を引用した上で解釈するのが適宜である。「3月14日，クィントゥス・
ユリウス・バルブスとプブリウス・ユウェンティウス・ケルスス・ティ
ティウス・アウフディウス・オエヌス・セウェリアヌスというコンスル
たちが，パルティアの征圧者トラヤヌスの息子であり神皇ネルウァの孫
である皇帝カエサル・アウグストゥス・ハドリアヌスが3月3日に小書
に収めながら提案したことについて〔元老院に〕話し，それについて彼
ら〔元老院議員たち〕は以下のように決議した[106]。

このS.C.Q.P.の導入部分についても，Roldánによる解説に基づいて見て
いくことにする。テクストによれば，まず3月14日にバルブスなる人物と
ケルススという二人のコンスルが，ハドリアヌス帝の提案を元老院会議の場
で話した（*verba facere*）ことが伝えられている。テクストは元老院の招集
日を伝えており，その場所は示していない。3月14日という日取りはアウ
グストゥス帝の時代から続く9月と10月を除く毎月1日と15日という「父

---

106)　Praeter haec multa repperimus tractata et de petitione hereditatis, de distractis rebus
hereditariis, de dolo praeterito et de fructibus. De quibus cum forma senatus consulto sit
data, optimum est ipsius senatus consulti interpretationem facere verbis eius relatis. 'Pri-
die idus martias Quintus Iulius Balbus et Publius Iuventius Celsus Titius Aufidius Oenus
Severianus consules verba fecerunt de his, quae imperator Caesar Traiani Parthici filius
divi Nervae nepos Hadrianus Augustus imperator maximusque princeps proposuit quinto
nonas martias quae proximae fuerunt libello complexus esset, quid fieri placeat, de qua re
ita censuerunt.

たち *patres*」が招集される通常会期とは異なるが，ともかく15日に近い日取りで招集されている。通常とは異なる会期でされているが，15日に招集しなかったのはカエサルが3月15日に殺害されて以来その日が「厄日 *ne-fas*」とされたからであるといえる。スエトニウスもカエサルが殺害されたその日には民会を閉じ，3月15日を「暗殺日 *parricidium*」とし，元老院に対してその日には永遠に会議を招集することを禁じた様子を伝えている[107]。また通常会期である3月15日を避け，前日の3月14日に開催した例はタキトゥスが伝える69年のオトの事例もあり[108]，ここではカエサルの殺害日である厄日を避けた通常会期で開催したといえる。

　また129年にバルブスなる人物とケルススとがコンスルであったことが示されているが，これについて一部の研究，例えばVolterraやGuarinoは，*Balbus* と *Publius* との間の *et* を削除している。これはケルススが完全な形で名前が伝えられているのに対し，バルブスだけがプラエノーメン（個人名），ノーメン（氏族名），コグノーメン（家族名）[109]だけで表記されているのは考えられない，という理由によるものである。これに加えて「*Celsus*」の後にプラエノーメンである「*Titius*」が続いていることから，当時在職していたコンスルは4名，すなわち二人の通常コンスル（バルブスとケルスス），そして二人の補充コンスル（ティティウス・アウフディウスおよびオエヌス・セウェリアヌス）であるという見解まで生まれたが，Kunkelが明らかにしているように，ケルススはホエニウス・セウェルス家という家族に血族関

---

107) Suetonius, de vita caesarum, divus Iulius 88 : Curiam, in qua occisus est, obsrui placuit Idusque Martias "Parricidium" nominari, ac ne umquam eo die senatus ageretur.「〔カエサルが〕殺害された民会は，3月15日を『パッリキディウム』としてその日には開催されないことが決定し，同日には元老院議会も開催されないことも〔決定した〕。」なお翻訳に際して，国原『皇帝伝』を参照した。

108) Tacitus, Historiae 1.90 : Pridie idus Martias commendata patribus re publica reliquias Neronianarum sectionum nondum in fiscum coversas revocatis ab exilio concessit, iustissimum donum et in speciem magnificum, sed festinata iam pridem exactione usu sterile.「3月14日，オトは元老院に国事を託し，それからネロのもとで競売にかけられずに残って，その売上金が元首金庫に収められていなかった財産を，追放地から呼び返した人に譲った。」なお翻訳に際して，国原『同時代史』を参照した。

109) ローマ人の名前は基本的にこの3つによって構成されていた。

係あるいは養子縁関係でつながっており，彼の名前はプブリウス・ユウェンティウス・ケルスス・ティティウス・アウフディウス・ホエニウス・セウェリアヌスであったということが明らかにされている。

またproposuitという動詞についてPithouは，筆写の際に間違えて伝えられた，すなわちおそらく略字でpp.と書かれたものを本来は国父pater patriaeで読むべきところを，proposuitで読んでしまった，としている。このような見解は完全に否定されるべきものでもない。なぜならば一部の史料はハドリアヌス帝が権力を授かる際にそのような名称を辞退したと伝えているが，一部の史料，特に碑文においては129年より前にすでにpater patriaeに任命されていたことを伝えるものがあるからである。またこのテクストは文法上不明確な部分を含んでおり，すなわちcomplexus essetは接続法でありながらそれをproposuitとつなぐ接続詞がない，ということである。Mommsenはproposuitとし，本書でもさしあたりその校訂に基づいて翻訳しているが，もしそれを生かすのであれば文法的には接続詞のcumが省略されていると読み「収めながら」という理解になるであろう。Pithouが提案したpater patriaeを用いる場合，Hadrianusとpater patriaeという主格が2つ揃い両者を同格と読むことができ，文法的にも無理なく解することができる。

ハドリアヌス帝が自身の意見を手紙libellusに認めたことが記されているが，ここで少し史料上見出されるlibellusのあり方について見ておきたい。スエトニウスはdivus Iulius 56,6において，帝政が始まるより前にカエサルが元老院に宛てた書簡epistulaを保管し，それを切り取った上でlibellusという形にしたことを伝えている。この文脈においてlibellusは書類といった意味を持ち，その内容はpatresに宛てられたepistula全体によって示されている。

同じくスエトニウスはAug.65,2において，アウグストゥス帝が自身の娘のスキャンダルの際に元老院の前に姿を現さないときは，クアエストルquaestorなる者にlibellusを元老院会議の場で読ませたことを伝え，ここではlibellusは皇帝の私的見解ではあるが，公的な伝達に近いものを表している。また同じAug.84,1において，アウグストゥス帝が宣示oratioを準備せずに元老院で話したことは決してなく，また短すぎたり逆に話しすぎたりし

ないように*libellus*を参照しながら話していたことを伝えている。ここでは*libellus*は*oratio*を保全するメモといったものを表している。

またタキトゥスはAnn.1,11でティベリウス帝の治世について述べる中で，皇帝がアウグゥストゥス帝本人の手で作成された*libellus*を元老院に持って行き，そこで読むよう命じたことを伝えている。それには軍務に従事する市民の数や船の数，必要な出資といった公的資源*opes publicae*に対する指示が含まれており，ここにおいて*libellus*は公的資源の一覧表を伴った書類を表しており，アウグゥストゥス帝が遺言と共に遺したものである。

さらにタキトゥスはAnn.3,68において，ティベリウスがシラヌスを弾劾するため措置を講じ，シラヌスと同じくアシアのプロコンスルであったウォレスス・メッサラに対してアウグストゥス帝が作成した*libellus*を元老院において読み上げ，メッサラに対して元老院が決議するよう命じたことを伝えている。ここでアウグゥスゥス帝がウォレスス・メッサラに対して作成した*libellus*には弾劾行為が含まれていた。これら諸史料に鑑みて*libellus*というタームは，元首の発案も記載しうる書類といった意味を持ち，この発案は皇帝自身あるいは使者によって読み上げられ，皇帝が私的に元老院に宣示*oratio*を述べるという形で元老院に向け発行したものと推測され，元老院が決定をする際の自由に配慮したものであるといえる[110]。

以上，Roldánによる解説によりながら導入部分を見てきたが，特に*libellus*に関する諸史料を通じて看取されるのは，皇帝が元老院において意見を述べる際に用い，自分で読み上げることもできるが，遠征等，何かしらの理由で元老院会議を欠席せざるえない場合，代理の者に読み上げさせることも可能であった，ということである。またスエトニウスのAug.65,2においてアウグストゥス帝がクアエストルに*libellus*を読ませたことが伝えられているが[111]，この者はアウグストゥス帝が創設した皇帝の私設秘書*quaestor*

---

110) Roldán, pp.36–48

111) Suetonius, de vita caesarum, Augustus 65.2 : De filia absens ac libello per quaestorem recitato notum senatui fecit abstinuitque congressu hominum diu prae pudore, etiam de necanda deliberavit.「娘について元老院に知らせるのに，欠席してクアエストルに小書を朗読させ，慚愧の念に堪ず長い間，人と顔を合わすことさえ慎み断った。」なお翻訳に際して，国原『皇帝伝』を参照した。

*candidatis principis*であったようである[112]。ハドリアヌス帝の時代にこの私設秘書の制度が存在していたかはわからないが，ティベリウス帝の時代まで私設秘書が読み上げていたことを考えれば*libellus*は皇帝とかなり近い関係にあった者が皇帝の使者として，元老院会議で読み上げたといえる。

ところで本事例においてハドリアヌス帝はどこでこの手紙を書いたのだろうか。ハドリアヌスによる提案は3月14日に先立つ3月3日に手紙に書かれたことが示されている。ハドリアヌス帝は視察旅行をよく行った皇帝として知られており，この129年にも視察へ行っていたことが推測されるが[113]，Nörrによればギリシアのアテナイにいたとされ[114]，もしローマを離れていたとすれば物理的にローマにおいて元老院の面前で話すことは不可能であろう。したがってハドリアヌス帝はローマを離れていたため当時の二人のコンスルに文書*libellus*という形で意見を伝え，それを元老院会議で読み上げさせたものといえる。またNörrは，当該案件の内容に関わらずにハドリアヌス帝が手紙を書いてから約10日間という議決されるまでの短い期間を考えると，アテナイからローマまで1週間程度で手紙が着いたとしても，残り4日間程度で元老院会議の場で熟議を経るのは困難であったとし，議決はほぼ皇帝の手紙の内容に従って決議されたことを指摘する[115]。

またテクストにおいてケルススとバルブスなる人物の二人のコンスルが，皇帝が提案したことについて「話した*verba facere*」という記述があるが，これは具体的にコンスルのどのような活動を表しているのであろうか。Meyerによれば共和政期以来の元老院会議の評議形態は主催公職者が元老院に問題を持ち出すことによって評議が始まり（元老院へ知らせる*referre ad senatum*），これは単なる報告か決議を要する案件であった。この報告は手短に済ませることもあったが，事の次第を詳細に説明すること（*verba facere*）もあった[116]。またVolterraによれば，公職者は*relatio*の中で結論

---

112) BNPによれば，quaestor candidatis principisは「皇帝によって選ばれ，その者らの任務は元老院会議において皇帝の勅書や知らせを読むことであった」と説明している。
113) ハドリアヌス帝が視察旅行中であったことについて，Birley, p.220を参照。
114) Nörr, prosopographica, S.496f.
115) Nörr, prosopographica, S.496. A.40

を指示することはなく，ただ問題点を示すだけにしなければならない。公職者は決議にあたって必要な全ての情報を提供する[117]。いずれにせよ，公職者は元老院会議の場で問題を提示した後，必要によっては提案理由を示す必要があったものといえる。S.C.Q.P.の事例においてもケルススはコンスルとして元老院に，手紙に書かれた皇帝の提案を，決議にあたって必要な情報も添えて提示する必要があった。

　ところでハドリアヌス帝が書いた手紙の内容とはどのようなものであったのだろうか。これまでの先行研究はD.5,3,20,6の中で登場する手紙の内容として，D.5,3,22のパウルス法文に収載されるハドリアヌス帝の宣示を想定してきた[118]。以下ではまず具体的にS.C.Q.P.の諸規定を見た後，ハドリアヌス帝の宣示の内容，およびS.C.Q.P.の諸規定との関係について考えてみたい。

2　S.C.Q.P.の諸規定（D.5,3,20,6^a~6^d）

2-a　6^{a}項

D.5,3,20,6^a（ウルピアヌス「告示註解」第15巻）

ルスティクスの財産から転落財産となる部分が，皇帝金庫のために請求されるより前に，自身を相続人であると考えている者たちが相続財産を分割して売却した場合，売却物の代価より得られた金銭の利息は取り立てられてはならず，またこのことは同様の事例においても守られるべきである[119]。

116）　マイヤー，167頁を参照。

117）　Volterra, p.1053

118）　例えば近年の研究として，Talbert, p.445 ; Roldán, p.373 ; Nörr, prosopographica, 495 f.を参照。*Libellus* の中身をD.5,3,22で伝えられているハドリアヌスの *oratio* と考えるのは，おそらくBrunsが最初といえる。

119）　Cum, antequam partes caducae ex bonis rustici fisco peterentur, hi, qui se heredes esse existimant, hereditatem distraxerint, placere redactae ex pretio rerum venditarum pecuniae usuras non esse exigendas idemque in similibus causis servandum.

6ª項においてはルスティクスなる人物の相続財産のうち転落財産*caduca*となる部分が皇帝金庫*fiscus*より徴収される前に，善意の遺産占有者（自身が相続人であると考えていた者）が当該相続財産を売却してしまった事例について述べている[120]。争われている相続財産の被相続人としてルスティクスなる人物が挙げられているが，この人物が誰なのかは定かではない。おそらくはこの家系は農民の出自であると考えられ，1世紀半ばから2世紀の終わりにかけての元老院階層の中にも見られ，可能性としてはユニウス・アルレヌス・ルスティクス，または119年にコンスルに就任したと伝えられているルスティクスという二人が挙げられる。前者はフラウィウス朝期の元老院の中でも代表的なストア派の哲学者であり，94年には陰謀の罪でドミティアヌスス帝により死刑を命じられ，父ケルススなのか子ケルススなのかはわからないが，おそらくユウェンティウス・ケルススの友人であった[121]。後者はコンスル表でその名前が伝えられている以外は何もわかっていない[122]。

　転落財産とは，相続能力を有するも相続財産取得能力を有しない者が相続人となった場合，当該相続人が取得し得なかった財産のことを言う。このような財産は共同相続人中で一人以上の子を有する者に属し，またこのような共同相続人がいない場合は国民金庫*aerarium populi romani*に，後には皇帝金庫に属した。相続財産取得能力を有しない者とは，例えば紀元前18年の婚姻当事者の階級に関するユリウス法*lex iulia de maritandis ordinibus*によれば，25歳から60歳までの男性と，20歳から50歳までの女性で，相続開始より100日以内に結婚しない者たち，である。またパピウス・ポッパエウス法*lex Papia et Poppaea*は無子者に相続財産の半分を取得することを禁じた。またユニウス法*lex Iunia*（19年）上のラテン人も相続財産を取得することを禁じられた[123]。本法文における相続回復請求の被告は，上述のいずれかの事由により相続財産を取得する能力を欠いていたものといえる。

---

120)　ローマにおける相続回復請求について，船田『ローマ法』4巻，361頁を参照。
121)　Cfr. BNP, Arulenus
122)　Cfr. Degrassi, p.35
123)　Cfr. Roldán, pp.56–58

本規定では「皇帝金庫のために*fisco*」相続財産が請求されており，原告は示されていない[124]。皇帝金庫は国民金庫と対置させられるものであるが，国民金庫が純粋にローマ国家のものである一方，皇帝金庫は皇帝の私有財産ともいえる[125]。実際の管理には皇帝の官吏が当たっていたものと思われ，皇帝金庫管理官*advocatus fisci*なるものをハドリアヌス帝が初めて選任したことも伝えられている[126]。ここでの原告もおそらく皇帝金庫管理官であるといえる。

6[a]項において係争物として問題になっているのは「売却物の代価より得られた金銭の利息*redactae ex pretio rerum venditarum pecuniae usuras*」である[127]。また相続財産を占有していた者は「自身を相続人であると考えている者たち」である。すなわち被告は複数であると考えられ，このような者たちが「相続財産を分割して売却した*distraxerint*」のだから，買い主は複数の者たちが想定されている。またここでの決定が「同様の事例においても守られるべきである」というところから，例えば土地などの善意占有者の果実収取といった事例にも同規定がその後，準用されたといえる。

---

124)　*fisco*は男性名詞*fiscus*の単数・与格形と解するか，単数・奪格形と解するかの可能性がある。英訳は「皇帝金庫のためにfor the imperial treasury」とし，同じく独訳は「皇帝金庫のためにfür den Fiskus」とし，伊訳は「皇帝金庫によってdal fisco」としているが，奪格形とすると「皇帝金庫」それ自体が請求の主体となり整合性が取れないので，筆者は英訳および独訳の理解に従い与格形と理解した。

125)　皇帝金庫についてさしあたり，米田「フィスクス」101-108頁を参照。米田によればfiscusとは元来，オリーブ圧搾用の「籠」を意味し，そこから転じて「籠の中身・現金」「金庫・財布」「(個人あるいは元首の) 私財」，「属州および首都に置かれた公金を収めた諸金庫」，「元首の直接管轄下に置かれた国家機構の一部門としての『国庫』」等の意味が生じた。米田は皇帝金庫を，公的なものと私的なものとの「アマルガム (混合物)」と表現しているが，その実態は判然としない。

126)　SHA. De vita Hadriani 20.6 : fisci advocatum primus instituit.「〔ハドリアヌス帝は〕初めて皇帝金庫管理官を設立した。」

127)　当該箇所の理解として，独訳は「売却物の代価と共に得られた金銭から利息は請求されないvon dem mit dem Kaufpreis für die verkauften Sachen erlangten Geld Zinsen nicht gefordert wurden dürfen」となっており*ex*が*pecunia*を支配していると読んだものといえるが，文法上*ex*は*pretium*を支配しており，独訳の理解には従えない。また伊訳は「財産売却の代価から得られた金銭の利息gli interessi del denaro ricavato dal prezzo della vendita dei beni」という形で筆者と同じ理解をしているといえる。

ところで6ᵃ項のS.C.Q.P.の規定ではすでに相続財産は売却されており，それ自体は善意占有者，すなわち自身を相続人と考えていた者たちの手元には残っていない。相続回復請求における被告適格は，原則として相続財産を占有する者にしか認められない[128]。Longoは，S.C.Q.P.が相続財産が占有者によって譲渡された場合，善意であろうと悪意であろうとそのような占有者に対して相続財産請求を認めた元老院議決であると解する[129]。Di Paolaによれば，S.C.Q.P.の場合のような相続回復請求における相続財産それ自体の非占有者の被告適格は，すでにラベオやプロクルスの時代から知られていた。相続回復請求について述べたD.5,3において，ここで扱うD.5,3,20,6に先行するウルピアヌス法文は全て相続回復請求の被告適格について扱っているが，だからといってここでもそれについて述べているかというとそうではない。S.C.Q.P.は相続財産を占有していない者の被告適格を前提としており，ここでS.C.Q.P.によって新たに定められたのは利息の返還態様であり，その基準となるのは占有者が善意か悪意かという問題である[130]。またMüller-Ehlenは紀元後129年までは転落財産は皇帝金庫*fiscus*ではなく国民金庫によって徴集されていたことを指摘し，*fisco*の部分を*aerario*と直して読むべきと主張する[131]。

相続財産が占有者によって売却されてしまった場合，その代価が占有者のもとに留まることになる。ここでローマ人の金銭は他の有体物と並ぶ代替物の1つであったことに注意を要する。すなわち今日では，金銭は紙幣といった一定の金銭的な価値を表象する抽象的な存在であり，流通性を確保するには物権法上の保護に一定の制限をかける必要があるが[132]，ローマにおいては紙幣が存在しなかったため金銭*pecunia*とは多くの場合，硬貨*num-*

---

128) 船田『ローマ法』4巻，361-362頁を参照。

129) Longo, hereditatis petitio, p. 82

130) Di Paola, Saggi, pp.92-102

131) Müller-Ehlen, S.320. なお同様の主張はDi Paola, Saggi, p.82 n.10 ; Provera, vindicatio, p.34. n.35においても述べられている。また転落財産の取得の問題について，船田『ローマ法』4巻，268頁を参照。船田によれば転落財産が皇帝金庫によって回収されるのはカラカッラ帝の時代以降となっている。

132) 民法における金銭の物権法的側面について，能見「金銭」101-125頁を参照。

musを指し，このような硬貨は引き渡され，（一年で）使用取得され，所有物取戻訴権の客体となったのである[133]。またいわゆる「代価は物に代わる*pretium succedit in locum rei*」という法準則が適用されているようにも見えるが，これは純粋なローマ法源に見出されるものではなく中世以降の注釈学派や注解学派の中で生み出されたものであり，このような考えを古典期のローマ法学が有していたかはわからない[134]。

またDi Paolaは，D.5,3,20,6に先行するウルピアヌス法文は全て相続財産請求の被告適格を扱っていると指摘しているが，Lenelによるウルピアヌスの「告示註解」第15巻の再構成に従えば，D.5,3,20,6の直前には相続回復請求の対象に何が含まれるかといった議論がされている[135]。これに従えばウルピアヌスがD.5.3.20.6に先行する箇所で相続回復請求の対象の問題を扱っているところを見ると，この6ª項で中心的に議論されていることはやはり相続回復請求の被告適格の問題ではなく，Di Paolaの述べるように，相続財産の占有者が元物から取得した利息の返還態様であろう。またMüller-Ehlenは*fiscus*を*aerarium*と読むべきことを主張するが，テクストに改竄*interpolatio*が入っているという決定的な根拠がない限り，さしあたりは*fiscus*と読むべきである。

2-b 6ᵇ項

D.5,3,20,6ᵇ（ウルピアヌス「告示註解」第15巻）

同様に相続財産を請求された者たちが敗訴判決を受けた場合，相続財産から売却することで得た財物の代価は，たとえ転落財産である部分が相続回復請求より前に滅失もしくは減少したとしても，これを返還せねば

---

133) ローマでの金銭，特に硬貨について，田中「キュジャース」254-256頁を参照。また金銭がローマにおいて取戻しの対象として扱われたことについて，宮坂「取戻し」199頁を参照。

134) Welle, S.11f.

135) Lenel, Palingenesia, S.500f.

136) Item placere, a quibus hereditas petita fuisset, si adversus eos iudicatum esset, pretia, quae ad eos rerum ex hereditate venditarum pervenissent, etsi eae ante petitam hereditatem deperissent deminutaeve fuissent, restituere debere.

ならない[136]。

　前項に引き続き相続財産を占有していた者がその財産を売却し，その代価を占有していることが前提となっている。そのような占有者は敗訴した場合，得た代価を返還しなければならない。占有者に善意か悪意かの分類はなされていない。「判決された場合 *si iudicatum esset*」という箇所があるが，これは前置詞の *adversus* と共に用いられることで「〜に対して敗訴の判決を下す」という意味になるといえる。*eae* という代名詞は女性・複数・主格形であるが，6[b]項の中で女性名詞の複数形は財物 *res* しか見当たらない。また「滅失しもしくは減少した *deperissent deminutaeve fuissent*」という文言について，同じく古典期の法学者ガイウスは以下のような説明をしている。

　　D.5,3,21（ガイウス「属州告示註解」第6巻）
　　滅失するとは，物の〔本来の〕性質を失うというように解され，一方で減少するとは，使用取得されそれを理由に相続財産から出ていくことと解される[137]。

　ガイウスによれば，滅失する *deperire* とは物それ自体は消滅していないもののその機能を果たしていないものと思われ，奴隷を例とするならば，建築技術など特殊な技能を持った奴隷が何らかの障害によって業務に従事することができなくなった場合などが考えられよう。またガイウスによれば，減少する *deminuere* とは第三者によって使用取得されたものと解される。すなわち6[b]項の規定に照らせば，財物の所有権が原告と被告とは別の第三者に移転してしまっているといえる。
　またRoldánによれば，S.C.Q.P.の規定は皇帝金庫による取戻の問題であって，Digestaが分類するような相続回復請求の問題ではない。皇帝金庫が転落財産を請求する場合，最終的に金庫には金銭という形で保管をするの

---

137)　Deperditum intelligitur, quod in rerum natura esse desiit : deminutum vero, quod usucaptum esset et ob id de hereditate exiit.

だから財産それ自体で徴集するよりも対価として徴集する方が財産を一度売却するという手間を省くことができた，とする[138]。「相続財産を請求された *hereditas petita fuisset*」という文言から一見，6ª項の皇帝金庫管理官による転落財産の取戻しとは違う議論がされているように見えるが，6ª項と同じように「請求する *petere*」という動詞が使われていることから，6ᵇ項においても「皇帝金庫のために *fisco*」が省略されているといえる。

2-c 6ᶜ項

D.5,3,20,6ᶜ（ウルピアヌス「告示註解」第15巻）

同様に，〔転落〕財産が自身に属さないことを知っていながら奪う者たちは，争点決定の前に占有をやめたとしても，やはり占有していたものとして判決されるべきである。しかし〔転落〕財産が自身に属すると信じるに足る正当な理由を持つ者たちは，その財産によって利益を得ないよう〔判決されるべきである〕[139]。

6ᵇ項に続いて相続財産の占有者が登場するが，前半部分（同様に，〜判決されるべきである。）では自身が真正相続人ではないことを知りながら占有した者，すなわち悪意の占有者が，他方で後半部分（しかし財産が〜〔判決されるべきである〕。）では自身が真正相続人ではないが，そうであると信じるに正当な理由があった者たちが扱われている。

まず前半部分で「財産 *bona*」という言葉が出てきているが，これはおそらく「転落 *caduca*」が省略されており，6ª項および6ᵇ項に引き続き転落財産の皇帝金庫への帰属の問題が扱われているといえる。また「奪う *invadere*」という動詞が使われているが，Heumann-Seckel によると「わがものとする sich bemächtigen」と書かれており，用例として同法文が挙げられ

---

138) Roldán, pp.155-158

139) Item eos qui bona invasissent, cum scirent ad se non pertinere, etiamsi ante litem contestatam fecerint, quo minus possiderent, perinde condemnandos, quasi possiderent : eos autem, qui iustas causas habuissent, quare bona ad se pertinere existimassent, usque eo dumtaxat, quo locupletiores ex ea re facti essent.

ている[140]。「自身に属さないことを知っていながら」そのような行為を行うのであるから，やはり悪意の占有者が想定されているのであろう。またこのような者たちが争点決定より前に占有をやめるということは，そのような者たちが請求の被告適格を逃れようとして行った行為を意味するものといえる。しかし元老院議決はそのような行為を認めず，6^b項の規定に従い占有した財産全体，すなわち当該財産を売却して得た対価全体を返還しなければならなかったのである。

　また後半部分においては「〔転落〕財産が自身に属すると信じるに足る正当な理由を持つ者たち」が問題となっている。おそらく善意の占有者について述べている。また「属する*pertinere*」という言葉が出てくるが，Heumann-Seckelによれば*pertinere*とは「狭義の法学上の意味において，ある者の財産に帰属する」となっている[141]。本規定もおそらくそのような意味で*pertinere*を用いている。

　S.C.Q.P.に関する多くの諸研究はこの6^c項を議論の対象にしてきた。さしあたり前半部分までに関わるものだけをみてもTalamanca，Schipani，Albanese，Kaser，Marrone等が挙げられる[142]。また後半部分に関わるものでもAlbertario，Beseler，Liebs等が挙げられる[143]。またMüller-Ehlenは本項をS.C.Q.P.の中心部分とまで言っている。Müller-Ehlenによれば同元老院議決において被告の責任を決める際に「占有をやめたとしても」と「その財産によって利益を得ないよう」という解釈を要する2つのフレーズが用いられた。その曖昧な表現は，元老院議決における立法技術が，告示におけるそれよりも粗野であったことに起因する。むしろ元老院議決は，善意占有者および悪意占有者のより正確な責任の範囲の確定を将来の法学の発展に委ねた[144]。また元老院議決における立法技術が告示におけるそれよりも

---

140)　Heumann-Seckel, *invadere* の項を参照。

141)　Heumann-Seckel, *pertinere* の項を参照。

142)　Talamanca, 44ss. ; Schipani, Responsabilità, 107ss. ; Albanese, Rei vindicatio, 410ss. ; Kaser, Besitz und Verschulden, 106ss. ; Marrone, possesso, 202ss.

143)　Albertario, responsabilità, 431ss. ; Beseler, Beiträge, 21ss. ; Liebs, Gemischte Begriffe, 152ss.

144)　Müller-Ehlen, S.322

粗野であったことは，Kaserも指摘している[145]。

　また本項の「争点決定の前に占有をやめたとしても，やはり占有していたものとして判決されるべきである」はケルススが関わった痕跡を示していると，Schipani, Müller-Ehlen, Roldánらが主張している[146]。これらの研究者がケルススとS.C.Q.P.の6ᶜ項とのつながりを示すものとして挙げるのは，以下の2つの法文である。

　D.5,3,13,13（ウルピアヌス「告示註解」第15巻）Nr.27
　しかしながら相続の対象となる物を占有する者からのみならず，何も占有していない者からも相続財産の返還を請求できる。そして占有しない者が請求に対して応ずる場合，責を負わされるかどうかについて考えられねばならない。そしてケルススは法学大全第4巻において，その者は悪意に基づいて責を負わされると書いている。すなわち請求に応ずる者は悪意で〔占有をやめるという行為を〕なしているからである。そして以下のような見解をマルケッルスはユリアヌス註解で一般的に試みている。すなわち，請求に応ずる者はあたかも占有している者であるかのように責を負わされる，と[147]。

　D.5,3,45（ケルスス「法学大全」第4巻）Nr.27
　訴訟に対して応ずる者は，係争物を占有していなくても，訴訟に応ずる者が訴訟の始まりから占有していないことを原告が知っていることを明確な証拠によって明らかにすることができない場合，有責判決を下される。なぜならばその場合には彼は欺かれておらず，また相続財産請求に当事者として応じた者は，悪意の約定によって責任を負わされるからで

---

145)　Kaser, Passivlegitimation, S.114

146)　Schipani, Responsabilità, pp.187-198 ; Müller-Ehlen, 316f. ; Roldán, pp.386-396

147)　Non solum autem ab eo peti hereditas potest, qui corpus hereditarium possidet, sed et si nihil. Et videndum, si non possidens optulerit tamen se petitioni, an teneatur. Et Celsus libro quarto digestorum scribit ex dolo eum teneri : dolo enim facere eum qui se offert petitioni. Quam sententiam generaliter Marcellus apud Iulianum probat : omnem, qui se offert petitioni, quasi possidentem teneri.

ある。当然，彼に欺かれなかったことがどのくらい関係しているかが評価されるべきであろう[148]。

　Schipaniによれば，ウルピアヌスと同じく古典後期の法学者パウルスは「悪意は占有に代わる[149]」という法原理を唱えたが，このような考えはD.5,3,13,13のウルピアヌス法文およびD.5,3,45のケルスス法文においても表れており，そこでは争点決定より前に悪意で占有をやめた者の有責性について述べている。またMüller-EhlenもD.5,3,13,13と6[c]項との間に内容上の連関性があることを指摘し，それによれば，両法文においてやはり「悪意は占有に代わる」の原理が用いられており，これはD.5,3,45においても見出されるものである。これらD.5,3,13,13およびD.5,3,45に見出される悪意で占有をやめる者の被告適格は，6[c]項に見出されるS.C.Q.P.の規定にさかのぼるものである。またRoldánはケルススの「法学大全*Digesta*」がハドリアヌス帝の時代に著されたこと，同著作第4巻の中で悪意の非占有者を論ずる際にS.C.Q.P.の規定を考慮したことを指摘している。

　しかしNörrは6[c]項とこれらケルススの諸法文との関係を否定する。彼によればD.5,3,45で使われている「有責判決を下される*condemnatur*」という表現は，ケルススが悪意についての訴権*actio de dolo*といった相続回復請求とは別の事例で用いていた。またすでにケルススが訴訟に応ずる者*liti se offerns*の責任を相続回復請求から肯定していた可能性を完全に排除はできないが，その責任がS.C.Q.P.の規定によって確立したのかはわからない[150]。

　Nörrが述べるように，S.C.Q.P.の6[c]項の規定とD.5,3,13,13および

---

148)　Qui se liti optulit, cum rem non possideret, condemnatur, nisi si evidentissimis probationibus possit ostendere actorem ab initio litis scire eum non possidere : quippe isto modo non est deceptus et qui se hereditatis petitioni optulit ex doli clausula tenetur : aestimari scilicet oportebit, quanti eius interfuit non decipi.

149)　学説彙纂50巻17章131法文（パウルス，告示註解22巻）「悪意で占有をやめた者は，占有しているように判決される。なぜならば悪意は占有に代わるからである。Qui dolo desierit possidere, pro possidente damnatur, quia pro possessione dolus est.」

150)　Nörr, prosopographica, SS.498-501

D.5,3,45に収載されているケルススの諸法文との関係は明らかではない。むしろ同元老院議決とケルススの関係を重視するあまり，Nörr以前の先行研究は6ᶜ項とケルススの諸法文との関係を強調しすぎたといえる。S.C.Q.P.とケルススとの関係を論じるには別の角度から論ずる必要がある。

2-d　6ᵈ項

D.5,3,20,6ᵈ（ウルピアヌス「告示註解」第15巻）
ところで皇帝金庫のために相続財産を請求されたとは以下のような時点からと判断されるべきである。すなわちある者が最初に相続財産の返還を請求されていると知るとき，つまり最初に彼に通告されたとき，または最初に手紙でもしくは告示で召還されたときである，と決議した。」したがってわれわれは元老院議決の個々の言葉を解釈せねばならない[151]。

同規定は請求の時点とはどの時点かを定めたものといえる。通告する者として具体的に想定できるのは皇帝金庫管理官が挙げられる。告示で知らされるというのはフォルムなどでこのような告示が掲げられたのであろう。

Proveraは「手紙もしくは告示で」の部分について，この部分が召還*evocatio*であることを指摘し，その歴史について触れている。彼によれば，召還とは*vocatio*に由来するもので，共和政期には命令権を保持する公職全員が必要であればいかなるときでも出廷を命ずる手段であり，帝政期には特別審理手続の法廷への正式な召還方法となった[152]。

ところで，なぜここで請求時点について定めたのであろうか。本項は6ᵇ項との関係で考えられるべきであるものといえる。すなわち6ᵇ項では「相続財産を請求された者たち〔ei〕*a quibus hereditas petita fuisset*」という

151）　Petitam autem fisco hereditatem ex eo tempore existimandum esse, quo primum scierit quisque eam a se peti, id est cum primum aut denuntiatum esset ei aut litteris vel edicto evocatus esset. Censuerunt.' Aptanda est igitur nobis singulis verbis senatus consulti congruens interpretatio.

152）　Provera, vindicatio, pp.47-48

表現が使われているが，本項でも「相続財産が皇帝金庫のために請求された *Petitam autem fisco hereditatem*」という形で「相続財産が請求された *hereditas petita*」という表現が一致している。また6[b]項では係争物が使用取得されたとしてもその代価が返還されるべき旨が規定されているが，係争物が売却されてしまっていたとして買い主の元で使用取得が完成するまでの期間に請求をすれば使用取得は成立しなかったものといえるのではないか。すなわち動産なら一年，不動産なら二年という期間が使用取得の成立には必要となり，返還請求が使用取得の成立前になされるならば，買い主は皇帝金庫に現物を返還しなければならなかったといえる。そしてもし買い主による使用取得が成立しなければ，皇帝金庫管理官は対価ではなく係争物それ自体を請求することができた。本項で「最初に *primum*」という表現が繰り返し使われているのは二回目以降の通知や召喚ではなくて，一回目のそれを強調するという意図が含まれているといえる。

　ここまでS.C.Q.P.が定めた規定を6[a]項から6[d]項まで順にみてきたがWlassakおよびLongoは，6[a]項が具体的なルスティクスの事例について言及しているのに対して，6[b]項以降は具体的な事例には言及しておらず，方式書訴訟に関する一般的かつ抽象的な規定を含んでいるとする[153]。

　またRoldánによれば，6[a]項では自身が相続人だと思っている者たちが利息の返還を請求された場合のみが問題とされているが，6[b]項では代価または相続財産の返還について責任を負うのかを論じている。6[a]項では「転落財産となる部分 *partes caducae*」が問題であり6[b]項では「相続財産 *hereditas*」が問題となっているが，前者は元来，後者に内在するものであり，皇帝金庫管理官が相続財産を請求したときに，転落財産となる部分がそれに含まれていた。また6[a]項にも「相続財産を分割して売却した *hereditatem distraxerint*」という形で「相続財産 *hereditas*」というタームは出てくることから，6[a]項と6[b]項とは同一のルスティクスの事例を扱っている。また6[c]項とルスティクスの事例との関連は見られないが，6[d]項とルスティクスの事例との関連は認められる。全体としてS.C.Q.P.は転落財産の取戻し *vindi-*

153）　Wlassak, Anklage, S.154, n.37 ; Longo, hereditatis petitio, p.104

catio caducorum について定めたものと見られる，とする[154]。

　Roldán が述べるように確かに 6^b 項も 6^a 項のようにルスティクスの事例を扱ったものといえるが，前述したように 6^b 項では「皇帝金庫のために *fisco*」という文言が省略されているものと思われ，6^a 項と請求の主体は皇帝金庫管理官のままで変わっていないといえる。また 6^a 項では相続財産のうち転落財産となる部分が請求されたが，6^b 項では相続財産全体が請求されたと思われ，おそらくルスティクスが皇帝を受遺者とする遺贈を行った場合，等が例として挙げられる。また Roldán を含めた研究者はルスティクスの事例と 6^c 項との関連を否定しているが，前述したように 6^c 項で出てくる「財産 *bona*」とは「〔転落〕財産 *bona caduca*」であると思われ，そのような皇帝金庫に属する財産を侵奪する者に対する規定を含んでいるものといえるのではないか。

　したがって S.C.Q.P. は 6^a 項から 6^d 項に至るまでルスティクスの事例を扱いながら全体として転落財産，または皇帝に属する財産の取戻しについて述べており，転落財産をはじめとする皇帝金庫の徴収の範囲を規定しているものといえる。以下では 6 項で登場したハドリアヌス帝の手紙の内容と伝統的にこれまで考えられてきた，D.5,3,22 のパウルス法文に収載される同帝の宣示 *oratio* を見た上で，S.C.Q.P. との関係について考えてみたい。

第 *4* 節　ハドリアヌス帝と元老院との関係における S.C.Q.P.

1　帝政前期における元老院議決のあり方

　宣示の分析に入る前に少し元老院議決の歴史，特に帝政前期のそれについて，Volterra による解説に基づきながら見ておきたい。王政期および共和政期の元老院議決は王もしくは公職者によって問題が提議され決議されていたが，アウグゥストゥス帝が出現し帝政期に入ると皇帝が，コンスルやその他の公職者を介して，議案を提議するという形が出現する。宣示は大きな重要

---

154)　Roldán, pp.403-410

性を持っており，元老院会議の場で皇帝自らがなし，あるいは，クラウディウス帝の時代になると宣示の内容が皇帝の使者によって読み上げられた。その提案に対して元老院は修正することはなかった。元老院議決はこのようにして共和政期のものとは全く異なるものとなった。すなわち皇帝による宣示ないし使者による提案が規範の主たる部分となり，元老院議決はそれに対する追認という形を取るようになった，ということである。言い換えるならば宣示は元来，元老院に対する提案であったが，皇帝による規範形成の手段として確立した，ということである。このような宣示はハドリアヌス帝のもとで多く利用され，その後マルクス・アウレリウス帝やコンモドゥス帝によっても利用された[155]。

　共和政から帝政に移行する中で元老院議決のあり方も大きく変化したことは，柴田光蔵も指摘している。それによれば元首は元老院に諮問を求め提案する権利を利用して，それに働きかけ，元老院議決を発布させることができる。これは，本来，公職者への助言に過ぎなかったが，元首政時代に入って民会が衰微しその立法上の機能が元老院に吸収されるにつれて，議決には法としての効力が認められ始め，2世紀の中葉にはそれが法律の効力を持つことが確定された[156]。またVolterraはハドリアヌス帝による永久告示録 *edictum peretuum* の発布が，元老院議決を介してなされたことも指摘している[157]。このように，皇帝権力の出現により，共和政期の元老院議決のあり方が帝政期に入り大きく変化したことは推測しうる。特にS.C.Q.P.を分析する際，ハドリアヌス帝が元老院議決を1つの法源として確立しようとしたとしている点は重要である。

2　D.5,3,22に収載されるハドリアヌス帝の宣示 *oratio*

　D.5,3,22（パウルス「告示註解」第20巻）
　物と対価との両方を善意占有者が持っている場合，それ自体を彼が買い

---

155)　Volterra, p.1056.
156)　柴田『裁判制度』311頁を参照。
157)　Volterra, p.1051

戻したことを考えよ。対価ではなく物を与えることを彼が欲したように
聞かれるべきかどうか？　略奪者の事例においては，選択は原告にあら
ねばならないとわれわれは言う。物が劣化していても引き渡すことを望
むならば占有者が聞き入れられるべきであろうし，対価を望むのであれ
ば原告は〔聞き入れられるべきではない〕。なぜならばそのような望みは
恥ずべきものだからである。しかしながら相続財産から利益を得たので
あるから，対価からより多く得たものも返還しなければならない，と聞
かれるべきである。なぜならば神君ハドリアヌスの宣示にも以下のよ
うにあるからである。『元老院議員たちよ，占有者が利益を得ず，他人
物から得た代価を返還することがより公平かどうかを考えよ。なぜなら
ば売却された相続財産にその代価は代わり，幾分か相続財産となったと
考えられうるからである。』したがって占有者は原告に物とその売却に
よって得たものを返還するのが至当である[158]。

　ウルピアヌスとほぼ同時代に活動したパウルスは，ウルピアヌスと同じく
「告示註解」という著作の中で同宣示を引用している。S.C.Q.P.の諸規定と
D.5,3,22のハドリアヌス帝の宣示との関係は一見すると，確かに内容上の
類似性が認められるにしても，明らかではない[159]。両者の前後関係も重要

---

[158]　Si et rem et pretium habeat bonae fidei possessor, puta quod eandem redemerit :
an audiendus sit, si velit rem dare, non pretium ? In praedone dicimus electionem esse
debere actoris : an hic magis possessor audiendus sit, si velit rem tradere licet deteriorem
factam, non petitor, si pretium desideret, quod inverecundum sit tale desiderium : an vero,
quia ex re hereditaria locupletior sit, et id quod amplius habet ex pretio restituere debat,
videndum. Nam et in oratione divi Hadriani ita est : Dispicite, patres conscripti, numquid
sit aequius possessorem non facere lucrum et pretium, quod ex aliena re perceperit,
reddere, quia potest existimari in locum hereditariae rei venditae pretium eius successisse
et quodammodo ipsum hereditarium factum.' Oportet igitur possessorem et rem restituere
petitori et quod ex venditione eius rei lucratus est.

[159]　この点については例えばDe Marini AvonzoやArcariaも両者の関係を否定している。
De Marini Avonzoは，宣示は相続財産請求に，S.C.Q.P.は皇帝金庫に関するものとす
る。Cfr. De Marini Avonzo, funzione , p.35. またArcariaもDe Marini Avonzoと同じ趣旨
のことを述べると共に，S.C.Q.P.は転落財産の取戻しの原則を完成させるために決議さ
れたとする。Cf. Arcaria, Senatus, pp. 223-224

だが，それもわからない[160]。またもし同宣示が手紙の内容であるとして，その内容の全てを伝えているのか，あるは一部分のみ伝えているのかもわからない。しかし伝統的な先行研究，例えばDi Paola, Kaser, Roldán, Nörrらは同元老院議決とS.C.Q.P.の諸規定との関係を指摘してきた[161]。

　例えばRoldánはS.C.Q.P.の規定と同宣示との関係を以下のように指摘する。すなわちハドリアヌス帝は占有者が利益を得ないことがより衡平かどうかを問うており，それに対して元老院はS.C.Q.P.の6^{c}項の中で相続財産について正当な原因を持つ者は，占有により利益を得た範囲で有責判決されるよう答えた。ここでは両者とも財産増加 locupletatio 責任に関するという点で共通点が存在している。また相続財産の対価が，その相続財産に取って代わることについて，ハドリアヌス帝は占有者が真の権利者に相続財産を売却して得た対価を返還せねばならないか問うている。この点について元老院はS.C.Q.P.の6^{b}項の中で相続財産を請求された者たちが敗訴判決を受けた場合，相続財産の返還が請求されるより前に物が滅失したり第三者によって使用取得されたりしていても，売却によって得た対価を返還せねばならない旨を規定している。元老院は相続財産の対価が，その相続財産に取って代わるという考え方を受け入れるのみならず，相続財産が請求されるより前にその物が滅失したり第三者によって使用取得されていようと，対価は返還されるべき旨を付け加えた。このような付加は，対価も相続財産の一部をなす，という，宣示において示された基準を元老院が容認するものとなった[162]。

　さらにRoldánは，本事例においてハドリアヌス帝は相続人と目される者から問われた質問に対して，なぜ，自身の判断で下せる勅答 rescriptum という形で答えずに，元老院に意見を問うようなことをしているのかを問題にする。彼によれば他の宣示においてもハドリアヌス帝は元老院に意見を示す

---

160)　De Marini Avonzoはハドリアヌス帝の宣示の公布年代を136年としているが，その根拠は明確ではない。De Marini Avonzo, funzione, p.47を参照。おそらくこれら諸研究が前提にしているのは，最初に宣示とS.C.Q.P.の諸規定を関連づけたBrunsといえる。

161)　Di Paola, Saggi, pp.102–110 ; Kaser, Passivlegitimation, SS.106–108 ; Roldán, pp.373–386 ; Nörr, prosopographica, S.495f.

162)　Roldán, pp.378–379

ようなことをしている。このような問題は法学的な次元というよりも政治的な次元において考えられねばならない。つまり皇帝金庫は中央集権的権力を強めながら新たな財の供給源を得，皇帝権力は元老院のそれと均衡状態にあった。皇帝は元老院を本事案に巻き込んだ。なぜならば実際には皇帝顧問会を通じて勅答を作ることも可能であったが，決定は父たち*patres*によってなされたという手続きを踏んで，父たちの権威*auctoritas patrum*に対する形式的な敬意を示しつつ，中央権力の隆盛と元老院の権威との調和を図ろうとしたからである。D.5,3,22に含まれる宣示の形式は，皇帝が命令するのでなく，元老院の決定に対して提案をしたことを示している。したがって元老院議決は単なる皇帝の意思の形式的な追認行為ではなかった。皇帝の宣示が示すものは原則的に，元老院の活動への皇帝の一方的な介入ではなく，両者の協調作業を推測させる。またこの時期には，例えばガイウスの法学提要にある外国人に信託遺贈で遺された財産の取戻しの事例[163]のような，皇帝金庫への財産の帰属問題には元老院議決がたびたび登場しており，ハドリアヌス帝はこのように元老院から同意を得ることでその徴集の範囲を広げていった。またD.5,3,20,6^{a}を見ると，皇帝になされた質問は売却した相続財産の対価の利息の支払い義務についてのものであったと推測され，皇帝は自分で答えるよりも元老院で決議させる方を好んだものといえる。このようにして皇帝金庫はD.5,3,22の宣示にもあるように代価を得ることができたが，元老院によって決議されたため，利息については請求することができなかった[164]。従ってRoldánはハドリヌス帝と元老院とが協力して元老院議決を作成していったと考える。他方，Nörrはこれを否定する。Nörrによれば，手紙の内容およびローマに手紙が届いてから元老院によって決議がなされるまでの短い期間を考えると，ハドリアヌス帝が元老院に決議にあたって

---

163) ガイウス，法学提要2.285「そこで外人もかつては信託遺贈を取得することができ，おそらくこれが信託遺贈の起源であった。けれども後にそれは禁じられ，このような信託遺贈物を国庫が徴収するために，今では神皇ハドリアヌス帝の宣示に基づく元老院議決がなされた。Ut ecce peregrini poterant fideicommissa capere, et fere haec fuit origo fideicommissorum. Sed postea id prohibitum est, et nunc ex oratione diui Hadriani senatus consultum factum est, ut ea fideicommissa fisco uinsidicarentur.」

164) Roldán, pp.410-413

の自由な裁量を許したとは考えにくい[165]。

　同宣示から，ハドリアヌス帝の時代に相続財産の占有者についての問題が，皇帝と元老院との間で議論されていたといえる。またRoldánはハドリアヌス帝の時代に皇帝金庫が新しい徴集源を求めてその徴集範囲を広げようとしていたことを指摘し，129年が皇帝金庫に関する原則にとって変化の時代であり，外国人への信託遺贈の皇帝金庫への帰属の他に，皇帝金庫に新しい権力が加わり，皇帝金庫に不名誉の財産が帰属したこと，皇帝金庫の徴集が私人にも及んだこと，皇帝金庫管理官が立てられたことも指摘している[166]。

　S.C.Q.P.の規定全体から推測するに，転落財産の皇帝金庫への帰属という問題が論じられているのを考えると，皇帝金庫に帰属せしめる徴集財源の範囲を確定する中で，ハドリアヌス帝自身がこの問題について裁決するより，元老院にその裁決を委ねる方が，ハドリアヌス帝にとって政策的に得策であったと推測できる。また手紙の内容が宣示であるとすると，当該事例では皇帝の手紙自体は抽象度が高く，決議に際してのおおまかな方針のみしか示していないといえる。またおそらくNörrが指摘するようにローマに手紙が着いてから決議がなされるまでの短い期間を考えると，ハドリアヌス帝が示した案をそのまま元老院が形式的に承認したのではないか。

　このような状況の中でケルススはコンスルとして皇帝と元老院との間に立ちながら，S.C.Q.P.の成立についてどのような役割を果たしたのであろうか。

3　ケルススの果たした役割

　第1章第3節において，ケルススがハドリアヌス帝の皇帝顧問会の構成員であったことを示すSHAの記述を紹介した。同テクストによればハドリアヌス帝が裁判に際してケルススに意見を問うていたとされる。したがってケ

---

165)　Nörr, prosopographica, S.495f.
166)　Roldán, p.402. また皇帝金庫の帝政前期における展開について，Coli, Fisco, pp381-385；Landi, Fisco, pp.673-676を参照。

第2章 公職者としてのケルススの活動 073

ルススがハドリアヌス帝によって法律顧問として重用されていたといえる。

S.C.Q.P. に関して，ケルススはコンスルという立場で元老院に皇帝の意見を伝えるという形で関与している。宣示の内容から推測するに手紙の内容の抽象度は高く，ハドリアヌス帝が示した案を元老院がそのまま承認したといえることは先にも述べたが，ケルススが抽象的な表現で書かれた皇帝の意見を，当該事例で具現化したといえるのではないか。特に転落財産の徴集は皇帝金庫にとっても重要な問題であったことは十分考えうることであり[167]，この問題に対してハドリアヌス帝が信頼を寄せる顧問会の一員でもあったケルススに任に当たるよう託したこと，またケルススがその任に法学的知見を活かしながら当たったことは，S.C.Q.P. の諸規定からもうかがえる。

またケルススがコンスルのときに決議されたもう1つの元老院議決がユスティニアヌスの勅法集 *Codex Justinianus* を通じて伝わっており[168]，それによれば公有奴隷であった被解放自由人の市民権を保障するウェットゥス・リビキウス法 *lex Vetti Libici*[169] なるものの適用を，同元老院議決によって属州にまで拡大したことが伝えられており，S.C.Q.P. の皇帝金庫の問題と同様に，

---

167) 官僚機構の整備が実質的に進んでいたとすれば，それを維持するだけの財源の確保が急務であったことは容易に推測される。

168) ユスティニアヌス勅法集7巻9章3法文1項（正帝ディオクレティアヌスおよびマキシミアヌスがピラデルポスに。ラウェンナにて付与。290年または293年。）「よってユウェンティウス・ケルススとネラティウス・マルケッルスがコンスルのときに定められた元老院議決によってその効力が属州にまで拡大されたウェットゥス・リビキウス法に従い，君が被解放自由人としてローマ市民権を獲得した場合，しかしながら後に被解放自由人として文書を管理することで君が獲得した自由を君が喪失せず，生来自由人である息子の一人に君の行為が，都市参事会員となるのに障害となることはない。Si itaque secundum legem Vetti Libici, cuius potestatem senatus consulto Iuventio Celso iterum et Neratio Marcello consulibus facto ad provincias porrectam constitit, manumissus civitatem Romanam consecutus es, post vero ut libertus tabularium administrando libertatem quam fueras consecutus non amisisti, nec actus tuus filio ex liberis ingenuo suscepto, quominus decurio esse possit, obfuit.」

169) 同法について詳細は不明であるが，A. Berger によればその内容はおそらく元公有奴隷の被解放自由人のローマ市民権を扱ったものであるとする。Cfr. Berger, Dictionary, Lex Vetti Libici. なお Berger も Rotondi もその名称が完全に成立していないことを指摘し，Rotondi はウェットゥス・リビキウス Vettus Libicius なる人物はこの法律の適用の対象を示しているのではないかと推測する。Cfr. Rotondi, Leges, p.471

法政策的な問題に対してケルススがコンスルとして取り組んでいたといえる。

近年，帝政前期における統治行政を，都市の自治を尊重する自由放任政策として捉える伝統的な見方を再考し，当該時期において帝国官僚が統治に果たした役割を論じた国内の研究として飯坂によるものがあるが，飯坂によればイタリアにおける官僚機構の形成はすでに初代皇帝アウグゥストゥスによって着手されており，具体的には（1）街道の維持・管理（2）公共輸送制度の監督（3）間接税の徴収（4）アリメンタ制度の運用，という各領域において展開された[170]。またそのような流れの中でハドリアヌス帝は地方裁判官の前身となるコンスラレス consulares なるコンスル級の元老院議員にイタリアの司法行政を担当させ，その正式名称はレガティ・アウグゥスティ・プロ・プラエトレ legati Augusti pro praetore であり，その任命権者は皇帝であり，任期は複数年に及び，権限は司法に限定されず国家の統治業務全般に及んでいたと考えられる[171]。また Camodeca によれば，ケルススは最初のコンスル就任前の110年から113年の間にトラキア皇帝属州長官に就任しており[172]，実質的にトラヤヌス帝の時代から帝国官僚として皇帝属州の統治の任に当たっていた。

Liebs は，ケルススがハドリアヌス帝の法律顧問 ein juristischer Berater として適任であったことを指摘し，ケルススを宮廷法学者 Hofjuristen の一人として評価している[173]。ケルススがコンスルを経験した後に顧問会に所属したのか，あるいはその逆なのかは明らかではないが，ケルススがハドリアヌス帝の政策を支援するために，コンスルという立場で活動していたことは推測できる。また Kunkel は帝政初期の法学を元老院階層による支配と解答権という視点から分析し，騎士階層の台頭により Kunkel 的な意味での法学者の「官僚化 Verbeamtung」が起こるのはそれより後の時代であるとしたが[174]，法学者の実質的な「官僚化」は，すでにケルススの時代にその萌

---

170) 飯坂『統治機構』17頁
171) 飯坂『統治機構』93–96頁
172) Camodeca, pp.30–31
173) Liebs, Hofjuristen, S.34f.
174) Kunkel, Juristen, S.272–304

芽を見出していた。

第5節 小 括

　これまでの検討結果により，本章では以下の4つの点が明らかになったといえる。すなわち①ケルススがコンスルのときに定められたとされるいわゆる「ユウェンティウス元老院議決」はケルスス自身のイニシアティブによって定められたものではなく，ハドリアヌス帝の手紙をケルススがコンスルという立場から紹介し，元老院から承認を得る形で決議がなされたということ，②伝統的に相続回復請求の中で論じられてきた同元老院議決の諸規定は，元来は転落財産の皇帝金庫への帰属を定めたものであったこと，③同元老院議決が定められるにあたって意見書となった皇帝の手紙の内容と伝統的に考えられてきたD.5,3,22のパウルス法文に収載されるハドリアヌス帝の宣示は，極めて抽象的なもので決議のための大まかな方針を示すものであり，元老院議決という形での承認にあたっては，短い期間で規定が具体化される必要があったこと，④そのような状況の中でケルススがコンスルという立場ではありながらハドリアヌス帝の実質的な皇帝官吏として，皇帝金庫への転落財産の徴集の問題や，元公有奴隷であった被解放自由人の市民権を保障する法律を属州にまで拡大する，といった帝国統治にあたっての法政策的な問題に，元老院議決を通じて取り組んでいたということ，である。本章の検討結果により，従来はケルススがコンスルのときに定められたとだけ紹介されるS.C.Q.P.の具体的な規定の内容が明らかになると共に，コンスルとしてのケルススの社会的活動のあり方が明らかになったといえる。

　次章以下ではケルススの法学面に着目し，ケルススの特徴の1つとして従来紹介されてきた彼の法格言のうち2つを取り上げ，ケルススの法学の特徴を分析してみたい。

コラム：ギリシア人とエトルリア人

　ローマ人とつながりの深い民族としてギリシア人とエトルリア人が挙げられる。ギリシア人は哲学をはじめ様々な学問を創出したが，ローマ人からも文化的先進国として非常に重用された。法学はもちろん，あらゆる学問分野においてローマ人の模範となり，ギリシア人奴隷が家庭教師とされたほどである。まさにローマの詩人ホラティウスが言うように，「〔ローマに〕征服されたギリシアは，野蛮な勝者〔ローマ〕を征服した」のである。ギリシアの代表的な文学作品としてイリアスやオデュッセイアがあるが，その作者であるホメロスはローマでも広く愛読されていたようで，本著でも言及している2世紀の法学者パピニアヌスはホメロスを引用している。

　エトルリア人は王政時代に王になる人物もいたが，不明な部分が多い民族である。土木建築技術に優れ，丘の上をはじめ丘陵地に都市を立てたことで有名である。ローマもエトルリア人の文化を摂取し，後世に残る道や水道橋をはじめとした建築物を数多く残した。現代のイタリアにもエトルリアに起源を有する都市があるが，ペルージアをはじめ坂が多くあるのが特徴的である。現代イタリアのトスカーナ州やウンブリア州にエトルリア起源の都市を多く見ることができる。これらギリシア人やエトルリア人はローマ人に大きな影響を与えたが，ローマ人は自国の文化に固執せず，外部の諸民族の文化を柔軟に取り入れ，それを発展させたところが特徴的であり，そのような柔軟な姿勢がローマを発展させたと言っても過言ではない。

第3章

ケルススが残した法格言（1）

「法は善および衡平の術である」

　本章ではケルススの法学的側面を明らかにする試みとして，彼が残したとされる法格言の機能について見ていきたい[175]。ケルススに関してKunkelは以下のように述べている。

　ハドリアヌス帝の時代はローマ法学の歴史において頂点である。この時代の最も偉大な法学者はケルススとユリアヌスである。プブリウス・ユウェンティウス・ケルススはフラウィウス朝期の同じ名前の法学者の息子であり，彼と区別を付けるために子ケルスス *Celsus filius* と呼ばれている。（中略）重要なのは格言のような表現における彼の傾向である。よく知られているローマの法学者が格言を自身で発した例は確かにない。これらの例は「法は善および衡平の術である *Ius est ars boni et aequi.*」や「法律を知ることはその言葉を理解するのみならず，その意義および目的を理解することである *Scire leges non hoc est verba ear-*

---

175)　西洋古代世界において法格言が有した意義について，Steinによれば1世紀から2世紀にかけてネラティウスを皮切りに「準則集 Libiri Regularum」が普及したが，それらの読者として想定されるのは法学の初学者ではなく，ある程度法に通じているが論拠や理由付けには興味がない者たち，すなわちab epistulisやa libellisといった多くの市民からの問い合わせに取り組まねばならない下級皇帝官吏であったとし，要点だけを迅速に整理するためにこのような法格言を作り出したとする。Cfr. Stein, Regulae, pp.80-81. ハドリアヌスの司法改革の1つとしてab epistulisのような下級皇帝官吏の増員がなされたとされるが，ケルススもこれら下級皇帝官吏のために多くの法格言を残したといえる。

um tenere, sed vim ac potestatem.」,「法律を全体的に考慮することなしにいくつかのその部分に基づいて判決しあるいは解答することは不法である *Incivile est nisi tota lege perspecta una aliqua particula eius proposita iudicare vel respondere.*」といった法の定義である[176]。

古代ローマの法学者たちが極めてカズイスティックに法的な紛争を解決していき，ほとんど法学上の概念形成等といった議論には関心を持たなかったことを考慮すれば[177]，確かにKunkelが述べるようなケルススの特徴，すなわち格言を作る傾向というのは非常に特徴的なものである。しかしKunkelが法の定義として列挙しているこれらの言葉は，はたしてケルスス自身にとってどのような意味を持っていたのだろうか。Kunkelが格言として1つ目に列挙し，本書の検討対象でもある「法は善および衡平の術である」について元のラテン語のテクストを確認すると以下の通りである。

D.1,1,1,pr.（ウルピアヌス「法学提要」第1巻）
法を学ぼうとする者は，まず法という名称がどこから来ているのかを知らねばならない。ところでその名称は，ケルススが優雅にも「法は善および公平の術である」と定義しているように，正義からそう呼ばれている[178]。

このテクストからもわかるようにケルススの当該法文は，他の古典期の法学者・ウルピアヌスが書いた法学教科書，すなわち「法学提要 *institutiones*」の中で引用される形で伝わっている。引用であるがゆえに，このケルススの言の前後がどのようなコンテクストであったのかということはわからない。

このいわゆる法格言として後世の多くの法学者たちに引用されてきたケル

---

176) Kunkel / Schermaier, Rechtsgeschchte, SS.155-156
177) 船田『ローマ法』第1巻，332-334頁を参照。
178) Iuri operam daturum prius nosse oportet, unde nomen iuris descendat. est autem a iustitia appellatum : nam, ut eleganter celsus definit, ius est ars boni et aequi.

ススの言は，後世で用いられるほど元のコンテクストから離れて，ケルスス
の名声ともあいまって，いわゆる格言として地位を占めていった。しかし問
題は，ケルスス自身が善および衡平 *bonum et aequuum*（以下，*b.e.a.* と略す
る）をどのように考え用いたか，ということである。それを確定する手続き
として有効であるのは，やはり史料上でケルススが *b.e.a.* をどのように用い
ているかを検討することである。

　本章では，まず当該法文に関してこれまでなされてきた先行研究を振り返
り，共和政期および帝政期の諸史料に見られる *b.e.a.* を確認し，*b.e.a.* を用
いたケルスス法文を検討してみたい。

第 *1* 節　先行研究

　ケルススの法格言についての近年の先行研究として最初のものは
Pringsheim[179] によるものである。彼の研究はそのタイトルが示すように
b.e.a. のあり方を歴史的に検討するというものであるが，法文史料のみなら
ず非法文史料にも着目し，共和政期から *b.e.a.* にまでさかのぼってそのあり
方を分析した。彼によれば，ケルススが他のローマの法学者たちに比べて修
辞学の素養があったことは彼の文章スタイルのみならず，特に修辞学的な色
彩を帯びた D.1,3 における 41 の断片の中で，ケルススのものが 7 回見出され
ることにも示されている。ケルススの「法は善および衡平の術である」とい
う格言は確かにローマの修辞学を通じて伝えられたギリシア哲学にさかのぼ
るものであるが，古くからローマにもあった概念である *b.e.a* と結び付けら
れている。ウルピアヌスがケルススを引用しているので，D.1,1,1,1 の *iusti-*
tiam namque colimus et boni et aequi notitiam profitemur, aequum ab
iniquo separantes, licitum ab illicito discernentes（というのはわれわれは正
義を尊重し，善および衡平という概念を教え，衡平を不衡平から識別し，正を不正
から分離するものだからである）という言葉はケルススにさかのぼることがで
きる。このテクストが修辞学的なものであることは確かだが，しかしすぐに

---

179)　Pringsheim, Bonum

疑わしいものではない[180]。

Riccobono[181] はケルススの法格言に着目し，ハドリアヌス帝時代の法の
あり方について検討した。彼によれば，共和政期においてローマ社会は，と
りわけポエニ戦争後に変化し，従来の市民法がプラエトル，とりわけ外人係
プラエトル *praetor peregrinus* によって刷新され万民法となり，その原動力
として *b.e.a.* および *bona fides* が活用された。クイリーテースの法と新しい
法秩序の発展の比較のこの歴史的過程の重要な点は以下のように特徴付ける
ことができる。すなわちa）クイリーテースの法はローマの対外発展による
外国人の増加により，新たなる発展の可能性もなくなったb）法の刷新はク
イリーテースの法に対する反発という形で新しい力によって具体化された，
ということである。ここでローマの法伝統のこの時期に密接に結びつく，万
民法の全ての形成を指導する信義 *fides, b.e.a* が注目されるべきである。こ
の法の壮大な革新を指導し，完成させた機関が生じ，それは司法を司った公
職者であり，第一にプラエトルである。外国人に対してローマの法律や法を
適用できなかったということは注意を要するが，彼らは司法を司る中で基本

---

180) Pringsheim, Bonum, S.176

181) Riccobono, Ius, pp.223-235

182) これら共和政期の喜劇作家たちの史料については，第2節の1で触れることにした
い。

183) Cicero. De legibus. I. 5, 17 : Attichus : Non ergo a praetoris edicto, ut plerique nunc,
neque a duodecim tabulis, ut superiores, sed penitus ex intima philosophia hauriendum
iuris disciplinam putas ? Marcus : Non enim id quaerimus hoc sermone, Pomponi, quem
ad modum caveamus in iure aut quid de quaque consultatione respondeamus. Sit ista res
magna, sicut est, quae quondam a multis claris viris, nunc ab uno summa suctoritate et
scientia susutinetur, sed nobis ita conplectenda in hac disputatione tota causa est universi
iuris ac legum, ut hoc civile, quod dicimus, in parvum quendam et angustum locum
concludatur. Natura enim iuris explicanda nobis est eaque ab hominis repetenda natura,
considerandae leges, quibus civitates regi debeant, tum haec tractanda, quae conposita
sunt et descripta iura et iussa populorum, in quibus ne nostri quidem populi latebunt quae
vocantur iura civilia. 「アッティクス：それでは，あなたの意見によれば，法学は哲学の
深奥から引き出してくるべきであって，現在たいていの人が考えるように法務官の布
告から，あるいは，先人たちが考えたように十二表法からもってくるべきではないとい
うのですか。マルクス：じっさい，ポンポニウス，この討論でわたしたちが追求するの
は，どのように法的な安全をはかるべきかとか，個々の法律相談にどう答えるべきか
といったことではない。そのような事柄は重要なことだろう，いや，じじつ重要なこと

原理，すなわち*b.e.a.*にのみ従っていた。信義*fides*は万民法の全ての発展を支配し指導している。他の指導的な原理は存在しない。*b.e.a.*は*fides*の類義語ではあるが，より広い把握力を持っており，客観的にあらゆる行為を正当性という観点から評価し，人や物，場所や時に関連する個々の全ての状況に着目する，諸事実に対して正当な判断を可能にする規範であり，完全な公平性を示す観点である。*fides*のように*b.e.a.*はローマ人の概念であり，より深くは民衆意識から生まれたものである。このことは確実にラテン語の作家たち，特にここで問題としている時代の詩人であるプラウトゥスやテレンティウスが喜劇の中で使っていることにも示されている[182]。これらの命令は万民法の全ての発展を指導するのみならず，都市プラエトルによっても常に用いられていた。*b.e.a.*はローマにおける実定法の全ての実際の秩序の本質と基盤を形成している。大きな証拠はキケローによって残されており，それは十二表法の法律が当該時代において第二の秩序になっており，法の最も重要な要素はほとんど名誉法*ius honorarium*から取り出されているからである[183]。他の箇所においてキケローは幼少期に十二表法を学校で，ロー

だ。その仕事は，かつては多くの優れた人たちによって守られてきたし，現在はただ一人の，最大の権威と知識をそなえた者〔セルウィウス・スルピキウス・ルーフス〕によって守られている。しかし，この議論でわたしたちは，法一般と法律のすべての問題をひっくるめて扱わなければならないため，市民法とわたしたちが呼んでいるものは，いわば小さな狭い場所に押し込められることになる。じじつ，わたしたちは法の自然本性を解明しなければならないし，それを人間の自然本性に求めなければならない。また国々がそれに従って治められるべきである。法律を考察しなければならないし，ついで，諸民族の，集成され記述された法と布告を取り扱わなければならないが，その中にわが国民の，いわゆる市民法もその場所をきっと見出すだろう。」なお史料の翻訳にあたって，岡道男訳「法律について」（岡『キケロー』8，所収）を参照した。

184) Riccobonoはこの部分に関するキケローの史料を明示してはいないが，おそらく以下の史料に基づいて述べている。Cicero. De legibus. II. 23, 59 : Iam cetera in duodecim minuendi sumptus sunt lamentationisque funebris, translata de Solonis fere legibus. Hoc plus, inquit, ne facito : rogum ascea ne polito. Nostis, quae sequuntur ; discebamus enim pueri duodecim ut carmen necessarium ; quas iam nemo discit. 「さらに十二表法におけるその他の規定は，葬儀の際の出費と哀悼の制限に関するものであり，これはほとんどソローンの法律から持ってきたものだ。法律は『これ以上のことをしてはならない。火葬の積み薪を斧で削ってはならない』と言う。この後に続く規定はあなたがたが知っている通りだ。実際，少年の頃私たちは十二表法の文句を必ず覚えなければならないものとして学んだが，今ではそれを学ぶ者は誰もいない。」

マ市民の法の基本原理として学習したが，一方で紀元前1世紀後半にはそのような慣習は消えたことを述べている[184]。このことは明確にクイリーテースの全ての法は市民によってすでに知覚され得ず，彼らは新しい基礎，すなわち*b.e.a.*に基づく公職者によって真の秩序として形成され適用された法を認めていた，ということを意味している。そしてケルススによって与えられた法の定義が生活の現実とハドリアヌス帝時代のローマ人たちが感じていた法の本質を表していると言うことができる。また迅速ではないがしかし確実で筋の通った改革の過程によって，ポエニ戦争以降，ローマは偏狭で原始的な自国の法を作り直す必要があったのであり，他のそしてより強固な基盤の上に新しい法を作ることによって，ローマ自身と帝国内の全ての民族のためにそれを成し遂げたと言うことができるのである。この新しい法創造の奇跡はケルススの格言に収められており，ローマ法学の銘句として「法は善および衡平の術である」は存在している[185]。

　Mayer-Maly[186]はローマ人の法概念を探るという形でケルススの言から分析を始め，術*ars*，善*bonum*，衡平*aequum*という単語1つ1つに検討を加え，実際のケルスス法文の中での*b.e.a.*の用いられ方を検討した。彼によれば，D.1,1,1,pr.を理解し，その影響を十分に把握するには，その言葉の意味を調べるのみならず，*b.e.a.*と*ars*の従来の用いられ方や，ケルスス自身の特長，当該時代の歴史的特性，最終的にはウルピアヌス法文の*Digesta*の伝播の意味や信憑性まで観察しなければならない。Von Lübtowはケルススの定義を「法は規範の体系Systemであり，その規範はよき男性*vir bonus*の法感覚や法的理性から生まれるものであり，人間の法的な関係の公平性を打ち立てるものである」と定義しているが[187]，*ars*はここで本当に体系Systemを示しているのだろうか。D.1,1,1,pr.の*ars*を体系として解する必要はないし，ケルススは規範の集合体も学術的な原理を持っていたわけでもない。Krellerの定義[188]を用いれば，ローマ法においてまさに古典法は，

185）　Riccobono, Ius, pp.229-235

186）　T. Mayer-Maly, Rechtsbegriff, SS.151-173

187）　Von Lübtow, Iustitia, S.532

188）　H. Kreller, Römisches Recht, S.84

演繹的な理由付けを要求する規範体系を発見しようとしなかったこと，むしろ法学的感覚の直感的な働きにたどり着いたことを考慮すれば，「正当な衡平の技術Technik des anständigen Ausgleichs」というふうに表現できる。その際に「技術Technik」はまさにゼノン的・キケロー的な意味における創造し生み出すこと *creare et gignere*[189) であり，「正当な anständig」とは客観的で典型的なローマの *bonum* に対する法学の理解を示しており，「衡平Ausgleich」は *aequum* と *aequitas* とを具体化した正当性として，特定の利害紛争の理性的なそして正当な裁定として理解される。また *bonum* はローマ人にとって倫理学の「善」ではなく，むしろ「信頼性と気骨性の典型的なローマの徳」であり，よき男性 *vir bonus* の，よき者たちの間でよく振る舞うことが至当であるように *inter bonos bene agier oportet* という行為の特性であり，信義 *bona fides* の内容である。またケルススにとっての *aequum* および *aequitas* は「正当性の原理」に他ならず，単に革新的な自然法学の枠組みにおいてではなく，むしろ（直接的に古典法学者にとって）「具体的な法秩序それ自体において効力を有する正当性」である。*b.e.a.* に意味を与えたのはケルスス自身であるし，ケルススは同時代の法学者たちからのみならず，特に当該時代において固まっていた言語慣行から脱していた。さらにこの時代は全ての法学が法の序列化と集成とによって進められ，代表的な作品としてユリアヌスによる告示集成とその法学大全，ガイウスの法学提要，ポンポニウスの告示註解が挙げられ，さらに一般的に効力を有する法の本質についての理念を獲得しようとする試みもあった。全てのローマの法学者たちが一般的な概念から論証することを嫌がったのを想起すれば，*b.e.a.* に基づくケルススの決定は特に重要なもとして現れ，詳細な適用はD.12.1.32およびD.45,1,91,3に現れている[190)。

---

189) De natura deorum 2.22. : Zeno igitur naturam ita definit, ut eam dicat ignem esse artificiosum, ad gignendum progredientem via. Censet enim artis maxime proprium esse creare et gignere,….「すなわち，ゼーノーンによれば，自然は『手順をふみながら生成に向かってつき進む創意あふれる火』と定義される。彼の考えでは，創造や生産は，技術の扱う営為とみなすのがもっともふさわしく，…」。なお史料の翻訳にあたって，山下太郎訳「神々の本性について」（岡『キケロー』11, 所収）を参照した。

190) Mayer-Maly, Rechtsbegriff, SS.156-161

Bretone[191) は，Wieacker[192) の研究に触れながら，法学者ケルススの特徴付けを試みる中で，ケルススの言について，たとえ一時的にであっても，ケルススの著作に立ち止まる者は，この法学者の学問を導く原理，すなわち『法は善および公平の術である』をなおざりにすることは許されないとし，ケルススの判断の多くは明示的にesplicitamenteあるいは暗示的にimplicitamenteこの原理に結び付けられる，とする。彼によれば，Wieackerがこの原理に「強い自覚energisches Bewusstsein」それ自体が表れていると断言するのは正しく，これらはケルススの反対意見に対する不寛容の中に確認される。実際にこの格言は，形式主義的な法学に対する忌避を，規則regolaからは法秩序の本質を捉えることが困難であることを示している。また何も「法は善および衡平の術である」という説明の中に「強い自覚」の証拠を見出すことを妨げない[193)。

Hausmaninger[194) はケルススを紹介する中でb.e.a.という項目を立て，Betoneのような仮定に疑問を呈する。彼によればケルススの論証のコンテクストにおいて場合によっては個別の決定を導いた，あるいはむしろ単に付随的意見obiter dictumだったかもしれないこの格言を，簡単に一人の法学者の基本的見解として主張しえない。Bretoneは，多くのケルススの判断が明示的にあるいは暗示的にこの原理に立ち返ることができる，ということを見出しているが，Bretoneはその際，特に衡平aequitasや信義bona fidesを用いたテクストをも数えている。これらの概念はおそらくb.e.a.に近い概念を表してはいるが，しかし性急に一般化されるべきではなかった。ある法学者がbona fidesに基づいて論証しあるいは解決の提案をaequitasに基づかせようとする場合，それによってはしかし，彼が法iusをars boni et aequiとして理解しようとしたということは説明されない。ケルススの格言とD.45,1,91,3との対比において導き出すことができるのは，b.e.a.はケルススにとって単なる決まり文句ではなく，むしろ法学者がiusの中で考慮す

---

191) Bretone, Tecniche, pp.191-208

192) Wieacker, Amovenitates

193) Bretone, Tecniche, pp.202-204

194) Hausmaninger, Celsus, SS.382-407

ることに努めた価値観念Wertvorstellungである，ということである。ウル
ピアヌスが*ars boni et aequi*としての*ius*の定義を優雅に感じたならば，そ
れはもしかするとケルススが法学への刷新として採り入れようとした傾向へ
の古典後期の賛同を表しているのかもしれない。*Ius est ars boni et aequi*
という定義はケルススの時代では事実に適合せず，ウルピアヌスにとっても
ある程度，少なくとも外見上，矛盾性Paradoxität，すなわち意外性の効果
を持たねばならなかったのであり，それなくして彼はその定義を優雅なも
のとして評価しなかった。ケルススは後古典期までの間で*b.e.a.*を用いて論
証した最初の，また唯一の法学者である。*b.e.a.*はケルススにとって，簡潔
にまた集中的に，法適用の乱用の克服のために用いる1つのカテゴリーであ
る。鋭い洞察力をもってケルススは法秩序の限界状況に，形式的に厳正法
*ius strictum*を適用することの短所と危険性を見ている。*ius*は彼にとって術
*ars*であり，これらはすなわち正当な秩序の実現を目的とする。しかしこの
目的は，正確で方法論的な検討という仕方によって，実定法の特徴的で教義
学的なあり方との交渉において法学上の技術を完璧に支配することによって
実現することを欲する[195]。

　Ceramiはケルススの法概念について分析する中でRiccobonoや
Wieacker，そしてBretoneの研究に触れながら，これらの諸研究がケルス
スの特性personalitàや著作の分析に集中した「主観的なsoggettivistico」
観点からの研究であったのに対して，「客観的なoggettivistico」観点からの
研究の必要性を説き，当時の文化的諸前提や方法論上の諸前提も踏まえなが
らケルススの断片を考える必要性を説く。彼によればこれまでの諸研究は
ケルススの格言を分析する際に*b.e.a.*に重点を置き，*ars*という言葉にあま
り注目してこなかった。そしてギリシア以来の*ars*の意味に触れながら*ars*
を体系sistemaとして理解する可能性や*ars*と*scientia*との近似性について
指摘しながらも，*ars*は体系や体系的な知識scienza sistematicaではなく，
特殊な探求ricercaや手続きprassiであり，方法論的に含蓄のある「経験
esperienza」である。ケルススにとって*b.e.a.*は完全なものではなく，「源

---

195)　Hausmaninger, Celsus, SS.399-403

fonte」でも「本質sostanza」でもなく，むしろ法の担い手が恒常的に従うべき評価の基本的な「基準criterio」である[196]。

　以上，PringsheimからCeramiに至るまでケルススの格言に関する先行研究を概観した。これらの先行研究から見て取ることができるのは，PringsheimおよびRiccobonoまでは修辞学の影響に着目し，市民法から万民法への法の刷新という伝統的なローマ法史の発展の図式の中でケルススの格言が果たした役割やその意味を捉える，というものである。しかしMayer-Malyがそのような伝統的な見解に異論を唱え，ローマ法学のコンテクストの中でケルススの格言を捉えるようになり，より具体的なテクストレベルでb.e.a.を捉えるようになった。そのようなテクストレベルの分析がそれ以降，様々な研究者によって踏襲されるようになったが，Bretoneはb.e.a.がケルスス法学の中心的な概念であるとする一方，Hausmaningerはb.e.a.がケルススにとっては問題解決のための1つのカテゴリーに過ぎないとしている。少なくともBretoneまでケルススの格言は，ケルスス自身の法学にとって中心的な位置を占めてきたという見解が有力であったが，Hausmaningerによって初めてケルススの格言が相対化されるに至った，と考えることができる。

　確かにHausmaningerの指摘は的確であるといえるが，彼はケルススの法文については触れるものの，他の非法文史料等も含めてb.e.a.を歴史的に検討する作業を欠いており，共和政期の非法文史料については，Pringsheimの研究を用いながら少し触れるものの[197]，b.e.a.が用いられた同時代の他の史料や帝政期のそれにまでは検討を加えていない。これはそもそもPringsheimの研究が，帝政期の史料の存在を示唆するものの，プラウトゥスやテレンティウスやキケローといった共和政期の史料の検討で終わってしまっている

---

196)　Cerami, Concezione, pp.6-19

197)　Hausmaninger, Celsus, S.401

198)　Pringsheim, Bonum, SS.173-176. 特にS.175. Anm.11においてPringsheimは，TLLを引用しながらセネカやスエトニウスといった帝政期の史料の存在にも触れているが，b.e.a.の一般的な意味allgemeine Bedeutungの用法として当該史料を挙げるだけで，その分析にまでは至っていない。ちなみにPringsheimはb.e.a.を一般的な意味とより強く法的に着色された意味合いjuristisch gefärbte Bedeutungとに分けるが，これらについては第2節の1で触れたい。

ことに起因する[198]。ケルススの*b.e.a.*の用い方を考える上で，共和政期および帝政期における*b.e.a.*のあり方を見ておくことは重要である。以下では共和政期および帝政期における*b.e.a.*のあり方を見ていくことにする。

第 *2* 節　共和政期および帝政期における善および衡平 *bonum et aequum* のあり方

1　共和政期における善および衡平 *bonum et aequum* のあり方

　TLLで*b.e.a.*の項目を参照すると，共和政期の史料としてプラウトゥス，テレンティウス，作者不明の「ヘレンニウスに与える弁論書*Rhetorica ad Herennium*」，キケロー等が挙げられている[199]。Pringsheimも主にこれらの共和政期の史料を用いているが，彼によれば*b.e.a.*という表現は共和政期のプラウトゥスの史料にすでに見出され，それは一般的な慣用表現として用いられていた。起源であるギリシアにおいてだけでなく，ローマでも定着した表現として用いられていた。さらにこの表現は法においても使用可能であり，喜劇においてあまりに頻繁に使用されたので観衆はまだ法的な意味合いを想起しなかった。しかしそこにはより強く法的に着色された意味合いがあったのであり，そこで*b.e.a.*は法律*leges*に対置させられている。またこの表現は法廷弁論において一定の役割を演じなければならなかった。法律が定めることではなく，*b.e.a.*が要求することこそが，法学的なまた一般的な言葉において論拠として用いられている。テレンティウスにも一般的な意味と同様に，より法的な意味が見て取れる[200]。

　このようなPringsheimの見解に従って，Mayer-Malyも*b.e.a.*を「一般的な意味」と法的に「特殊な意味」とに分けているが[201]，Pringsheimが一

---

199)　TLL 1, 1041, 9ff.

200)　Pringsheim, Bonum, S.173f.

201)　Mayer-Maly, Rechtsbegriff, S.156

202)　Curculio. 64 : Nec quicquam queo aequi bonique ab eo impetrare ; Mostellaria. 682 : Bonum aequomque oras ; Persa. 399 : Bonum aequomque oras.

般的な慣用表現の例として挙げるプラウトゥスの例[202]やテレンティウスの例[203]を見ると，「善かつ衡平な何かを獲得する（*quidquam aequi bonique impetrare*）という表現や「善かつ衡平なことを言う（*bonum aequomque orare*）というもの，また「善かつ衡平なものとする（*aequi bonique facere*）」というものや「善かつ衡平な何かを言う（*aliquam partem aequi bonique dicere*）」というものがあったことを確認でき，確かに一般的な日常用語として*b.e.a.*が用いられていたことは確認できる。また法的な意味を含むものとしてPringsheimは以下のような史料を挙げている。

　　プラウトゥス「メナエクムス兄弟」572-586
　　メナエクムスＡ：何と馬鹿げた，厄介でたいそうな習慣に僕たちは縛られているんだ。そして一番上流の者たちが，最もそれが甚だしいんだ。彼らはたくさん子分を持とうとする。正しい奴か，邪なやつかなんてのは問題じゃない。お目当ては子分の財産の方で，世間で言われているそいつの信用度じゃない。行いの正しい奴でも貧乏だと役立たずと見なされ，ところが悪い奴でも金持ちならひとかどの子分と認められる。法律も公明正大さも尊重しない者たちはいつも親分を困らせている。奴らはもらったものももらってないと言い張り，訴訟に明け暮れ，かっぱらい屋で，だまし屋だ。財産は金貸しの利子や偽証でこしらえあげ，その心ときたら…。奴らの訴訟の日が定められたら，同時に親分の出頭の日に

203）　Heauton Timorumenos. 787 : Cetrum equidem istuc, Chreme, aequi bonique facio ; Phormio 637 : Nam sat scio, si tu aliquam partem aequi bonique dixeris, ut est ille bonus vir, tria non commutabitis verba hodie inter vos.

204）　Ut hoc utimur maxume more moro, molesto atque multo! Atque uti quique sunt optumi maxume morem habent hunc! Clientes sibi omnes uolunt esse multos : bonine an mali sint, id hau quaeritant ; res magis quaeritur quam clientum fides quoius modi clueat. Si est pauper atque hau malus nequam habetur, sin diues malust, is cliens frugi habetur. Qui nec leges neque aequom bonum usquam colunt, sollicitos patronos habent. Datum denegant quod datum est, litium pleni, rapaces uiri, fraudulenti, qui aut faenore aut periuriis habent rem paratam ; mens est in quo eis uiris ubi dicitur dies, simul patronos dicitur, quipp'qui pro illis loquimur quae male fecerunt. なお史料の翻訳にあたって，岩崎務訳「メナエクムス兄弟」（岡『プラウトゥス2』所収）を参照した。

もなるわけだ。なぜって僕たち親分は奴らのために奴らが働いた悪事を弁護するんだから[204]。

テレンティウス「自虐者」632-643
クレメス：何と言い訳をしようが，ただ1つ確かなのは，お前は何をするにも何を言うにも，知らずにやる，考えずにやるということだ。この件に関してお前の犯した罪はこれだけある。第一に私の命令を実行する気があったのなら，言葉の上では死をよそおい実際は生存の望みを残してやるなどということはせず，ただちに命を奪うべきだった。だがそれは大目に見よう。哀れみもあれば母としての情けもあろう。だからそれは許す。しかしそのお前の願望に，はたして現実的な見通しがあったかどうか考えてみろ。娘はその婆さんの思うがままになり，お前のおかげで結局は身体で稼ぐか売りに出されるかなんだからな。お前はきっとこう考えたんだろう。生きていてくれさえすれば，と。だが法も善と衡平もわきまえぬ人間に対して，何が期待できるだろうか。役に立つか立たないか，損か得か，やつらが考えるのは自分の利益だけじゃないのか？[205]

　プラウトゥスの例では*b.e.a.*が法律*lex*と共に用いられており，テレンティウスの例では法*ius*と共に用いられている。おそらくPringsheimは以上のことから*b.e.a.*が法的な意味合いを含むものとしても存在したと考えたのであろうが，プラウトゥスの例では法律*lex*を侵害すれば訴訟になることは想起できるが，*b.e.a.*を侵害したからと言って訴訟になるものとは思われ

---

[205]　Id equidem ego, si tu neges, certo scio, te inscientem atque imprudentem dicere ac facere omnia. Tot peccata in hac re ostendis. Nam iam primum, si meum imperium exsequi voluisse, interemptam oportuit, non simulare mortem verbis, re ipsa spem vitae dare. At id omitto. Misericordia, animus maternus : sino. Quam bene vero abs te prospectumst quod voluisti cogita. Nempe anui illi prodita abs te filiast planissume, per te vel uti quaestum faceret vel uti veniret palam. Credo, id cogitasti : quidvis satis est dum vivat modo. Quid cum illis agas qui neque ius neque bonum atque aequom sciunt ? Melius peius, prosit obsit, nil vident nisi quod lubet ?　なお史料の翻訳にあたって，城江良和訳「自虐者」（木村『テレンティウス』所収）を参照した。

ない。またテレンティウスの例では「法も善および衡平も知らない*neque ius neque bonum atque aequom scire*」という表現は善良な道徳心を持たないという程度の意味で解される。以上からプラウトゥスおよびテレンティウスの両史料において*b.e.a.*は法的拘束力を持つものとしては断定できないが，一種の慣習上の行為規範として存在したということは読み取れる。また*b.e.a.*が現れる共和政期の史料として「ヘレンニウスに与える弁論書」があるが[206]，この史料の中で法と*b.e.a.*との関係について述べた部分がある。

「ヘレンニウスに与える弁論書」2,13,19
ところで〔法は〕，事物の本性，法律，慣習，先例，善および公平，約束から成っている[207]。

法*ius*がいかなる部分から成り立っているかを問題とし，これ以降，事物の本性*natura*から成り立つ法，法律*lex*から成り立つ法，慣習*consuetudo*から成り立つ法，先例*exemplum*から成り立つ法，*b.e.a.*から成り立つ法，約束*pactum*から成り立つ法について順番に説明をしていく。Pringshem[208]やHausmaninger[209]も指摘するように，*b.e.a.*を法の一部として認識しようとする試みが見て取れる。この史料から，プラウトゥスやテレンティウスの時代には慣習的な行為規範としてのみ存在していた*b.e.a.*が，社会規範としての法の中に組み込まれている様子が見て取れる。さらに*b.e.a.*に基づく法について当該史料は以下のように説明している。

「ヘレンニウスに与える弁論書」2,13,20
真理と共通の利益にかかわると考えられる法は，善と衡平とから成っている。たとえば，60歳以上で病気にかかっている者に代訴人を付与するという種類のものである。このようにして，あるいは新しい法も，と

---

206) この史料の詳細に関しては，柴田『裁判制度』，367-376頁を参照。
207) Constat igitur ex his partibus : natura, lege, consuetudine, iudicato, aequo et bono, pacto.
208) Pringsheim, Bonum, S.175.
209) Hausmaninger, Celsus, S.401

きや人の尊厳にしたがって定められるのが適当である[210]。

このテクストに関して Pringsheim は，法が *b.e.a.* より成り立っている証左として解釈しているが[211]，Mayer-Maly も指摘するように[212]，この史料のコンテクストからすれば法がどのような部分 *pars* から成り立つかが問題であって，*b.e.a.* から成り立つ法をさらに詳しく述べているものであり，Pringsheim のような解釈は困難であるといえる。また Hausmaninger は Rhe. ad Her. 2,13,19 および 20 を *b.e.a.* を法概念に組み込もうとした証左として挙げているが[213]，19 についてはそのように解釈することが可能のようでも，20 についてはそのように解釈するのは難しいといえる。結局，引用の形態から見ても，Hausmaninger も Pringsheim のミスリーディングを踏襲してしまったのであろう。

また Mayer-Maly によれば，この著作の著者にとっては「どのような部分から法が成り立っているか」が問題である。著者の答えは「以下の部分から成っている。すなわち，自然，法律，慣習，判決，*b.e.a.*，合意，である」であった。すでにこの並列が，この著者がローマの法 *ius* の多様性を正確に把握できなかったことを示している。このような印象は，続きにおいて自然，法律，および慣習が道具として用いられ，法の有効性への手段として解され，先例および合意がそれに対して制度的に理解され，*b.e.a* が最終的に 2,13,20 のように明らかにされているところからもより強くなる[214]。

---

210) Ex bono et aequo ius constat quod ad veritatem et utilitatem communem videtur pertinere ; quod genus, ut maior annis LX et cui morbus causa est cognitorem det. Ex eo vel novum ius constitui convenit ex tempore et ex hominis dignitate.

211) Pringsheim, Bonum, S.175, Anm. 15. Pringsheim は当該注でこのテクストを「*ex aequo et bono ius constat.*」という形で引用しているが，原文はその後も関係代名詞 *quod* を伴っており，その関係代名詞節の中で *ius* についての説明を加えている。したがってここで述べられている *ius* は抽象的なものではなくてかなり限定を加えられているものであり，Pringsheim は抽象的な法を想起しているといえる。

212) Mayer-Maly, Rechtsbegriff, S.159.

213) Hausmaninger, Celsus, S.401. Hausmaninger も Pringsheim のように当該史料を「*ex aequo et bono ius constat.*」という形で引用しているが，ここで論じられている法は抽象的な法というよりも，かなり限定をかけられた法であると解される。

214) Mayer-Maly, Rechtsbegriff, S.159.

結局，当該史料から読み取れることは，弁論家の中で法源の1つとして*b.e.a.*を認識しようとした傾向があった，ということである。

　また共和政期の史料としてキケローがあるが，Pringsheimによれば，キケローは洗練された弁論家であり衡平*aequitas*の特別な代表者であるが，極度に技巧的な意味に執着することなく，好んで*b.e.a.*を用いている。彼にとって*b.e.a.*は，彼の闘争の最中における法の哲学的考察のために存在している。したがって彼は非法学者の言語慣行に親しむことができ，この言葉を市民法*ius civile*に対して置くことができ，しかし他方で弁論家として最も*b.e.a.*を自身を弁護するための論拠として持ち出している[215]。ここでPringsheimは，キケローが*b.e.a.*を用いた例としての「トピカ」を引用しているが，原文を確認すると以下のようなものである。

　　キケロー「トピカ」66
　　「誠意に基づいて」とか，「善き人々の間でなされるべきように」という文言を付加された全ての訴訟や，特に「より善くかつより衡平な」という原理が適用される妻の財産に関する訴訟において，法学者は助言しなければならないのである。悪意，誠意，善および衡平，そして組合員の中で，事務管理人と本人の間で，寄託者と受寄者の間で，何を相互に履行すべきか，そして夫が妻に，妻が夫に何をすべきか教えるのはまさに法学者たちなのである。それゆえ，論拠のトポスを注意深く探求すれば，弁論家や哲学者はもとより，法学者も彼らの諮問された問題につい

---

215)　Pringsheim, Bonum, S.175. なお，ここで挙げられているキケローの史料に関しては，当該ページのAnm.13.および14.を参照されたい。

216)　In omnibus igitur eis iudiciis, in quibus ex fide bona est additum, ubi vero etiam ut inter bonos bene agier oportet, in primisque in arbitrio rei uxoriae, in quo est quod eius aequius melius, parati eis esse debent. Illi dolum malum, illi fidem banam, illi aequum bonum, illi quid socium socio, quid eum qui negotia aliena curasset ei cuius ea negotia fuissent, quid eum qui mandasset, eumve cui mandatum esset, alterum alteri praestare oporteret, quid virum uxori, quid uxorem viro tradiderunt. Licebit igitur diligenter argumentorum cognitis locis non modo oratoribus et philosophis, sed iuris etiam peritiis copiose de consultationibus suis disputare. 翻訳に際して，吉原「トピカ」45頁を参照した。トピカについては，平野「覚書」を参照。

て豊かに議論することができるであろう[216]。

「トピカ」はキケローが法学者・トレバティウスに語りかける形で進むものであるが，注目すべきは，「誠意に基づいて*ex bona fide*」や「善き人々の間でなされるべきように*inter bonos bene agier oportet*」というプラエトルが方式書の中に挿入した文言の中に「より善くかつより衡平な*melius aequius*」という文言が見出されることであり，特にこの文言は妻の財産に関する訴訟*arbitrium rei uxoriae*において用いられた，ということである[217]。またキケローは「義務について」においても，妻の財産に関する訴訟において方式書にこの文言が用いられたことを示している。

> キケロー「義務について」3,61
> さて，アクィリウスの定義が真であるとすれば，実際とは違う見せかけも実体を隠す見せかけも人生の全局面から排除されねばならない。買う側と売る側とにかかわらず，うまくやるために違う見せかけや隠す見せかけを作らないのが良識ある人物のなすことであろう。それにまた，このような悪質な詐術は法律によっても処罰されてきた。例えば，後見については十二表法によって，若年者からの詐取についてはラエトリウス法と，法律の定めがない場合は，審判によって処罰された。この審判では「信義に違わず」と方式書に書き加えられる。さらに，その他の審判では，次のような言葉がひときわ光っている。すなわち，妻の財産に関する訴訟では「より善くかつより衡平な」とされ，財産信託の場合には良識ある人物同士にふさわしい良識ある行為を」と記される。どうであろう，「より善くかつより衡平な」において欺瞞の入り込む余地がありえようか。「良識ある人物同士にふさわしい良識ある行為を」と言われ

---

217) Lenelはこの「トピカ」の史料に基づいて，方式書を以下のように再構成している。「被告が原告に嫁資またはその一部を返還しなければならないことが明らかな場合，より善くより衡平な額を，審判人よ被告は原告に責任あるものと判決せよ。明らかでない場合，免訴せよ（*Si paret Numerium Negidium Aulae Ageriae dotem partemue eius reddere oportere, quod melius aequius erit, eius iudex Numerium Negidium Aulae Ageriae condemna. Si non paret absolve.*）」Lenel, Edictum, S.305

るときに詐術や悪知恵による行為がなされえようか。しかるに，悪質な
詐術は，アクィリウスも言うように，偽りの見せかけから生まれる。そ
れゆえ，諸々の契約からは全ての虚偽を排除せねばならない。売り手も
さくらをつけず，買い手も人を雇って安値に買いたたかせない。双方が
値をつける段になったら，一回きりの値つけで終えるのである[218]。

なぜ妻の財産に関する訴訟において「より善くかつより衡平な」という文
言が用いられたかは定かではないが，少なくもこのような文言が共和政期か
ら方式書において用いられていたことは推測できる。

2 帝政期における *b.e.a.* のあり方

帝政期に入るとセネカやスエトニウスといった非法文史料の他に，ラベ

---

218) Quodsi Aquiliana definition vera est, ex omni vita simulation dissimilatioque tollenda est. Ita, nec ut emat melius nec ut vendat, quicquam simulabit aut dissimulabit vir bonus. Atque iste dolus malus et legibus erat vindicates, ut tutela duodecim tabulis, circumscriptio adulescentium lege Plaetoria, et sine lege iudiciis, in quibus additur EX FIDE BONA. Reliquorum autem iudiciorum haec verba maxime excellent : in arbitrio rei uxoriae MELIUS AEQUIUS, in fiducia UT INTER BONOS BENE AGIER, quicquam agi dolose aut malitiose potest? Dolus autem malus in simulatione, ut ait Aquilius, continetur. Tollendum est igitur ex rebus contrahendis omne mendacium ; non illicitatorem venditor, non, qui contra se liceatur, emptor apponet ; uterque, si ad eloquendum venerit, non plus quam semel eloquetur. なお史料の翻訳にあたって，高橋宏幸訳「義務について」（岡『キケロー』9，所収）を参照した。

219) 先に触れたMayer-MalyやHausmaningerは，*b.e.a.* が用いられた法史料としてその比較級である *melius aequius* が用いられたものを数えていないが，TLLにも *b.e.a.* が用いられた例として *melius aequius* が用いられたものが含まれており，当然検討すべきものであるといえる。また例えば佐藤篤士は *aequitas* についての研究の中で *aequitas* と *b.e.a.* とをほぼ同列に論じ，*b.e.a.* を用いた事例として共和政後期の法学者であるセルウィウスとアルフェヌスとを挙げているが，史料を確認すると両者とも「衡平である *aequum esse*」という表現は用いていても「善であり衡平である *bonum et aequum esse*」という表現は用いていない。佐藤の見解に従えば共和政期の法学者の法文史料にも *b.e.a.* が確認されることになろうが，筆者は「衡平である *aequum esse*」と「善であり衡平である *bonum et aequum esse*」とは異なるものであると考えている。したがって佐藤が挙げる共和政期の二人の法学者の史料は，*b.e.a.* を用いた事例としては数えなかった。佐藤「AEQUITAS」184頁を参照。

オやプロクルスといった法学者たちの学説の中にも*b.e.a.*の比較級である*melius aequius*が見出される[219]。まずセネカのそれを確認すると以下のようなものである。

　セネカ「寛恕について」7,3
　これらのことは全て許しの行為ではなく，寛恕の行為である。寛恕には判断の自由がある。それは方式書によってではなく，善と衡平に基づいて判定する。それは損害賠償を免除することも，賠償額を思いどおりに査定することもできる。これらのことのいずれについても，適正以下のことを行うかのようにではなく，むしろ決定したことが最も適正であるかのように実行するのである。しかるに，許すことは，罰すべきであると判定した者を罰しないことである。許しとは，受けねばならない罰を免じることである。寛恕が優れている理由は，第一に，放免される者が他のいかなる処遇も受けるべきではなかったと宣言する点にある。よって，寛恕は許しよりも完全であり，いっそう道徳的に高貴である[220]。

　「寛恕について」はネロ帝に宛てた手紙と言われているが，当該史料中で「自由な裁量を持つ*liberum arbitrium habere*」という表現から，*b.e.a.*が法の硬性を補うあるいは修正するものとして用いられている，というように読める。さらに帝政期の非法文史料としてスエトニウスが挙げられるが，彼はクラウディウス帝について以下のように述べている。

　スエトニウス「ローマ皇帝伝」5,14
　彼はコンスルであったときも，なかったときも，大変熱心に法廷で審理

---

220)　Haec omnia non veniae, sed clementiae opera sunt. Clementia liberum arbitrium habet ; non sub formula, sed ex aequo et bono iudicat ; et absolvere illi licet et, quanti uult, taxare litem. Nihil ex his facit, tamquam iusto minus fecerit, sed tamquam id, quod constituit, iustissimum sit. Ignoscere autem est, quem iudices puniendum, non punire ; venia debitae poenae remissio est. Clementia hoc primum praestat, ut, quos dimittit, nihil aliud illos pati debuisse pronuntiet ; plenior est quam venia, honestior est. なお史料の翻訳にあたって，小川正廣訳「寛恕について」（大西『セネカ』2，所収）を参照した。

した。自分や家族の者の慶祝行事の日にも，ときには古い暦の祭日や
厄日でも。彼は必ずしも常に法律の規定に従ったのではなく，*b.e.a.* に
心を動かされる度合いに応じて罰則に手加減を加え，厳しくも軽くもし
た。例えば私法上の訴訟の審判で法規以上の賠償金を請求して負けてい
た人々にも新しい訴訟を許可し，特に極悪非道な罪を証明された者に
は，法定の罰を越えて，野獣の前に投げ出すよう指示した[221]。

この史料によれば，クラウディウス帝が法律の規定に従うのみでは妥当な
解決が導けない場合に，*b.e.a.* に従って柔軟な解決を導き出そうとした様子
が見て取れる。セネカの史料と合わせて考えるならば，共和政期の史料と比
較して，*b.e.a.* が法の欠陥を補う一般原則のような役割を果たしているとい
う印象がある。これまで主として非法文史料を見てきたが，帝政期に入ると
法文史料にも *b.e.a.* が見出されるようになる。プロクルス学派の始祖とされ
るラベオが *melius aequius* という文言を用いている例がその1つである。

D.24,3,66,7（ヤウォレヌス『ラベオの後継者たちより』第6巻）
ある者が妻のために嫁資を夫に約束し，ついで妻を相続人として死亡し
た。部分について妻が彼の相続人となったその〔嫁資の〕部分について
は，夫にあった嫁資の危険は妻に帰属するとラベオは言う。なぜならば
夫が妻から要求し得なかったもののために，夫の損失で妻が利得するこ
とはより善いことでもなく，より衡平でもないからである。そして私は
これを正しいと考える[222]。

---

221) Ius et consul et extra honorem laboriosissime dixit, etiam suis suorumque diebus sol-
lemnibus, nonnumquam festis quoque antiquitus religiosis. Nec semper praescripta legum
secutus duritiam lenitatemve multarum ex bono et ae- quo, perinde ut adficeretur, mod-
eratus est ; nam et iis, qui apud privatos iudices plus petendo formula excidissent, restituit
actiones et in maiore fraude convictos legitimam poenam supergressus ad bestias condem-
navit. なお翻訳に際して，国原『皇帝伝』を参照した。

222) Si quis pro muliere dotem viro promisit, deinde herede muliere relicta decesserit, qua
ex parte mulier ei heres esset, pro ea parte dotis periculum, quod viri fuisset, ad mulierem
pertinere ait Labeo, quia nec melius aequius esset, quod exigere vir ab uxore non potuis-
set, ob id ex detrimento viri mulierem locupletari: et hoc verum puto.

共和政期のキケローの史料でも確認したが，「より善くかつより衡平な」という文言が使われている。おそらく共和政期から妻の財産に関する訴訟において，方式書の中で使われていた当該文言に基づいて，ラベオは嫁資の危険 *periculum dotis* についての問題を解決しようとしたといえる[223]。少なくとも共和政期の「より善くかつより衡平な」という文言が，帝政期になっても存在していたことが確認できる。さらにラベオの後継者でその学派の名前ともなったプロクルスも次の法文において「より善くかつより衡平な」という文言を用いている。

D.46,3,82（プロクルス「書簡集」第5巻）

コルネリウスが自分の土地をセイアの名義で彼女の夫に嫁資として与えその返還について何も知らせなかったときに，〔コルネリウスが〕その夫とセイアとの間で，離婚した場合にその土地はコルネリウスに返還されるよう約束させた場合，あたかも，いかなる同意された合意も二人の間に起こらなかったならば，離婚の際に妻がその土地をコルネリウスに返還するように命じ，そして返還される前に全部が返還されないよう拒否した場合のように，夫は，セイアが拒否するならば，その土地をコルネリウスに確実に返還するものであるとは私は思わない。しかしセイアが拒否するより前に，〔夫が〕セイアの意思に反して行動していたと考えるには理由が無かったコルネリウスにその土地を返還した場合，私はよ

223）　独訳では *"melius aequius"* を *"besser und gerechter"* と翻訳した上で，注記して「嫁資の返還訴訟に関する方式書の基本部分 Bestandtei der Foremel der Klage auf Ruckgbabe der Mitgift」とし，前出のキケローの De off. 3.61. と次に検討する D.46,3,82. を参照するよう指示している。

224）　Si, cum Cornelius fundum suum nomine Seiae viro eius doti dedisset nec de eo reddendo quicquam cavisset, fecit, ut inter se vir et Seia paciscerentur, ut divortio facto is fundus Cornelio redderetur : non puto divortio facto virum vetante Seia eum fundum Cornelio tuto redditurum esse, sicuti si, cum pactum conventum nullum intercessisset, divortio facto mulier iussit eum fundum Cornelio reddi, deinde antequam redderetur, vetuisset, non tuto redderetur. Sed si antequam Seia vetaret, Cornelio eum fundum reddidisset nec causam habuisset existimandi id invita Seia facturum esse, nec melius nec aequius esse existimarem eum fundum Seiae reddi.

り善でありより衡平であるとも考えず，その土地はセイアに返還される
べきである，と考える[224]。

　前のラベオの法文と同様，嫁資に関する問題，特に本法文はその返還に関
するものである。以上の史料から読み取れることは，*b.e.a.* は少なくとも共
和政期から法文史料においては嫁資に関する問題の中で用いられてきた，と
いうことである。二人とも共和政期からの伝統を継いで嫁資に関する問題の
中で*b.e.a.* を用いているが，本書で取り上げるケルススはその問題に限った
使い方を必ずしもしておらず，以下ではケルススの*b.e.a.* の用い方を確認し
てみたい。

第*3*節　ケルススの*b.e.a.*の用い方

　ここまで共和政期および帝政期における*b.e.a.*のあり方を検討してきた
が，ここからは本章の主題であるケルススがどのように*b.e.a.* を用いたかを
検証したい。Mayer-Maly と Hausmaninger も述べるように，ユスティニア
ヌス帝の学説彙纂には，ケルススが*b.e.a.* を用いた法文が2つ見出される。
すなわちD.12,1,32およびD.45,91,3である。

1　D.12,1,32およびD.45,1,91,3

　ケルススが*b.e.a.* を用いた事例としてまず挙げられるのがD.12,1,32であ
るが，テクストを確認すると以下のとおりである。

　D.12,1,32（ケルスス「法学大全」第5巻）Nr.42
　あなたが私とティティウスに金銭の貸与を頼み，私が自分の債務者にあ
　なたに諾約するよう命じ，あなたがこの者との間で問答契約を結んだ
　が，あなたがその者をティティウスの債務者だと思っていた場合，あ
　なたは私に債務を負うか？　確かにあなたが私との間になんら取引きを
　行っていないならば私は問題があると思う。しかしあなたが義務付けら

れるのがより適切だと私は考える。なぜならば私があなたに金銭を貸与したからではなく（なぜならこれは同意がある者の間でないならば起こりえないからである），私の金銭があなたの元に至ったのであるから，その〔金銭〕はあなたから私に返還されるのが善であり公平であるからである[225]。

　このテクストについてMayer-Malyによれば，ケルススは私*ego*に対するあなたの責任を認め，その責任は単に消費貸借契約にではなく，不当利得返還請求権に基づいている。ケルススの決定は近代のテクスト批判的な考察を多く巻き起こした。以下のことは特にF. Schwarz[226]に負っている。すなわち，この断片の客観的な，さらには言語上の純粋性は今日なお，確かな論拠をもって肯定されうる，ということである。もっとも「その〔金銭〕はあなたから私に返還されるのが善であり公平である*eam mihi a te reddi bonum et aequum est*」という結語については，Schwarzは古典期のものではないと考えている。Schwarzによれば法典編纂委員は不当利得返還請求をよりくわしく理由付けようとし，それを*b.e.a.*という考え方をもって成し遂げようとしており，その中で法典編纂委員たちは包括的な利得権を定めようとしているが，ケルススもここで法の中に善と衡平の術を見た彼の定義を用いたと考えるべきである。D.12,1,32における不当利得返還請求のケルススによる理由付けとD.1,1,1,pr.におけるケルススの法概念との関係についてすでにvon Lübtowも*eam mihi a te reddi bonum et aequum est*という言葉が古典期のものであると考えている[227]。

　またHausmaningerによれば，*b.e.a.*の思想に基づく判断の根拠付けは，ほとんどユスティニアーヌスによる付加物だと理解されている。すなわち，厳正

225）　Si et me et Titium mutuam pecuniam rogaveris et ego meum debitorem tibi promittere iusserim, tu stipulatus sis, cum putares eum Titii debitorem esse, an mihi obligaris ? Subsisto, si quidem nullum negotium mecum contraxisti : sed propius est ut obligari te existimem, non quia pecuniam tibi credidi（hoc enim nisi inter consentientes fieri non potest）: sed quia pecunia mea ad te pervenit, eam mihi a te reddi bonum et aequum est.

226）　Schwarz, Grundlage, S.245ff.

227）　Mayer-Maly, Rechtsbegriff, SS.161-162

法*ius strictum*の訴えとしての不当利得返還請求権が一人の古典期の法学者によってこの原理に還元されているのは想像しがたいことである，というものである。このようなテクスト批判的観点は時代遅れのように見える。法典編纂委員たちが利得権をより強く*aequitas, bona fides, natura*といった思想と結びつけたことは，彼らがその際に古典期の手がかりから出発したということを排斥するものではない。ケルススの決定は確かに基礎付けを必要としていた。ケルススにとって*b.e.a.*はまさに論証のあり方であることが証明されている。それが本法文において否定されることを強いる根拠は何もない[228]。

Mayer-MalyもHausmaningerも指摘するように，主として厳正法上の訴訟が*b.e.a.*によって理由付けされるのが理解しがたいという理由から，*b.e.a.*を法典編纂委員による挿入*interpolatio*として理解する流行があったようである。市民法上では対処できない事態を万民法上で処理する際に*b.e.a.*が現れる，という発想に基づくものであるといえるが，私*ego*とあなた*tu*との間の消費貸借は人における錯誤*error in persona*のため成立しないから，私はあなたに対して消費貸借に基づく返還請求についての訴権を持たないが，私の金銭*mea pecunia*は実質的にあなたに渡っているのであり，その金銭を取り戻すための理由付けのために*b.e.a.*を持ち出してきたといえる。少なくとも*quia*節で用いられているところから推測するならば，ケルススがかなり強い理由付けとして*b.e.a.*を用いたといえるのではないか。

またもう1つケルススが*b.e.a.*を用いた事例として現れるのがD.45,1,91,3であるが，当該テクストを確認すると以下のようなものである。

D.45,1,91,3（パウルス「プラウティウス註解」第17巻）Nr.221
古法学者たちが定めたことによると，過失が債務者に帰せられるたびに債務は永久化されると考えることになるが，これはどのように解されるべきか。確かに諾約者が弁済できることを証明した場合，〔古法学者たちの〕定めは容易に理解可能である。しかしただ単に弁済が遅れた場合，その後で遅滞になかったならば，それまでの遅滞は消滅されるのかどう

---

228) Hausmaninger, Celsus, S.402

かは，議論がある。そして若いケルススは以下のように書いている。すなわち，諾約したスティクスを弁済する中で遅滞を生じた者は，その遅滞をその後に弁済することで回避しうるのであり，なぜならばこの問題は善および公平についてのものだからである，と。そして彼は，この問題については多くの場合，法学の権威によって壊滅的に間違いが犯されている，と述べている。なるほど確かにユリアヌスも従うものは，おそらくこの意見である。損害について問われ双方が同等であるとき，いったいなぜ起訴する者よりも占有している者の方がより考慮に値しないのであろうか？[229]

このテクストについてPringsheimによれば，正当性についてのいかなる指摘もなく，むしろ法学 *iuris scientia* に属する解釈学 Interpretationskunst (*ars boni et aequi*) があるだけである。これは当事者の行為に関係し，その行為が錯誤によるものである場合，悪意の抗弁 *exceptio doli* に至るものである。パウルスがこのケルススの解説を正しいものとして繰り返したならば，パウルス自身が与えている法の定義が同様にケルススにさかのぼるものだと考えることができる。法学者たちが定義や問題に取り組むとき，修辞学を通じて伝わった *b.e.a* の一般的な利用が彼らにも伝わったことは確かであり，その定義は法学の基底部分に対する示唆を可能とした。ここでの *b.e.a.* の特別に市民法的な意味はここからは推論されるべきではない[230]。

またMayer-Malyによれば，履行の頓挫Leistungsvereitelunが現れている一方で，履行遅滞の際に (*emendatio =purgatio*) *morae* の問題が現れてい

---

229) Sequitur videre de eo, quod veteres constituerunt, quotiens culpa intervenit debitoris, perpetuari obligationem, quemadmodum intellegendum sit. Et quidem si effecerit promissor, quo minus solvere possit, expeditum intellectum habet constitutio : si vero moratus sit tantum, haesitatur, an, si postea in mora non fuerit, extinguatur superior mora. Et Celsus adulescens scribit eum, qui moram fecit in solvendo Sticho quem promiserat, posse emendare eam moram postea offerendo : esse enim hanc quaestionem de bono et aequo : in quo genere plerumque sub auctoritate iuris scientiae perniciose, inquit, erratur. Et sane probabilis haec sententia est, quam quidem et Iulianus sequitur : nam dum quaeritur de damno et par utriusque causa sit, quare non potentior sit qui teneat, quam qui persequitur ?

230) Pringsheim, Bonum, S.177

102

る。このテクストは以下のような理由付けによって遅滞の解決を許している。「善および衡平についての問題である*quaestio de aequo et bono*」，というものである。それに「奇妙な仰々しさ」の一部と典型的なケルススの粗野さ，すなわち「この問題については多くの場合，法学の権威によって壊滅的に間違いが犯されている*in quo genere plerumque sub auctoritate iuris scientiae perniciose erratur*」が続いている。決定されるべき法的事例（奴隷の問答契約）は厳正法*ius strictum*に属するものであり，*b.e.a.*について考える余地はないはずであるが，ケルススにとっては法全体が*b.e.a.*の術であり，そのような考えは彼を激高させた。彼に対して厳正法上の請求による遅滞処理の正当性に異論を唱える者は，同時に法概念についての彼の定義の正当性を問題にした[231]。

またHausmaningerによれば，パウルスは古法学者の定め*constitutio*に由来する債務の永久化*perpetuatio obligationis*について述べており，その効力範囲を明確化（*quemadmodum intellegendum sit*）しようとしている。彼は，遅滞にある債務者が自分の遅滞を消滅させうるかどうかは疑わしい（*haesitatur*）と考えている。プラウティウスの解答は伝わっていないが，それはおそらく否定的なものであったろう。ケルススは強調して遅滞を埋め合わせる*moram emendare*という可能性を肯定している。その許容は*b.e.a.*の問題である。ケルススにとって，債権者が遅れて履行された弁済を受領するべきかどうかは，明らかに状況に左右されている。彼が奴隷スティクスの受領を権原のないものと拒否するならば，債務者の遅滞は消滅し，債権者の遅滞となる。「若い」ケルススが*b.e.a.*の無考慮を（おそらく同時代の）法学を通じて「有害な間違い」と呼んでいることは，なおパウルスによって正当性感覚が激昂したものとして憫笑されている。*plerumque*という副詞は，*b.e.a.*を考慮することなしに，専門家的な高慢において法学*iuris scientia*に視野を限定している法学者たちに対する実証主義批判を総括している。法と*b.e.a.*は，この議論において分割された範囲として現れており，この両範囲をケルススはつなごうと努めている[232]。

---

231) Mayer-Maly, Rechtsbegriff, SS.162-163
232) Hausmaninger, Celsus, SS.400-401

第3章　ケルススが残した法格言（1）　　103

以上，D.12,1,32およびD.45,1,91,3については研究者たちによって様々な見解が述べられてきたが，注目すべきは*b.e.a.*が法学上，プロクルスの時代まで主として嫁資にかかわる問題の中で使われてきたのに対して，ケルススは不当利得や債務の遅滞といったそれまでの法学上での使い方とは異なる用い方で*b.e.a.*を使っている，ということである。

2　*aequitas*を用いた事例

これまで*b.e.a.*に限定した形でケルススのその用例を見てきたが，それに類似する形として*aequitas*を用いた事例も見てみることにする。*aequitas*を用いた事例として現れるのがD.37,6,6である。

D.37,6,6（ケルスス「法学大全」第10巻）Nr.90
父方の祖父が与えた嫁資を，祖父の死後に婚姻中にある娘が死亡したとき父に返還されるべきか否かが問われる。私の父が私の娘の名義で私のために与えたものは，私が与えたものと同様であるのがこの状況においては衡平である。なぜならば孫に対する祖父の義務は息子に対する父の義務に基づいているからであり，父は娘のために，すなわち祖父は息子のために孫に嫁資を与えるべきだからである。ところで父が息子を相続から排除していた場合はどうか？　相続排除された息子においても同様のことが遵守されうることは不条理ではないし，いずれにしても父の〔財産〕から彼のために与えられたものを彼が所持するのは，好ましくない意見ではない，と私は思う[233]。

---

233)　Dotem, quam dedit avus paternus, an post mortem avi mortua in matrimonio filia patri reddi oporteat, quaeritur. Occurrit aequitas rei, ut, quod pater meus propter me filiae meae nomine dedit, perinde sit atque ipse dederim : quippe officium avi circa neptem ex officio patris erga filium pendet et quia pater filiae, ideo avus propter filium nepti dotem dare debet. Quid si filius a patre exheredatus est ? Existimo non absurde etiam in exheredato filio idem posse defendi, nec infavorabilis sententia est, ut hoc saltem habeat ex paternis, quod propter illum datum est.

嫁資返還請求訴訟に関するこの法文において注目すべきは，共和政期から
嫁資返還請求には「より善くより衡平な*melius aequius*」という文言が使わ
れてきたが，ケルススはここでは「衡平*aequitas*」を使っている，というこ
とである。少なくともケルススの時代においても嫁資返還請求訴訟において
は*b.e.a.*が用いられていたことは，ケルススとほぼ同時代の法学者であるガ
イウスとポンポニウス[234] による以下の法文からも推測できる。

D.4,5,8（ガイウス「属州告示註解」第4巻）
自然によって保障されていると解される債務が頭格減少によって消滅し
ないのは周知の事実である。なぜならば，市民〔法上の〕理性は，自然
法を破ることはできないからである。同様に嫁資についての訴権は，善
および衡平に受け入れられているから，それにもかかわらず頭格減少の
後にも存続する[235]。

D.23,3,6,2（ポンポニウス「サビヌス注解」第14巻）
嫁資設定の際に一方が欺かれたような場合，ある者が他人の損害で利得
するか他人の利得によって損害を蒙ることは善および衡平に合致しない
ために，25歳以上の者でも救われるべきである[236]。

---

234) ハドリアヌス帝およびピウス帝時代（2世紀半ば）の著名な法学者。先代の法学者
たちの著作に対する注釈という形で書かれた市民法についての3つの専門書（クイン
トゥス・ムキウス注解*Ad Quintum Mucium*，プラウティウス註解*Ad Plautium*，サ
ビヌス注解*Ad Sabinum*），プラエトルの告示に対する膨大な注解書（後代の法学者た
ちの引用によってのみ知られる），そして様々なテーマを扱う一連のモノグラフ（信託
遺贈について，問答契約について，元老院議決について）の著者である。Cfr. Berger,
Dictionary, p.635（Pomponius, Sextus）

235) Eas obligationes, quae naturalem praestationem habere intelleguntur, palam est capitis
deminutione non perire, quia civilis ratio naturalia iura corrumpere non potest. Itaque de
dote actio, quia in bonum et aequum concepta est, nihilo minus durat etiam post capitis
deminutionem.

236) Si in dote danda circumventus sit alteruter, etiam maiori annis viginti quinque succur-
rendum est, quia bono et aequo non conveniat aut lucrari aliquem cum damno alterius aut
damnum sentire per alterius lucrum.

なぜケルススがそれまでの慣行に則って嫁資返還請求において*b.e.a.*を用いなかったのかは明らかではないが，先に検討したD.12,1,32およびD.45,1,91,3におけるケルススの*b.e.a.*の用い方を考えれば，少なくともそれまでの伝統的な*b.e.a.*の用い方から離れ，新しい領域で*b.e.a.*を用いようとしたことは確認できる。またガイウスは，合意*pactum*によって生じる債権債務関係（売買*emptio venditio*，賃約*locatio conductio*，組合*societas*，委任*mandatum*）について述べる中で，*b.e.a.*を以下のように用いている。

ガイウス「法学提要」3,137
またこれらの契約においては，一方が他方に対して善と衡平とに基づいて相手方に給付しなければならないものについて，相互に債務を負う[237]。

ガイウスは*b.e.a.*を用いる際に，一方で嫁資に関する問題の中での伝統的な用い方を踏襲し，一方で本法文のようなそれに限定されない用い方をしている。また同じくケルススとほぼ同時代人とされるアフリカヌス[238]も嫁資の問題に限定しない形で以下のように*b.e.a.*を用いている。

D.40,4,22（アフリカヌス「質疑録」第9巻）
未成熟である息子を相続人に指定する者が，保佐のもとにある銀の一部分を勘定報告したならば，スティクスは自由人であるように命令した。その奴隷は，銀の一部を取り分けた後で後見人と分割し，後見人はこのようにして決算した。スティクスは自由人となるかどうか相談された者は，自由人とはならないと答える。しかし他方で，金銭を与えることを命令された一定の条件のもとで自由を付与された奴隷が後見人に与え，

---

237) Item in his contractibus alter alteri obligatur de eo, quod alterum alteri ex bono et aequo praestare oportet. なお翻訳に際して，佐藤『ガーイウス』を参照した。
238) 2世紀半ばの法学者であり，おそらくユリアヌスの門弟であった。「質疑録*Quaestiones*」（全九巻）というタイトルで出された解答集の著者であり，それらの多くはユリアヌスのものを紹介している。Cfr. Berger, Dictionary, p.356（Africanus, Sextus Caecilius）

あるいは条件に合致しないのは後見人のせいである場合，彼は自由を取得するであろう。これはまさに未成熟者の財産の譲渡においても遵守されるべきように，全ては信義に基づいて行われ，奴隷あるいは後見人にいかなる詐害の意思もないと解されるべきである。したがって条件付で自由を付与された奴隷が提供しなければならないにもかかわらず，後見人が未成熟者が詐害されるからという理由で金銭を受け取ることを無視しなければならない場合，奴隷は詐害行為に対して罪が無くても，自由を獲得することはできない。同じことを保佐人についても言うべきである。同様に銀の一部分を引渡すよう命じられた者がどのような方法で条件に適うと解されるべきか，すなわち，ある容器が彼の過失によらず消失し残された容器を信義により相続人に割り当てた場合，自由に至るか，ということが問われた。〔アフリカヌスは〕自由に至るであろうと答える。なぜならば，善と衡平とに基づいて一部分を引渡せば十分だからである。つまりその部分をよき家父が受け取るように，その〔部分〕が相続人に引渡されるならば条件は満たされると見なされる[239]。

ケルススがハドリアヌス帝期に活動した法学者で，ガイウスやアフリカヌスがケルススとほぼ同時代あるいはそれ以降に活動したことを考慮すると，ケルススが適用範囲を拡大した *b.e.a.* が，それ以降は嫁資の問題に限定する

---

239) Qui filium impuberem heredem instituit, Stichum ratione argenti, quod sub cura eius esset, reddita liberum esse iusserat: is servus parte argenti subtracta cum tutore divisit atque ita tutor ei parem rationem adscripsit. Consultus, an Stichus liber esset, respondit non esse liberum: nam quod alioquin placeat, si statuliber pecuniam dare iussus tutori det vel per tutorem stet, quo minus condicioni pareatur, pervenire eum ad libertatem, ita accipiendum, ut bona fide et citra fraudem statuliberi et tutoris id fiat, sicut et in alienationibus rerum pupillarium servatur. Itaque et si offerente statulibero pecuniam tutor in fraudem pupilli accipere nolit, non aliter libertatem contingere, quam si servus fraude careat. Eademque et de curatore dicenda. Item quaesitum est, rationem argenti reddere iussus in quem modum intellegendus sit condicioni paruisse, id est an, si quaedam vasa sine culpa eius perierint atque ita reliqua vasa heredi bona fide adsignaverit, perveniat ad libertatem. Respondit perventurum: nam sufficere, si ex aequo et bono rationem reddat: denique quam rationem bonus pater familias reciperet, ea heredi reddita impletam condicionem videri.

ことなく，法学者たちによって様々な法的問題において用いられるように
なったといえる[240]。

第4節 小 括

　これまで述べてきたことにより，*b.e.a.* の法学上の用い方についてケルス
スが，共和政期までの伝統的な嫁資の問題の中での用い方に限定されず，不
当利得返還請求や債務履行の遅滞といった他の問題にも適用していったこと
が明らかになった。ケルスス以降，法学者たちは様々な法的問題の解決にお
いて *b.e.a.* を用いるようになった。またケルスス法文における *b.e.a.* を用い
た用例の数から推測するに[241]，ケルススにとっては，Hausmaninger も述
べるように，*b.e.a.* は論証の1つのカテゴリーであり[242]，Bretone が述べる
ようなケルスス自身の法学を導く中心思想ではなかった[243]。また Hausma-
ninger は，古典後期までを含めてケルススが，*b.e.a.* を用いて論証した最初
で唯一の法学者であるとしたが[244]，ラベオやプロクルスも「より善くより
衡平な」という文言を用いていることから，ケルススより以前から *b.e.a.* を
用いる慣行は法学者たちの間で存在していたといえる。以上のことから「法
は善および衡平の術である」というケルススの言は，それまでの *b.e.a.* の法
学上の用い方を変えていった，ケルススの法学のあり方を表しているものと
考えることができよう。

　本章ではケルススの法格言の1つとして「法は善および衡平の術である」
を取り上げたが，ケルススは他にも「法律を知ることはその言葉を理解する

---

240)　VIR によれば *b.e.a.* の用例として一番多いのはガイウスで，本書で取り上げた2つを
　　含め8つの法文を確認できた。他にも後古典期と呼ばれるセウェルス朝期ではパピニ
　　アヌス，パウルス，ウルピアヌスが *b.e.a.* を用いている例が確認される。Cfr. VIR 1, 295,
　　18ff.

241)　Lenel によれば279個のケルススの法文が確認されているが，そのうち b.e.a が用い
　　られている用例は本書で検討した D.12,1,32 および D.45,1,91,3 のみである。Cfr. Lenel,
　　Palingenesia, 127-170

242)　Hausmaninger, Celsus, S.403

243)　Bretone, Tecniche, p.202

244)　Hausmaninger, Celsus, S.402

のみならず，その意義および目的を理解することである[245]」や「法律を全体的に考慮することなしにいくつかのその部分に基づいて判決しあるいは解答することは不法である[246]」といった法解釈に関する格言も残している。次章では前者の法格言を分析の対象として，その格言の意味を考察したい。

---

245) D.1.3.17（Celsus：26 dig.）：Scire leges non hoc est verba earum tenere, sed vim ac potestatem.

246) D.1.3.24（Celsus 9 dig.）：Incivile est nisi tota lege perspecta una aliqua particula eius proposita iudicare vel respondere.

コラム：ローマ人の名前

　ローマ人の名前は三連の名前が出てこないと人物を同定できないとされる。最初のものが個人名（プラエノーメン）であり，その名の通り個人の名前を表すものである。次に氏族名（ノーメン）であるが，これは同一の血族団体を指す。最後に来るのが家族名（コーグノーメン）である。有名なローマの将軍カエサルのフルネームはガイウス・ユリウス・カエサルであるが，これは「ユリウス氏族に属するカエサル家のガイウス」を意味している。ときに特別な功績を称えて異名が付与される。代表的なものに共和政期にハンニバル率いるカルタゴ軍をアフリカのザマの戦いで破ったスキピオに付与されたアフリカヌス（アフリカの支配者）がある。

　氏族という概念は私たち日本人には馴染みのない概念であるが，ローマにおいて氏族は同一地域に固まって生活し，いろいろな意味で1つの共同体のようなものを形作ることが少なくなかった関係上，人の目にはっきりと見えるものであった。氏族の力量を物語るエピソードが伝えられており，共和政が始まったばかりの紀元前5世紀前半にファビウスという氏族がほとんど独力で強大な勢力を誇っていたエトルリア人と戦った。その戦闘に参加できた17歳以上の成人男子の兵士は306名，その保護にあった被護民の兵士は4,000人にもなり，これはローマの一正規軍の数に等しいものであった。ファビウス氏族の子孫たちはその100年後に政界で大活躍し，150年間にわたり共和政支配層の中核であり続け，ローマのリーダーを多く輩出した（柴田光蔵『古代ローマ物語part 1』日本評論社，1991年，198-203頁を参照）。

第4章

ケルススが残した法格言（2）
アクィリウス法の解釈を中心として

　「法律を知るとはその文言を理解することではなくて，その意義および目的を理解することである *Scire leges non hoc est verba earum tenere, sed vim ac potestatem*」はケルススの法解釈をめぐる格言として紹介されてきたが，特に従来の研究で問題となったのは *vis ac potestas*（以下，*v.a.p.* と略記）という表現の解釈である。例えば「法（法律）を知ることは，その文言を把握することではなくて，内容および力を把握することである」とするものもあり[247]，「法律を理解することは，それらの文言を把握することではなくて，意義および目的を把握することである」とするものもある[248]。特に *v.a.p.* の理解に関して，後者の翻訳では「意義および目的」として理解しているが，独訳を参照してみると "Sinn und Zweck" となっておりこれを踏襲したものといえる。しかし *vis* を「意義」としては解しえても *potestas* を「目的」として解するのは難しいといえる。他のドイツ語訳として Liebs の法格言辞典が挙げられるが[249]，それによれば *v.a.p.* は "Macht und Vermögen" となっており，原義の「力」に近い訳をしている。また英訳では "force and tendency" としている。このように *v.a.p* の理解をめぐって各研究者が各々の見解を示している。

　以下ではさしあたり同法文についてなされた Kollatz, Hausmaninger, Albanese, Quadrato らによる諸研究を概観し，共和政期および帝政期の諸

---

247)　柴田他編『法格言集』。
248)　吉原『リーガル・マキシム』105-106頁を参照。
249)　Liebs, Rechtsregeln

史料に見出される*v.a.p.*を概観したい。そしてHausmaningerの研究に基づきながらケルススのアクィリウス法解釈事例を検証して，ケルススが「法律の力*v.a.p. legum*」という表現で何を意図しようとしていたのかを考えてみたい。

第 *1* 節　先行研究

　同法文については近代の研究者たちによって様々な研究がなされてきた。まずKollatzはローマ法学へのヘレニズム修辞学の影響，特にその法律解釈理論への影響という観点からケルススの当該法文を取り扱っている[250]。彼は*v.a.p.*という言葉の意味を分析し，ケルスス以前の非法文史料や法文史料を分析した後にケルススの当該法文が持つ意味について考察している。彼によれば，*vis*と*potestas*いう言葉は，両方とも力Macht，権力Gewalt，力Kraftといった物理的な意味におけると共に，転用された意味においても用いられた。転用された意味において*vis*はしばしば法の働きやその内容，あるいは効果Geltungskraftを示すのに使用された。同様に*potestas*という表現も効果を表すのに用いられた。法学著作においては*v.a.p.*は他の意味においても用いられており，そのような表現はセルウィウス以来，法学用語に見出される[251]。しかしながらD.1,3,17の*v.a.p.*と，D.26,1,1,pr.の*v.a.p.*とは同一の発展上におかれるべきではない。*v.a.p.*という表現は，D.1,3,17では転用された意味で用いられている一方で，D.26,1,1,pr.では後見の法的なまた事実的な働きや後見の権力を示している。ケルススは現実において観察された解釈という行為を理論的に言い表すために，意識的に言語学的な専門用語に精通していた。*v.a.p.*は解釈されるべき文言の客観的によき言語慣行および法への精通と比較されるべき理性的な意味および内容を示している[252]。またケルススは一般的な準則の形成や定義および格言を定立する傾向

---

250)　Kollatz, vis ac potestas

251)　このセルウィウスによる表現は古典期法学者であるパウルスを介してD.26,1,1,pr.に出てくるが，それについては第2節の2において触れたい。

252)　Kollatz, vis ac potestas, SS.28-39

があり，彼の一般的な準則の形成は解釈の原理として彼自身が現実において実現しようとしたもの，すなわち正当で妥当な判決のために法律を，その狭い文言上の意味のみに固執することなく理性的な意味に基づいて解釈しようとしたものを正確に描いている[253]。

Hausmaningerはケルススの法律解釈についての論文の中で当該格言について触れている[254]。彼によればケルススの法律解釈に関する抽象的な発言としてまず当該格言が考察されるべきである。Lenelによる再構成は当該法文の目的解明という問題に対していかなる解答も与えていない[255]。Lenelはケルススの法学大全digestaの26巻と27巻とを問答契約についてde stipulationibusという告示の表題に数えている。しかしケルススが問答契約の取り決めについての評価をこのような抽象的な形でなしたとは考えにくい[256]。また当該法文はそれ自体，非常に多義的なものである。それによってケルススが局限された法律文言のよりゆるやかな解釈を探求しようとしたのか，あるいは反対に，より広くまたは多義的に捉えられた法律形成に基づいて発展した極度に自由な解釈に対抗したのかはわからない。いずれにしてもケルススにとってv.a.p.がどこから生じたのかという問題は残ったままである[257]。そしてHausmaningerはD.1,3,18[258]に基づいて，ケルススは法律の意思voluntas legisを考慮していたために，文言verbaの意味と法律の意思との間に対立が生じる場合は，文言を修正する解釈をもかえりみなかったとし，このような法律の意思への彼の幅広い態度は当該法文を一定程度，抽象的に読むことを可能にする。すなわち，法律の意思から見つけ出されるべきv.a.p.はたいていの場合は文言の範疇において決定されうるのであり，たとえ文言とv.a.p.との間に対立が生じるべきときであっても，ケルスス以降，その範疇は不十分にしか表現されていない法律の意思の利益になるよう

---

253) Kollatz, vis ac potestas, SS.218f.
254) Hausmaninger, Gesetzesinterpretation, pp.243-277
255) Lenel, Palingenesia, SS.127-170
256) Hausmaninger, Gesetzesinterpretation, S.247
257) Hausmaninger, Gesetzesinterpretation, S.249f.
258) 「諸法律はより好意的に解釈されるべきであり，そのことによりその意思は保持される。Benignius leges interpraetandae sunt, quo voluntas earum conservetur.」

に決定されるべきである[259]。そしてD.1,3,17の解釈の一変形としてBetti
のものを挙げ，彼の一般化を通じてD.1,3,17およびD.1,3,24から得られた
独立という規範Kanones der Autonomie（解釈学上の基準の内在Immanenz
des hermeneutischen Maßstabes）および全体性Totalität（解釈学上の考察の
意味連関sinnhafter Zusammenhang der hermeneutischen Betrachtung）は具
体的な事例において表現されているが，彼の法律解釈の一貫して求められた
基本原理として証明されうる，とする[260]。

　AlbaneseはLenelの再構成に対して批判を加える形で，当該法文の*lex*
は約款ではなく法律一般について述べていることを指摘する[261]。彼によれ
ば，ケルススの法学大全の26巻の他の断片は当該巻が問答契約を取り扱っ
ていたことを伝えており，Lenelは当該法文の後にD.34,5,26[262]を配置
し，両法文が関連しているという形で当該法文が法律一般ではなく問答契
約の形式に関わるとし，BettiやSturmといった研究者たちもそれに従って
いる。しかしこのような理解は少なくとも2つの障害に当たる。1つは*lex*
というタームはもちろん*lex mancipii*や*lex venditionis*, *lex locationis*と
いった個別の約款といった意味でも用いられるが，*lex stipulationis*という
表現は史料の中には決して現れない。またもう1つは「知る*scire*」という
言葉を用いていることである。私人の意思によって変化する個別の契約の約
款は，学*scientia*の対象を形成するには適さない。*scire*は，多くの学者の
分析によって得られた知識の不変の対象である法律一般にこそ最も適合する
動詞である。以上のような理由からAlbaneseはD.1,3,17における*lex*が，
契約法における約款ではなく法律一般である，とする[263]。

　Quadratoは当該法文を中心にしてケルススにおける法律解釈を分析して
いる。それによれば*verba*という言葉は通常，ローマ人たちによって*verba-*

---

259) Hausmaninger, Gesetzesinterpretation, S.262f.

260) Hausmaninger, Gesetzesinterpretation, S.276

261) Albanese, Tre studi celsini, pp. 77-163

262) 「問答契約において何が表現されていたのか問われるとき，要約者に対して両義性が
　　ある。Cum quaeritur in stipulatione, quid acti sit, ambiguitas contra stipulatorem est.」

263) Albanese, Tre studi celsini, pp.129-148

*voluntas*という対を指すのに使われた。内心のいわゆる「意思」を表すものとして他にも*mens*や*sententia*といったものがあるが，VIRを見ると法律やその他同様の規範（元老院議決，勅令，宣示，告示）との関連で最も多く使われるのは*sententia*である。*sententia*はパピニアヌス，パウルス，ウルピアヌスといったセウェルス朝期の法学者たちがしばしば用いている。*voluntas*は，ケルススがD.1,3,18および19において二回用いている一方で，他の法学者が用いている例は少ない。「意思」を表すタームとしてケルススは*voluntas*を使う傾向があったと思われるが，なにゆえに*v.a.p.*という表現を用いたのか。*v.a.p.*をBretoneは「価値および意義il valore e il senso」とし，Ceramiは法律の起草者の意志の本質を解明する必要性を強調する中で「規定の意義および論理的価値il senso ed il valore logico del precetto」としているが，このような理解はHausmaningerのテーゼを前提としている。すなわち，ケルススにおいて*v.a.p.*はどこに由来するのかという問いに対して，それは法律の意志*voluntas legis*から引き出されねばならず，それはケルススによれば「同時代の適法性zeitgenössische Zweckmässigkeit」ではなく，「歴史上の立法者たちの意志die Absicht des historischen Gesetzgebers」である，というものである。また*v.a.p.*という表現は非法文史料の中で，共和政期においてはすでにテレンティウスやキケロー，帝政期においてはセネカ，タキトゥス，ゲッリウス，フロント，クインティリアヌスに見出され，これらほとんどの史料において力や権力を表すのに用いられている。法文史料においては，パウルスによってなされたセルウィウスの後見の定義の説明やウルピアヌスの「法範」の一説を除けば，ほとんどガイウスのものであり，D.9,4,1の「属州告示註解」を除けば，そのほとんどが「法学提要」のものである。もちろん文脈によって*v.a.p.*の意味は変化するが，特に重要なのは*vis et potestas haec est ut...*という形で用いられているD.9,4,1ならびにガイウス「法学提要」の4.144,166および170である。特に「法学提要」の4.144,166および170[264]で述べられていることは特示命令の目的finalitàである。*vis et potestas haec est*に続く接続詞*ut*は，目的

264）これらガイウスの諸史料については後に第3節の2で改めて触れることにしたい。

説を導いて「～するためにaffinché, al fine di」を表している。ケルススが
v.a.p. を用いて*voluntas*や*sententia*，あるいは*mens*とは異なるものを表した
かったのは確かである。ケルススはD.1,3,17において意図intenzioneや意
志spiritoといったいわゆる*voluntas legis*について触れているのではなく，
それ以上のものについて述べている。おそらく法律が目指す目標scopoや目
的obiettivo，すなわちその働きfunzioneや能力potenzialitàを表している[265]。

　以上KollatzからQuadratoに至るまで，特に*v.a.p.*がどのように解されて
きたかという観点から先行研究を概観してきたが，伝統的にD.1,3,17は法学
に対するレトリックの影響，あるいはケルススの法律解釈論という文脈の中で
捉えられてきたと考えることができ，Hausmaningerも指摘するように[266]，
Kollatzが初めて*v.a.p.*という文言を非法文史料も含めながら歴史的に検討
し，Quadratoがそれをより精密化したということができるといえる。Lenel
がD.1,3,17を問答契約についてという章題の中で再構成したために，永らく
当該法文中の*lex*を約款として解する見解が支配的となったが，Albaneseも
指摘するように，そのような理解には多くの疑問が呈され，現在は法律一般と
して解するのが通説となっており，筆者もそのように解する。またQuadrato
はガイウスの史料に*vis et potestas haec est ut...*という表現が見出されるの
を指摘した上で*ut*を目的を表す接続詞とし，*v.a.p.*が法律の目的を表している
というような解釈を展開するが，そのような理解は文法的に困難であるといえ
る。ケルススの意図を解明するには非法文史料も含めた*v.a.p.*の歴史的検討
に加え，彼自身の法律解釈事例を検討することが必要である。

第 *2* 節　共和政期における*vis ac potestas*のあり方

1　非法文史料

　共和政期の諸史料の中で非法文史料に着目するとまずテレンティウスの

---

265)　Quadrato, vim ac potestatem, pp. 141-150

266)　Hausmaninger, Gesetzesinterpretation, S.248

ものが挙げられる。彼の「自虐者*Heauton Timorumenos*」の中で*vis et potestas*という形で以下のように用いられている。

テレンティウス「自虐者」709
シュルス：この計画はコンクールなら優勝間違いなし。われながら誉めてやりたいような出来栄えですよ。なにしろ真実を言えば，二人とも一緒にだませるというんですから。私はこんな狡猾な力を持っている自分自身を褒めてやりたいです。クレメス様はあなたのお父さんから，バッキスが実は自分の息子の恋人だと聞かされても，しょせん信じないでしょうから [267]。

また同じく共和政期の非法文史料としてキケローのものが挙げられる。彼の「神々の本性について*De natura deorum*」の中で*v.a.p.*は以下のように用いられている。

キケロー「神々の本性について」3,36,88
本題に戻ると，全ての人間の考えでは幸運は神々に求めるべきもの，知恵は自分自身で培うものということになる。たとえ『知性』，『勇気』，『信義』の神々のために神殿を奉献することがあるにせよ，わたしたちはこれらの徳が私たち自身の中にそなわっていると見ている。他方，『希望』，『安全』，『富』，『勝利』の実現は神々に求めるべきものである。それゆえ，ディオゲネースが述べたように，不正な者たちの繁栄や

---

267) huic equidem consilio palam do. Hic me magnifice effero, qui vim tantam in me et potestatem habeam tantae astutiae vera dicendo ut eos ambos fallam ; ut quom narret senex voster nostro istam esse amicam gnati, non credat tamen. なお史料の翻訳にあたって，城江良和訳「自虐者」（木村『テレンティウス』所収）を参照した。

268) Ad rem autem ut redeam, iudicium hoc omnium mortalium est, fortunam a deo petendam, a se ipso sumendam esse sapientiam. Quamvis licet Menti delubra et Virtuti et Fidei consecremus, tamen haec in nobis ipsis sita videmus ; spei salutis opis victoriae facultas a dis expetenda est. Inproborum igitur prosperitates secundaeque res redarguunt, ut Diogenes dicebat, vim omnem deorum ac potestatem. なお史料の翻訳にあたって，山下太郎訳「神々の本性について」（岡『キケロー』11，所収）を参照した。

幸運は，神々のあらゆる力を否定する証拠とみなしうる[268]。

ここまでの史料について整理してみると，キケローでは「神々が持つ力」と言う風に一般に「力」を表す畳語として*v.a.p.*という表現が用いられていたといえる。

2　法文史料

法文史料に着目すると古典期法学者の一人パウルスが伝える，共和政期の法学者セルウィウスの後見に関する定義が伝えられている。

D.26,1,1（パウルス「告示註解」第38巻）
pr. 後見とは，セルウィウスが定義するように，年齢のゆえに自分の意志で自身を守ることができない者を保護するために市民法上与えられ保障された，自由人についての力である。
1. ところで後見人とはその力を持つ者であり，またそのような事実から名前を付けられている。したがって後見人は，神殿の番人が神殿を管理する者と言われるように，管理人または番人とも呼ばれる[269]。

ローマ法上の後見には未成熟者後見および婦女後見があるが，同法文に「年齢のゆえに*propter aetatem*」という表現があることから推測するに，ここでは未成熟者後見のことを指している。未成熟者後見においては被後見人の財産管理といったものが後見人の主たる任務となるが，それを抽象的に表したものとしてここでは「力*v.a.p.*」が用いられている。非法文史料でも見られた一般的な用法を，ここでも用いたといえる。

---

[269]　Tutela est, ut servius definit, vis ac potestas in capite libero ad tuendum eum, qui propter aetatem sua sponte se defendere nequit, iure civili data ac permissa. 1. Tutores autem sunt qui eam vim ac potestatem habent, exque re ipsa nomen ceperunt : itaque appellantur tutores quasi tuitores atque defensores, sicut aeditui dicuntur qui aedes tuentur.

第4章　ケルススが残した法格言（2）　119

第*3*節　帝政期における*vis ac potestas*のあり方

1　非法文史料

帝政期になるとまずセネカの「恩恵について*De benficiis*」において*v.a.p.* が用いられている。

> セネカ「恩恵について」2,34,5
> それと同様に，恩恵も，すでに述べたように善をなす行為であると共に，そうした行為によって与えられる事物そのもの，すなわち金銭，家，高官服などでもある。どちらにも同じ名称がついているが，しかし両者の力も非常に異なるのである[270]。

また同じく帝政期の叙述家・タキトゥスの「同時代史*historiae*」においては公職が持つ権限を表すものとして*v.a.p.* が用いられている。

> タキトゥス「同時代史」2,39
> オトがブルクセッルムへ向けて発った後，最高の指揮権は名目上，兄のティティアヌスに，実質上の権力や威信は護衛隊長プロクルスの掌中にあった[271]。

> タキトゥス「同時代史」3,11
> 間もなくサトゥルニヌスは先駆警吏を捨て，パタウィウムに退いた。執

---

[270]　beneficium est et actio beneficia et ipsum quod datur per illam actionem, ut pecunia, ut domus, ut praetexta : unum utrique nomen est, vis quidem ac potestas longe alia. なお史料の翻訳にあたって，小川正廣訳「恩恵について」（大西『セネカ』2, 所収）を参照した。

[271]　honos imperii penes Titianum fratrem, vis ac potestas penes Proculum praefectum. なお史料の翻訳にあたって，国原『同時代史』を参照した。

政官級の人物が二人も去って，アントニウス一人に，両方の軍隊を指揮する実力と権威が託された[272]。

また帝政期の史料として伝わる「小模擬弁論集*Declamationes minores*」において，*v.a.p.* が以下のように用いられている[273]。

「小模擬弁論集」331
不法行為によって二度訴えられた者が，三度目の訴えで不起訴となった場合：死罪の容疑者を判決しなかった者は，彼自身が罰せられる。不法行為で三度，判決された者は，死罪に処せられる。不法行為で二度訴えられた者が，ある者によって三度目の起訴をされ，不起訴となった。死罪で訴えられたのと同様に，彼は訴追者を訴える。

議論：この二度訴えられた者に弁護人をわれわれは与えて然るべきである。なぜならばその後で放免されたとしても，それでも二度，訴えられた者であるからである。

雄弁術：「死罪の訴えを起こし敗訴した者は，その者自身が死罪に処される」この法律は裁判を含むものであり，私はこの法律によって彼を訴え，この法律はどちらかの命を奪う。したがって私はこの法律に基づいてのみ，訴える。誰もこの法律が最も正当であると信じて疑わなかったが，その理由についても私は後で述べる。「私は君を死罪にあたる罪ではなく，不法の罪で訴えた」と述べている。まずあなたたちは以下のことを考えるのが妥当である。すなわちある者が有罪判決，あるいは復讐

---

272)　Tacitus historiae 3.11 : digressu consularium uni Antonio vis ac potestas in utrumque exercitum fuit.

273)　本史料は修辞学者・クインティリアヌスのものとして伝わるが，実際には彼のものではない。藤澤『弁論家の教育』1, 233-246頁の森谷宇一氏と戸高和弘氏による解説を参照。Bayleyによる解説では，本史料は2世紀頃のものと推測される。Cfr. Bayley, Quintilian, pp.1-4を参照。

によって妥当な法を持たない場合，審判人はそれと同様のもの，あるい
は最も近いものに従うべきである。法律を起草した者たちのいかなる先
見も，犯罪の種類を包含するようにはなれなかった。なぜなら不品行は
起草者たちを打ち負かしたし，法も複雑で広範なものとなった結果，不
確実なものと考えられているからである。したがって法は事物の種類を
理解しその衡平を考慮するようになった。したがって法律の文言から解
されるものではなく，その力から解されるものこそがしばしば発見され
る[274]。

　以上，セネカから「小模擬弁論集」に至るまで帝政期の非法文史料を見て
きたが，*v.a.p.* の内容としてタキトゥスにおいては「公職が保持する権限」
といったニュアンスが看取されるが，一般に「力」を表す慣用表現として用
いられていたことが確認できる。「小模擬弁論集」においてはケルススの格
言に近い表現，すなわち「法律の文言から解されるものではなく，その力か
ら解されるものこそがしばしば発見される」が用いられているが，ここでの
「力」とは後に述べる「法律の意思 *voluntas legis*」やその「内容」に近いも
のであるといえる。

---

274)　Bis damnatus iniuriarum tertio absolutus : Qui capitis reum non damnaverit, ipse punia-
tur. Qui ter iniuriarum damnatus fuerit, capite puniatur. Bis damnatus iniuriarum tertio a
quodam postulatus absolutus est. Agit cum accusatore tampuam capitis accusatus. Sermo
: Bis damnatus huic demus oportet patronum ; nam etiamsi proxime absolutus est, bis
tamen damnatus est. Declamatio : "Qui capitis accusaverit neque damnaverit, ipse capite
puniatur." Lex haec est qua iudicium continetur, haec est qua ego istum accusem, haec
est quae utrumlibet horum occisura sit. Ergo hac lege sola accuso. Nemo dubitaverit hanc
legem esse iustissimam ; sed quas causas habeat postea dicam. "Non accusavi te" inquit
"capitis sed iniuriarum." Primum igitur hoc intueri vos oportet : si quid damnatione, si quid
ultione dignum non habet ius suum, debet iudex sequi <simile>, debet sequi proximum.
Nulle tanta providentia potuit esse eorum qui leges componebant ut species criminum
complecterentur ; nam et semper caventes nequitia vicisset et ius ita multiplex atque dif-
fusum esset ut pro incerto habaretur [ignotum]. Fecerent ergo ut rerum genera complec-
terentur et spectarent ipsam aequitatem. Multa ergo invenintur frequenter quae legum
verbis non teneantur, sed ipsa vi et potestate teneantur : quale hoc est.

2 法文史料

帝政期に入るとガイウスやアフリカヌス，ウルピアヌスといった法学者たちの法文史料に*v.a.p.* が見出されるようになる。ガイウスは「属州告示註解」において以下のように*v.a.p.* を用いている。

D.9,4,1（ガイウス「属州告示註解」第2巻）
以下のようなものは加害訴権と呼ばれる。すなわち，契約に基づいてではなくて，損害あるいはわれわれに対する奴隷の加害行為に基づいて提起されたもの，である。これらの訴権の力は以下のようなものである。すなわち，われわれが損害を被ったと判決される場合，損害を加えた者の身体そのものを委付することでわれわれは争点となっている物の評価を避けることができる，というものである[275]。

またガイウスは「法学提要*institutiones*」の第1巻第122節[276]，第4巻第10節[277]，第33節[278]，第144節[279]，第166節[280]，第170節[281]においても*v.a.p.* を用いている。これらガイウスの諸史料から推測されることは，彼は*v.a.p.* を用いる際にそれを「効力」や「効果」といった意味で用いてい

---

275) Noxales actiones appellantur, quae non ex contractu, sed ex noxa atque maleficio servorum adversus nos instituuntur : quarum actionum <u>vis et potestas</u> haec est, ut, si damnati fuerimus, liceat nobis deditione ipsius corporis quod deliquerit evitare litis aestimationem.

276) 佐藤『ガーイウス』33-34頁。「ところで銅と秤が用いられるのは，われわれが十二表法から理解できるように，かつては銅貨だけを使っていたからであり，〔銅貨には〕1アース貨，2アース貨，1/2アース貨，1/4アース貨があったが，金貨や銀貨は使われていなかったからである。これらの貨幣の通用力は〔その貨幣の〕表示額にあったのではなく，〔その〕重さにあった…1アース貨は1リーブラ，2ポンド貨は…したがって，2アース貨は，2ポンドに相当するとして，dupundius（2ポンド）とも呼ばれたのであり，この名称は今もなお使用されている。Ideo autem aes et libra adhibetur, quia olim aeneis tantum nummis utebantur, et erant asses, dipundii, semisses, quadrantes, nec ullus aureus uel argenteus nummus in usu erat, sicut ex lege XII tabularum intellegere possumus ; eorumque nummorum <u>uis et potestas</u> non in numero erat sed in pondere ; . . . . asses librales erant, et dupundii . . . . ; unde etiam dupondius dictus *est quasi* duo pondo, quod nomen adhuc in usu retinetur.」

る，ということである。第1節でも述べたように，Quadratoはガイウスが
D.9,4,1および「法学提要」の4.144,166,170において *haec est ut* という形
で *ut* 節を用いていることから，*ut* 節を目的のように理解して *v.a.p.* が「目
的」を表すものと理解しているが，*ut* は *haec* を説明するものであり，その
ように理解するのは文法的に困難である。ガイウスは本来の意味であるとこ
ろの「力」から派生させた形で *v.a.p.* を用いている，と言うことができる。

---

277) 佐藤『ガーイウス』182頁。「さらに，あるいくつかの訴訟は法律訴訟を模してつ
くられ，あるいはいくつかの訴訟はそれ自体の効力にもとづく。このことを明らか
とするために，われわれはまず法律訴訟について述べなければならない。Quaedam
praeterea sunt actiones quae ad legis actionem exprimuntur, quaedam sua ui ac potestate
constant. Quod ut manifestum fiat, opus est ut prius de legis actionibus loquamur.」

278) 佐藤『ガーイウス』191頁。「これに対して，通告〔による法律訴訟〕を擬制した
方式書は1つもない。なぜなら，確定金額あるいは確定物がわれわれに与えられなけ
ればならない，とわれわれが請求する場合，それ自体が「われわれに与えられること
を要する」とわれわれは請求表示するからである。われわれが通告の擬制を付け加え
ることはない。したがって，われわれは同時に，金額またはある物がわれわれに与え
られることを要する，と請求表示する方式書がその効力において有効であると理解す
る。使用賃借，信託，事務管理，およびその他多くの訴訟もこれと同じ性質をもつ。
Nulla autem formula ad condictionis fictionem exprimitur. Siue enim pecuniam siue rem
aliquam certam debitam nobis petamus, eam ipsam DARI NOBIS OPORTER intendimus
; nec ullam adiungimus condictionis fictionem. Itaque simul intellegimus eas formulas, qui-
bus pecuniam aut rem aliquam nobis dari oportere intendimus, sua ui ac potestate ualere.
Eiusdem naturae sunt actiones commodati, fiduciae, negotiorum gestorum et aliae innu-
merabiles.」

279) 佐藤『ガーイウス』225-226頁。「占有取得の特示命令は，遺産占有者のために用い
られている。その特示命令の最初の言葉は『この財産の』である。その効果は次の
ようなものである。すなわち，ある者に占有が付与された遺産のうちのある物を，
相続人としてまたは占有者として占有する者は誰であれ，その物を遺産占有が付与
された者に返還しなければならない，というものである。Adipiscendae possessionis
causa interdictum accommodatur bonorum possessori, cuius principium est QVORUM
BONORVM ; eiusque uis et potestas haec est, ut quod quisque ex his bonis quorum pos-
sessio alicui data est, pro herede aut pro possessore *possideat*, id ei cui bonorum possessio
data est restituatur.」

280) 佐藤『ガーイウス』232頁。「果実の値付けで〔勝った者が〕，その間，占有を命じ
られるのは，相手方と果実にかんする問答契約を締結する場合だけである。その効果
は，占有について敗訴の判決を受けた場合には，その全額を相手方に支払うというも
のである。........ fructus licitando, is tantisper in possessione constituitur, si modo adu-
ersario suo fructuaria stipu*latione cau*erit, cuius uis et potestas haec est, ut si contra eum
de possessione pronun*tiatum fuerit*, eam summam aduersario soluat.」

さらにほぼ同時代の法学者・アフリカヌスは*vis aut potentia*という形で用いている。

D.19,2,33（アフリカヌス『質疑録』第8巻）

君が私に賃貸しした土地が公有化された場合，たとえそれを保証しないのは君のせいではなくても，私が使用収益することができるという賃約に基づく訴権によって君は拘束される〔とアフリカヌスは述べている〕。君が賃貸しのアパートの建設を注文し土地が壊れてしまった場合，それでも君が拘束されるであろうように。なぜならば君が私に土地を売り，その所有者がいない状態の土地が引渡される前に公有化された場合でも，君は売買に基づいて拘束されるからである。そしてこのことは，その所有者のいない土地が私に引渡されることがより重要である場合，それをなすよりもその価格を返すという限りで，真実であろう。同様に賃貸借についても，私が与えた金銭を君が返還し，私が収益するものとならない時点で，賃貸借に基づく訴権を超えて君が返還することを強要されないことが遵守されるべきである。もちろん君の小作人が土地によって収益することを，君，あるいはそれをなさないよう君が禁ずることのできる者から禁じられる場合でも，もちろんその利益が含まれるであろ

281）　佐藤『ガーイウス』233頁。「けれども，特示命令が出された後，その特示命令に基づいてさらなる手続をとることを望まない者がいて，そのために事案を終結させることができない場合があるため，法務官はそのような事態を予見して，われわれが第2に出されるゆえに第2次的と呼ぶところの特示命令を準備した。その効果は次の通りである。すなわち，特示命令に基づいてさらなる手続をとらない者，例えば暴力をふるわない者，あるいは果実の値付けをしない者，あるいは果実の競売に関して担保を提供しない者，あるいは誓約を締結しない者，あるいは誓約に関する訴訟を受諾しない者は，占有している場合には占有を相手方に返還し，占有していない場合には，それを占有している者に対して暴力を行使してはならない，というものである。Sed quia nonnulli interdicto reddito cetera ex interdicto facere nolebant, atque ob id non poterat res expediri, praetor in eam rem prospexit et conparauit interdicta quae secundaria appellamus, quod secundo loco redduntur. Quorum uis et potestas haec est, ut qui cetera ex interdicto non faciat, uelut qui uim non faciat aut fructus non liceatur aut qui fructus licitationis satis non det aut si sponsiones non faciat sponsionumue iudicia non accipiat, siue possideat, restituat aduersario possessionem, *siue non* possideat, uim illi possidenti non faciat.」

うものにとって収益を上げることが重要である限りにおいて，君は彼に与えるであろう。しかし君がより大きな力あるいはその能力によって禁ずることができない者から彼が妨害されるならば，君は何も金銭以上のものを彼に戻さなくてあるいは渡さなくてよいであろう[282]。

VIRの*v.a.p.*の項目を参照すると本法文が挙げられているが[283]，この法文でいうところの*vis aut potentia*というのは何かしら人が保持している社会的な権力といったものを表していると推測され，本書で問題とする*v.a.p.*の意味からは外れる。また同じく古典期の法学者であるウルピアヌスは遺贈の効果の開始時期について述べる中で以下のように*v.a.p.*を用いている。

ウルピアヌス「法範」24,15
遺言書の効力は相続人の指定より始まるのであるから，相続人指定より前に遺贈はなされえない[284]。

ここでもウルピアヌスは，ガイウスと同じように，遺言書そのものが持つ「力」という意味から転じて，その「効果」といったものを言い表そうとし

---

282) Si fundus quem mihi locaveris publicatus sit, teneri te actione ex conducto, ut mihi frui liceat, quamvis per te non stet, quominus id praestes : quemadmodum, inquit, si insulam aedificandam locasses et solum corruisset, nihilo minus teneberis. Nam et si vendideris mihi fundum isque priusquam vacuus traderetur publicatus fuerit, tenearis ex empto : quod hactenus verum erit, ut pretium restituas, non ut etiam id praestes, si quid pluris mea intersit eum vacuum mihi tradi. Similiter igitur et circa conductionem servandum puto, ut mercedem quam praestiterim restituas, eius scilicet temporis, quo fruitus non fuerim, nec ultra actione ex conducto praestare cogeris. Nam et si colonus tuus fundo frui a te aut ab eo prohibetur, quem tu prohibere ne id faciat possis, tantum ei praestabis, quanti eius interfuerit frui, in quo etiam lucrum eius continebitur : sin vero ab eo interpellabitur, quem tu prohibere propter <u>vim maiorem aut potentiam</u> eius non poteris, nihil amplius ei quam mercedem remittere aut reddere debebis,

283) VIR 5, 1410, 51ff.

284) Ante heredis institutionem legari non potest, quoniam <u>vis et potestas</u> testamenti ab heredis institutione incipit.

たものといえる。以上，共和政期から帝政期の諸史料に見出される*v.a.p.*を概観してきたが，非法文史料においても法文史料においても，「力」を表す畳語として*v.a.p.*が用いられていたことが確認できた。一方でケルススの法解釈に関する一連の格言群に関する諸研究の中では常に*v.a.p.*と「法律の意思*voluntas legis*」とはパラレルに論じられてきた。例えばSerraoは当該法文の解釈として，D.1,3,18およびD.1,3,19[285]では法律の意思を尊重していることから，「文言*verba*を超えて意思*voluntas*を理解することが，法律の『力*v.a.p.*』を獲得することである」と述べている[286]。以下では，まず「法律の意思」を研究者たちがどのように解してきたのかを概観し，ケルススが具体的な事例においてどのように法律を解釈していったのかを見てみたい。

第 *4* 節　ケルススの法解釈事例

1 「法律の意思*voluntas legis*」について

Hausmaningerはケルススの法律解釈論を論ずる際に，「法律の意思」が「立法者の意思」であることが自明のように考えている[287]。このような理解はDaubeといったHausmaninger以前の研究者から存在する。例えばDaubeは*interpolatio*の存在を前提にしているが，以下のように述べている。すなわち，いずれにせよ法典編纂委員たちは，D.1,3,19を一般的な原理として示すことによって古典期の法を実体的に変えたのではない。特に最後の*praesertim*は，自身の立法事業の完全性を主張したユスティニアヌスの目的を確認する一節に見える。すなわち，ユスティニアヌスの*lex*は実際

285）「法律の意味があいまいなときは，欠点のない意味がより採用されるべきであり，特にそれによって法律の意思が得られるときはなおさらである。In ambigua voce legis ea potius accipienda est significatio, quae vitio caret, praesertim cum etiam voluntas legis ex hoc colligi possit.」

286）Serrao, interpretazione, p.249

287）Hausmaninger, Gesetzesinterpretation, SS.252-263

には2つの解釈を認めず，欠点*vitium*のない解釈のみが立法者の意思に沿うものである，と[288]。

またHausmaningerは，古代ローマの法学者たちの法解釈に関するWeselの著作に対する書評の中で，ガイウスが多義的な法律の文言を解釈する際にたびたび「立法者の意思*voluntas legis latoris*」にさかのぼっていることが重要である，と述べている[289]。Hausmaningerはこのガイウスの史料[290]を根拠に，ローマにおける「法律の意思」とは「立法者の意思」と解しているといえる。

このような一連の研究者たちによる「法律の意志」＝「立法者の意思」という理解は19世紀以降のドイツの法律解釈論，特にその立法者意思説に由来する。青井秀夫によればドイツでは法律解釈を論ずる際に立法者意思と制定法意思のいずれに解釈の照準を合わせるべきかについては，学説の争いがある。立法者意思は主観説とも呼ばれ，それによると終局的な解釈目標，つまり制定法の実質内容は，歴史的立法者の過去の一度限りの意思により規定されるものであり，これを把握するために，法解釈者は法史家の跡をたどらなければならない。制定法意思は客観説とも呼ばれ，それによれば制定法の

---

288) Daube, Palingenesie, S.193f.

289) Hausmaninger, ZRG 85, 1968, S.473

290) 佐藤『ガーイウス』232頁，3巻75-76節「すなわち，ある重大な汚点がなければ解放されてローマ市民となった者の遺産は，同法（アエリウス・センティウス法）により，あたかもローマ市民〔である被解放自由人〕のように，その保護者に帰属する。しかし，これらの者はやはり遺言作成能力を持たない。これは，確かに多数の者の見解であり，不当なものではなかった。というのは，最悪の地位にある者に法律の提案者が遺言作成権を承認するのを望んだとは信じられないことだと考えられてきたからである。76. これに対して，ある重大な汚点がなければ解放されてラテン人となった者の遺産は，その者があたかもラテン人として死亡したかのように保護者に帰属する。法律の提案者がこの点について自分の意思を十分に表明しなかったことを私は知らないわけではない。Nam eorum bona qui, si in aliquo uitio non essent, manumissi ciues Romani futuri essent, quasi ciuium Romanorum patronis eadem lege tribuuntur. Non tamen hi habent etiam testamenti factionem ; nam id plerisque placuit, nec inmerito : nam incredibile uidebatur pessimae condicionis hominibus uoluisse legis latorem testamenti faciendi ius concedere. 76. Eorum uero bona, qui, si non in aliquo uitio essent, manumissi futuri Latini essent, proinde tribuuntur patronis, ac si Latini decessissent. Nec me praeterit non satis in ea re legis latorem uoluntatem suam uerbis expressisse.」

実質内容は「制定法の意思」と呼ばれる客観的な意味として制定法自体の内に，つまり制定法の文言の中に宿っている。この客観的な意味は歴史的立法者の「主観的な」考えや意思からは独立した「客観的な」精神の一成分であり，自由に運動し発展してゆく可能性を有している[291]。また立法者意思説に与した学者を見ると，ヴィントシャイトを代表とする歴史法学，概念法学の流れを汲む者が多い。このような歴史法学派の流れを汲んでDaube，Hausmaningerといった研究者たちは「法律の意思」＝「立法者の意思」という主観説を採ったものといえる。

　しかしいうまでもなくケルススが法律解釈にどのような基準を設けていたかについては，立法者意思に限らず，様々な可能性が存在する。現行法でいえば法解釈の方法には文理解釈，体系的解釈，目的論的解釈，歴史的解釈といったものがあり[292]，Daubeをはじめとする研究者たちが主張する立法者意思はこの中では歴史的解釈に近いが，法解釈の可能性としてはそれだけに限定されるものではない。またHausmaningerはガイウスが「立法者の意思 *voluntas legis latoris*」という表現を用いていることを史料上の根拠として，古典期における「法律の意思」とは「立法者の意思」であると推測しているが，Gaiusがそのように考えていたとしても，法学者によって考え方は異なるものであった可能性もあり，ケルススが同じように考えていたと推測することは困難である。

　現時点でケルススが法解釈の際に何を基準としていたかは断定できないが，いずれにしろ具体的なケルススの法解釈事例を見て決定されるべきである。以下ではさしあたりHausmaningerの研究に基づきながらケルススの法解釈事例を検討し，Daubeをはじめとする諸研究者が主張するところの立法者意思をケルススが尊重する傾向があるのかも検討しつつ，彼の「法律の意思」の内容を明らかにした上で，それを尊重するような態度を彼が取っ

---

291)　19世紀以降のドイツにおける法律解釈論争，特に立法者意思説（主観説）と制定法意思説（客観説）との対立については，青井『法理学』468-493頁を参照。

292)　これらの法解釈の諸方法については，青井『法理学』452-467頁を参照。要約だけ述べれば，文理解釈は言語的意味を手がかりとするもの，体系的解釈とは体系連関を手がかりとするもの，目的論的解釈とは規定の目的や根拠を手がかりとするもの，歴史的解釈とは規定の成立史を手がかりとするもの，である。

ていたのかを明らかにしてみたい。そしてケルススの法解釈事例を検討することで，*v.a.p. legum* の内容について考えてみたい。

2　ケルススのアクィリウス法解釈事例

Lenel によればケルススはいくつかの法律について解釈事例を残しているが[293]，Hausmaninger は特にアクィリウス法に着目して，彼の法解釈事例を分析している[294]。具体的な事例の検討に入る前に，まずアクィリウス法の内容について概観しておきたい。同法は共和政期に定められ，正確な年代については争いがあるが，紀元前3世紀頃に成立したとされる。全3章で構成され，第1章および第3章が不法損害に関連する。同法を完全な形で伝える史料は存在しないため断片的な史料を集めて再構成する形になるが，通説になっているといえる同法の規定を見てみよう[295]。

第1章：「ある者が他人の男奴隷もしくは女奴隷を，または四足の家畜を不法に殺害したならば，その者は，この1年以内にその物が値した最高額について，所有者にそれに相当する金銭を与える責を負う[296]。」

第3章：「〔奴隷および家畜の殺害を除き，その他の物について〕ある者が不法にこれを焼き，砕き，壊して他人に損害を与えたならば，その者は，

---

293)　Lenel によるケルススの「法学大全 *Digesta*」の再構成の中で章題として見出されるのは，十二表法註解 *ad legem duodecim tabularum*，キンキウス法註解 *ad legem Cinciam*，アエリウス・センティウス法註解 *ad legem Aeliam Sentiam*，ユーリウス・パーピウス法 *ad legem Iuliam et Papiam*，アクィリウス法註解 *ad lexgem Aquiliam*，等である。Cfr. Lenel, Palingenesia, ss. 163-169

294)　Hausmaninger, Gesetzesinterpretation, SS.263-275. 共和政期からの法学者たちによるアクィリウス法解釈については，西村を参照。同著からはローマの法学者たちの法解釈方法や，ケルススのアクィリウス法解釈に関する法文理解といった点において多くの示唆を得た。

295)　以下，再構成は Crawford, Statutes II, p.725 に拠る。

296)　Si quis servum seruam alienam alienam quadrupedem pecudem iniuria occiderit, quanti id in eo anno plurimi fuit, tantum aes ero dare damnas esto.

最近の30日以内にその物が値した[297]額について，所有者にそれに相当する金銭を与える責を負う[298]。」

　同法をめぐっては共和政期以来，古代ローマの法学者たちが法律文言の適用範囲をめぐり，様々に解釈を展開してきた[299]。第1章についてはその「殺害する*occidere*」という文言の解釈をめぐって，また第3章については「焼き*urere*，砕き*frangere*，壊す*rumpere*」という文言の解釈をめぐって多くの議論が積み重ねられたようである。

　またBergerのよればアクィリウス法は以下のように説明されている。すなわち，十二表法において言及されているいくつかの特殊な事例を含む事柄についてのそれ以前の立法を廃止し，他人の奴隷をもしくは家内の四足獣を殺害することによって起こる損害，または破壊したり焼いたり汚したりすることで他人の所有物に危害を加えることで起こる損害についての責任について一般的な準則を置いた。所有者に対して加えられた損害は有責な行為の結果であらねばならず，すなわち，例えば正当な自己防衛や公職者による命令といったもののような，正当な抗弁がなされた行為に対してあってはならない。損害は身体的なもの，また身体による行為から直接に生じる結果でなければならない。単なる不作為は同法のもとではいかなる有責性も生じさせなかった。同法の規定は，法によって考慮されない事例において，法学者やプラエトルといったものたちの活動によって広げられた，と[300]。

297）Klingenbergによれば　伝えられる文言に争いがある。すなわち，「値するであろうerit」であれば，30日の期間は損害行為以後の期間を意味する。「値したfuit」ならば，30日の期間は（第一章での一年内と同じように）損害行為以前の期間ということになる。クリンゲンベルク『債権法講義』329頁を参照。

298）Si quis alteri damnum faxit, quod usserit fregerit ruperit iniuria, quanti ea res fuit in diebus triginta proximis, tantum aes ero dare damnas esto.

299）西村，159頁以降で共和政期から帝政期に至るまでのアクィリウス法解釈に関連する法文を法学者毎に整理した上でそれを翻訳しており，アクィリウス法解釈の歴史の変遷を辿ることができる。本書でアクィリウス法関連法文を試訳する際にも，同書の翻訳を参照した。

300）Berger, Dictionary, pp.547-548

2-a　D.9,4,2,1

　Hausmaningerは D.1,3,17〜24の法解釈に関するケルススの一連の抽象的な法格言群の理解は，彼のアクィリウス法解釈に関する法文分析によって可能であるとし，ウルピアヌスの告示註解18巻に伝わるケルススの諸学説を検討している。当該法文はウルピアヌスの告示註解第18巻からの抜粋された，奴隷の加害行為に対する所有者の責任についてのものである。

　D.9,4,2（ウルピアヌス「告示註解」第18巻）Nr.258

pr. 奴隷が所有者の知っている間に殺害したときには，総額について所有者は義務付けられるが，なぜならば所有者自身が殺害したとみなされるからである。しかし所有者が知らないならば，加害訴権がある。というのは奴隷の悪行に基づいて，加害者その者を与える以上のことに対して〔所有者は〕義務付けられてはならなかったからである。

1.〔奴隷が殺害するのを〕禁じなかった者は，主人がそのまま主人に留まろうとそうでなかろうと，この〔アクィリウス法〕訴権によって責任を負わされる。なぜなら，禁じない時点において主人であった場合，ケルススが考えるように，奴隷が部分的もしくは全体的に譲渡された，または解放されようが，加害訴権は加害者に追従しない，すなわち命じる主人に従った奴隷は何も〔罪を〕犯さなかったということで十分であるからである。当然，〔主人が〕命じた場合，このことが言える。しかるに禁じなかった場合，われわれは奴隷の行為をいかにして説明することができるであろうか？　ケルススはしかしアクィリウス法と十二表法との間で区別をする。すなわち古法においては，主人が知りながら奴隷が盗をなし，あるいは他の加害行為を犯した場合，奴隷の名義で加害訴権は存在し，主人自身の名義で責めを負わされるのではなく，それに対しアクィリウス法においては，主人の名義で責めを負わされ，奴隷の名義で責めを負わされるのではない，と言う。両法の理由について〔ケルススは〕述べており，この事例においては奴隷が主人に従わないことを十二表法が欲したという理由で，アクィリウス法は，それをなさなければ自身の命を危険にさらしたであろう，主人の命令に従った奴隷を許す

という理由である。しかしユリアヌスが第86巻で『奴隷が盗をなしまたは害を加えたときには』が更により後の法律に属すると書いていることが有力な説である場合には，所有者を相手方としてアクィリウス法により付与されるものが，奴隷を弁明するのではなく，所有者に負担を負わせるように，さらに奴隷の名義で所有者を相手方として加害訴訟で訴えうると言われうるであろう。しかしながらわれわれはユリアヌスに従ってこの見解が理由を持つことを是認し，そしてユリアヌスへの註解でマルケッルスにより証明されている[301]。

加害行為を為した奴隷を奴隷A，その所有者を所有者A，また被害者である奴隷を奴隷B，その所有者を所有者Bとする。論点としては第一に，奴隷Bの主人である所有者Bが，奴隷Aの主人である所有者Aを相手方としてどのような訴えを起こすことができるかであるが，所有者Aが奴隷Aの加害行為を知っているかどうかが問題となる。すなわち，所有者Aが知っている場合は，加害訴権に基づいて，その殺害された奴隷が値したであろう全額について賠償するよう訴えられ，知っていない場合は，加害訴権に基づいて，殺

301）Si servus sciente domino occidit, in solidum dominum obligat, ipse enim videtur dominus occidisse : si autem insciente, noxalis est, nec enim debuit ex maleficio servi in plus teneri, quam ut noxae eum dedat. 1. Is qui non prohibuit, sive dominus manet sive desiit esse dominus, hac actione tenetur : sufficit enim, si eo tempore dominus, quo non prohibeat, fuit, in tantum, ut Celsus putet, si fuerit alienatus servus in totum vel in partem vel manumissus, noxam caput non sequi : nam servum nihil deliquisse, qui domino iubenti obtemperavit. Et sane si iussit, potest hoc dici : si autem non prohibuit, quemadmodum factum servi excusabimus ? Celsus tamen differentiam facit inter legem Aquiliam et legem duodecim tabularum : nam in lege antiqua, si servus sciente domino furtum fecit vel aliam noxam commisit, servi nomine actio est noxalis nec dominus suo nomine tenetur, at in lege Aquilia, inquit, dominus suo nomine tenetur, non servi. Utriusque legis reddit rationem, duodecim tabularum, quasi voluerit servos dominis in hac re non obtemperare, Aquiliae, quasi ignoverit servo, qui domino paruit, periturus si non fecisset. Sed si placeat, quod Iulianus libro octagensimo sexto scribit si servus furtum faxit noxiamve nocuit etiam ad posteriores leges pertinere, poterit dici etiam servi nomine cum domino agi posse noxali iudicio, ut quod detur Aquilia adversus dominum, non servum excuset, sed dominum oneret. Nos autem secundum Iulianum probavimus, quae sententia habet rationem et a Marcello apud Iulianum probatur.

害した奴隷を委付するよう訴えられることになる（pr.の部分）。第二に所有者Aが知っていることを前提に，その加害行為を所有者Aが禁じたか否かが問題となり，その行為を禁じた場合は不明であるが，禁じなかった場合は，アクィリウス法訴権に基づいて訴えられるといえる。さらに禁じなかった場合に奴隷の行為をいかに説明するかが問題となるが，ケルススは十二表法の規定に従う場合と，アクィリウス法の規定に従う場合とで相違があることを述べている。すなわち，十二表法に従えば加害訴権で訴えられ，奴隷自身が加害者に委付され，なぜならば奴隷が殺害行為を禁じようとした主人に従おうとしなかったかのように擬制されたといえるからである[302]。アクィリウス法に従えば同法上の訴権で訴えられ，責任を負うのは主人であり，これは主人の知りかつ禁じなかったという行為を，加害行為を加えるよう命じたものと考え，その命令に従わなければ殺害されたであろう奴隷を保護しようとしたものであるといえる。また当該法文についてHausmaningerは，ケルススは2つの法律の相違する責任の視点を両法それぞれの目標設定に戻すよう努めており，立法者の意思を探し出し，そこから法律の内容を理解しようとするケルススの探求は方法論的に重要である，と述べている[303]。

　権力服従者の不法行為に対する権力保持者の責任に関する法文であるが，古法，すなわち十二表法に従えば奴隷を被害者に委付するというのが一般的な解決であったといえる。Hausmaningerのような理解，すなわちケルススが立法者意思を尊重しようとしたという解釈は支持しがたい。むしろ第1章の規定，すなわち「ある者*quis*」という文言に着目してケルススがその文言

---

302)　十二表法の規定についてはガイウスが伝えている。佐藤『ガーイウス』207-208頁，4巻75節「家子や奴隷が盗を犯したり，人格侵害を犯した場合には，彼らの悪行を原因とする加害訴権が与えられる。すなわち，家長や主人は訴訟物の評価額を支払うか，加害者を委付することができる。なぜなら本人の悪い性格が，家長や主人に彼の身体〔を委付する〕以上の損害を与えることは不当だからである。Ex maleficiis filiorum familias seruorumque, ueluti si furtum fecerint aut iniuriam commiserint, noxales actiones proditae sunt, uti liceret patri dominoue aut litis aestimationem sufferre aut noxae dedere. Erat enim iniquum nequitiam eorum ultra ipsorum corpora parentibus dominisue damnosam esse.」この規定は多くの校訂本（例えば，佐藤『12表法』）では八表の九とされている。

303)　Hausmaninger, Gesetzesinterpretation, S.263

の射程を広げたものといえる。すなわち，アクィリウス法の立法時にはロー
マ市民をしか想定していなかった「ある者」という文言を，奴隷にまで拡張
することによって解決しようとしたケルススの解釈の様子が見て取れる。

2-b　D.9,2,13,2

前法文と同じくウルピアヌスの告示註解第18巻から抜粋された法文で，
相続財産であるところの奴隷が殺害され，この奴隷の主人がすでに死亡して
不在という事例である。

> D.9,2,13,2（ウルピアヌス「告示註解」第18巻）Nr.255
> 相続財産であるところの奴隷が殺害される場合，この奴隷の主人が誰も
> いないときに誰がアクィリウス法訴権で訴えるのかが問われる。そして
> ケルススは，法律は主人に損害がないことを望んだ，と言っている。す
> なわち，主人は相続財産であると考えられるであろう。したがって相続
> が承認されたならば，相続人が訴えることができるであろう[304]。

論点としては，相続財産であるところの奴隷が殺害され，所有者がすでに
死亡している場合，誰がアクィリウス法訴権を提起しうるかということであ
る。ケルススは，主人の地位を相続財産と擬制することによって，奴隷の所
有者の相続人にアクィリウス法訴権を認めた。

Hausmaningerは「すなわち，主人が相続財産であると考えられるであろ
う *dominus ergo hereditas habebitur*」の部分についてMommsen以来，さ
まざま *interpolatio* の可能性が指摘されてきたことに言及した上で，このテ
クストの純粋性を指摘する。すなわちケルススは，立法者の意図は相続財産
であるところの奴隷が殺害された際に相続財産を主人として認めることを要
求するということによって論証したのであり，ケルススの発言は，彼が可能
な限り法律の文言の中で歴史上の立法者の意思を考慮しようとしたことを伝

---

304)　Si servus hereditarius occidatur, quaeritur, quis Aquilia agat, cum dominus nullus sit
　　　huius servi. Et ait Celsus legem domino damna salva esse voluisse : dominus ergo heredi-
　　　tas habebitur. Quare adita hereditate heres poterit experiri.

えている[305]。

Hausmaningerは「そしてケルススは，法律は主人に損害が賠償されることを望んだ，と言っている*Et ait Celsus legem domino damna salva esse voluisse*」という部分に基づいて彼が法解釈の際に立法者の意思を尊重したと考えているが，テクスト上，そこまで読み取れるかは疑問がある。むしろケルススはアクィリウス法に規定される「家長*erus*」という文言を「主人*dominus*」にまで拡大した様子が見て取れる。またウルピアヌスはD.9.2.11.6で「ところでアクィリウス法訴権は家長，すなわち主人に帰属する*Legis autem Aquiliae actio ero competit, hoc est domino*」と述べており，「家長」を「主人」にまで拡大するかはウルピアヌスの時代においてもまだ争いがあったことが想像され，ケルススはこの問題に「主人」にまで拡大するという形で一定の見解を示していたといえるのではないか[306]。

2-c D.9,2,27,13-16

前法文と同じくウルピアヌスの告示註解第18巻から抜粋された法文で，耕地に対する詐害行為によってその耕地の所有者および小作人はどのような訴権を提起しうるか，という事例である。

D.9,2,27（ウルピアヌス「告示註解」第18巻）Nr.261

13. 法律は「破壊した」という。破壊したという言葉はほとんど全ての古法学者は「損傷した」と理解した。

14. そしてケルススは，君が毒麦あるいはカラスムギを他人の耕地に蒔き，それによってその耕地を君が汚した場合，所有者が「暴力または内密によるものを」〔という特示命令による〕のみならず，土地が賃貸しされていた場合，小作人が訴えるべきであり，事実訴権でも訴えるべきか，また小作人がその訴権を行使した場合，さらにそれ以上は訴えられ

---

305) Hausmaninger, Gesetzesinterpretation, S.264f.

306) *erus*は，OLDによれば，給仕に対する主人，特に家長*pater familias*を指すと書かれており，奴隷に対する主人という関係のみならず，家息に対する家父といった広い意味での権力服従関係における主人を表す用語であったと思われる。

ないという担保，すなわち所有者がさらに請求しないようにという担保
を小作人が設定しなければならないか，を問うた。確かにある物それ自
体を「損傷し」変化させ，その結果としてアクィリウス法が適用される
損害と，その物それ自体をなんら変化させることなく，別の物を付加し
てそれと分離させることが困難になりそのため生じた損害とは別種のも
のである。

15. ケルススは，葡萄酒を粗悪なものにし，あるいはこぼし，あるいは
酸味を加え，あるいはその他の方法で損傷した者を相手方としてアクィ
リウス法訴権で確かに訴えうる，と述べており，なぜならば当然こぼさ
れたことや酸化したことは「損傷された」という呼び名に含まれるから
である。

16. そして〔ケルススは〕，砕かれたことや焼かれたことは「損傷され
た」という呼び名に含まれることを否定していないが，法律が特に概念
を挙げた上で，特殊な言葉を含む一般的な言葉を続けることは新しいこ
とではない〔と言っている〕。そしてこの見解が真実である[307]。

論点としてはアクィリウス法第三章の「破壊する *rumpere*」という文言
がどこまでを包含するのか，というものであり，具体的な事例として，耕地
を荒らされた場合や，ある者が葡萄酒を汚し，あるいはこぼし，あるいは酸
味を加え，あるいはその他の方法で損傷した場合，を挙げている。

西村によれば，ケルススは，アクィリウス法訴権が援用されるのは「損傷

---

[307] Inquit lex ruperit. Rupisse verbum fere omnes veteres sic intellexerunt corruperit. 14.
Et ideo Celsus quaerit, si lolium aut avenam in segetem alienam inieceris, quo eam tu
inquinares, non solum quod vi aut clam dominum posse agere vel, si locatus fundus sit, col-
onum, sed et in factum agendum, et si colonus eam exercuit, cavere eum debere amplius
non agi, scilicet ne dominus amplius inquietet : nam alia quaedam species damni est ipsum
quid corrumpere et mutare, ut lex Aquilia locum habeat, alia nulla ipsius mutatione ap-
plicare aliud, cuius molesta separatio sit. 15. Cum eo plane, qui vinum spurcavit vel effudit
vel acetum fecit vel alio modo vitiavit, agi posse Aquilia Celsus ait, quia etiam effusum et
acetum factum corrupti appellatione continentur. 16. Et non negat fractum et ustum con-
tineri corrupti appellatione, sed non esse novum, ut lex specialiter quibusdam enumeratis
generale subiciat verbum, quo specialia complectatur: quae sententia vera est.

し変化させる *corrumpere et mutare*」場合だけであって,「その物それ自体
をなんら変化させることなく,他の物に付加してそれと分離させることが困
難」な状況はこれとは異なり,適用されるのは事実訴権であると考え,おそ
らく実質的な変化を判断基準とした,とする[308]。

　Hausmaningerによれば,ケルススは,「破壊する」を一般に「損傷する」
として理解する適切な方法を発見し,それによって寛容な法律の適用を可能
にした。ケルススの方法論上の考え方にとって,彼がその際に明らかに法律
の意思に基づいている,ということは特徴的である。すなわち「法律が特に
これらを数え上げた上で,特殊な言葉を含む一般的な言葉を置くことは新し
いことではない」というのは,すでに立法者が「破壊する」を上位概念とし
て考え,その中で例えば「焼く」や「砕く」といった文言も理解される,と
いうことである。ケルススはそのような進歩的な読み方からただちに以下の
ような結論を引き出している。すなわち「葡萄酒を汚し,あるいはこぼし,
あるいは酢にし,あるいはその他の方法で損傷した者」もアクィリウス法に
よって責任を負い,それによって葡萄酒を捨てたりあるいは酢にした者も,
同様に「損傷する」ことによって責任を負う。またケルススと同時代人たち
の言語慣行は「破壊する」と「損傷する」とをしっかりと区別することを
知っていた。ケルススは説明しようとしたとき,論証に二段階あることを放
棄できなかったのであり,すなわち第一段階は法律は「破壊する」という文
言を「損傷する」という意味において用いており,第二段階はしたがって
「損傷する」とは「焼く」や「砕く」という文言の上位概念であり,葡萄酒
をこぼしたり傷つけるといった他の損害責任にも適用可能である,というこ
とである[309]。

　当該テクストからケルススが,アクィリウス法の三章の「破壊する
rumpere」という文言を「損傷する*corrumpere*」として理解するという古
法学者たちの伝統を踏襲している様子がうかがえる。第14項で話題となっ
ているような事例をケルススがアクィリウス法訴権でもって解決しようとし

---

308)　西村,39-40頁。

309)　Hausmaninger, Gesetzesinterpretation, SS.265-269

たかは定かではないが，特示命令や事実訴権でもって当該事案のような事例を処理することが同時代の通説であったことも想像される。もしかするとケルススは，通説ではアクィリウス法の範疇は「ある物それ自体を『損傷し』変化させた場合」と理解されていたが，当該事案のような「その物それ自体をなんら変化させることなく，他の物に付加してそれと分離させることが困難になりそのため生じた損害」にまで広げようとしたのかもしれない。少なくともケルススが文言解釈の幅を拡大しようとしたことは，第15，16項においても示されている。また*Hausmaninger*は，ケルススが一定程度，伝統的な解釈法やその成果に結びついていたことは，以下で取り上げるD.9,2,7,6にも表れているとしている。

2-d D.9,2,7,6-7

D.9,2,7（ウルピアヌス「告示註解」第18巻）Nr.253

6. しかしケルススは，殺害したのかあるいは死亡原因を与えたのかが非常に重要であり，死亡原因を与えた者はアクィリウス法訴権にはよらず事実訴権により責を負う，と言う。そして〔ケルススは〕薬と称して毒物を与えた者を付け加え，彼はちょうど錯乱者に剣を与えた者のように死亡原因を与えたのであり，確かにこの者はアクィリウス法ではなく事実訴権によって責を負う，と言う。

7. しかしある者が他人を橋の上から突き落とした場合，その者は，打撃したことそれ自体により死亡したと，ただちに沈められたと，川の力で打ち負かされ疲労して死亡しようと，子供を石にたたきつけた場合のように，アクィリウス法により責任を負わされる，とケルススは言う[310]。

---

310) Celsus autem multum interesse dicit, occiderit an mortis causam praestiterit, ut qui mortis causam praestitit, non Aquilia, sed in factum actione teneatur. Unde adfert eum qui venenum pro medicamento dedit et ait causam mortis praestitisse, quemadmodum eum qui furenti gladium porrexit : nam nec hunc lege Aquilia teneri, sed in factum. 7. Sed si quis de ponte aliquem praecipitavit, Celsus ait, sive ipso ictu perierit aut continuo submersus est aut lassatus vi fluminis victus perierit, lege Aquilia teneri, quemadmodum si quis puerum saxo inlisisset.

アクィリウス法第一章の規定の文言，すなわち「殺害する *occidere*」の解釈に関する法文であり，第三章の規定の文言である「破壊する *rumpere*」の解釈に比べると第一章の「殺害する」の解釈はかなり限定をかけている様子がうかがえる。ウルピアヌスはケルススの見解を紹介し，ケルススは「殺害する *occidere*」という行為と「死因を与える *mortis causam paraestare*」という行為とを区別し，前者についてはアクィリウス法訴権を，後者については事実訴権を適用する。また後者の具体例として物理的な接触を伴わない，毒を盛るというような行為を挙げている。Nörr は，「死因を与える」という表現は遅くともキケローやアウグストゥスの時代にはあったものと推測する[311]。

Hausmaninger によれば，同法の「破壊する」とは異なる解釈史の様子がここに現れており，「殺害する」は，一般的な言語慣行においては幅広く解されているのに対して，同法においては常に比較的狭く解釈されていた。まず当該法文をケルススの他の解釈決定と比べることで以下のことが言える。すなわちケルススによる「殺害」概念の縮小解釈においても，可能な限り法律を信用しようとする努力が現れている，ということである。また「破壊する」の解釈の場合と同様に，ケルススはここにおいても歴史上の立法者の意思に添おうと努めている[312]。

また「殺害する」という文言に何を含むかについて，帝政初期から議論されていたことが以下のラベオの史料から推測される。

D.29,5,1,17（ウルピアヌス「告示註解」第50巻）
殺害されたという者の名前には，暴力を用いてまたは切断によって殺された者，例えばのどを切って殺害された者，首を絞めて殺害された者，突き落とされた者，または岩によってもしくは棍棒によってもしくは石

---

311) Nörr, Causa, S.23
312) Hausmaninger, Gesetzesinterpretation, SS.269-275
313) Occisorum appellatione eos contineri Labeo scribit, qui per vim aut caedem sunt interfecti, ut puta iugulatum strangulatum praecipitatum vel saxo vel fuste vel lapide percussum vel quo alio telo necatum.

によって殺された者，またはこの他のなんらかの武器によって命を絶たれた者が含まれる，とラベオは書いている[313]。

　ラベオは「暴力を用いてまたは切断によって殺害する」という行為をより厳密に定義しようとし，ケルススもアクィリウス法上の用法にしたがって，文言の意味を限定して解釈しようとしたといえる。Hausmaningerは，D.9,2,27,16においてケルススが，アクィリウス法が個別の文言を数えた上で一般的な文言を続けていることを指摘しているということ，およびD.9,2,7,6において同法が「殺害する」という文言を伝統的に狭く解釈してきたことをケルススが尊重する態度を示している，ということから，彼が「立法者意思」を尊重しているという解釈をしている。

　しかし例えばD.9,2,27,13-16においては，同法の「破壊する」という文言を「損傷する」と解釈してきた古法学者たちの伝統をケルススが踏襲し，個別の事例を「損傷する」にどう含めるか努めていた彼の様子が読み取れるし，D.9,2,7,6においては立法時以来，狭く解されラベオがより厳密に定義しようとした同法の「殺害する」という文言を，同じプロクルス学派のケルススがラベオと同様に狭く解釈しようとした様子が読み取れ，Hausmaningerが述べるように，ケルススは必ずしも「立法者意思」を尊重しようとしたとは思われない。むしろそれまでの文言解釈の伝統を尊重し，文言を限定的に解釈したケルススの様子が見て取れる。またそのような傾向は続くD.9,2,7,7にも表れている。すなわち，ラベオはD.29,5,1,17において「突き落とされた者 *praecipitatus*」を「殺害された者」の類型として挙げているが，ケルススもこの見解にしたがったものと見られる。

　これまで述べてきたことから，ケルススは，Hausmaningerが述べるように，法解釈の際に必ずしも「立法者意思」を尊重しなかったことが明らかになったといえる。「法律の意思」とはD.9,2,13,2から推測するに，「規定それ自体が持っている意図」程度のものであると解される。また *v.a.p.* は，Serraoが述べるような「意思」に必ずしも限定されるものではないといえる。これまで検討してきたケルススの法解釈事例において，文言に拘束されないということは必ずしも「法律の意思」，すなわち「規定それ自体の目的」

を把握することではない，といえるからである。とすれば本書で問題とする「法律の力*v.a.p. legum*」とは何であろうか。これまで概観してきた諸史料により，ケルススがアクィリウス法に規定される文言の範疇を限定的に解釈したり，また拡大して解釈してきた様子が読み取れる。

第5節　小　括

　以上述べてきたことから「法律の力*v.a.p. legum*」という表現は，アクィリウス法を対象とする限りにおいて，事例に応じて文言の意味を限定したり拡大したりしようとするケルススの法解釈方法を言い表したものである，ということができよう。先行研究が唱えてきた従来の「立法者意思」や「法律の意思」に限定されるものではないことが明らかになったといえる。また共和政期の*v.a.p.*を考察した際にセルウィウスがそれを用いていたことを確認したが，*v.a.p.*を用いるという点ではケルススとセルウィウスとの共通点が見出され，共和政期の法学に対するケルススの関心が注目される。Ussaniは，古法学者たち*veteres*へのケルススの関心について書いた論文の中で，ケルススがスカエウォラをはじめとする共和政期の法学者たちに多くの関心を払っていたことを指摘するが[314]，この点については次章でも見ていきたい。

　また本章で取り上げたケルススのアクィリウス法関連法文は，多くが古典後期の法学者であるウルピアヌスによるものであった。Honoréによればウルピアヌスによるケルススの引用は62回となっており，ウルピアヌスが引用する法学者の中では5番目に多い数字であり，6番目と大きく差をつけている[315]。前章でも同じ古典後期の法学者であるパウルスがケルススを引用した例を見たが，後の時代の法学者たちにとってケルススは1つの模範として引用されていた様子がうかがえる。

　本章ではケルススの法解釈に関する格言を取り上げたが，文言解釈という

---

314)　Ussani, arcaismo, pp.67-78
315)　Honoré, Ulpian, p.130

点でローマでは遺言書の文言をどう解釈するかということが大きな関心事であった。次章では遺贈，中でも家財道具の遺贈をめぐるケルススの解釈について見ていきたい。

コラム：ローマの公職

　ローマにも共和政期から国家を支える公職が存在した。代表的なものはコンスルやプラエトルであるが，彼らは行政や司法をはじめ軍事にもわたり様々な職務を負っていた。注目すべきは共和政期の公職は，基本的には国家から俸給を受けず無償でその職務に就いていたということである。司法は主にプラエトルが担当するが，コンスルが出征等でローマに不在の際にはそれに代わってローマ防備の任に就くこともあった。

　このような公職にも帝政期に入ると変化が起こる。皇帝の出現によってその統治を下支えする皇帝官吏が多く出現するのである。共和政期以来のコンスルをはじめとした公職が消滅したわけではなく皇帝自身もコンスルをはじめとした公職に就任することがあったが，皇帝直属の官吏としてこれらの者たちが重要な役割を果たした。ローマは広大な領土を統治するのに十分な官僚機構を有していなかった。中央行政を担当したのは元老院議員と騎士の両身分から選出されたわずか300名程度の皇帝官吏であった。こうした官僚機構に代わり，帝国の統治基盤として重要な役割を果たしたのが都市であった。ローマ帝国は各都市の有産市民たる都市参事会員に実質的な地方行政を委ねた（飯坂『統治構造』1頁を参照）。

第5章

ケルススの遺贈解釈

家財道具 *supellex* の遺贈を中心に

　ローマ人の相続財産に対する関心は強く[316]，ケルススも相続財産をめぐる法文を多く残している。Lenel の再構成によれば，ケルススのものと思われる断片は279個伝わっているが，その中でも遺言についてといった相続財産をめぐる問題が多く見出される。特に遺贈をめぐる問題の中で「遺贈された家財道具について」という章題を付けられた，ケルススの法文の中では比較的長い法文が見出される。この法文はケルスス断片の中では3番目に長いものであるが，後にも紹介するように同法文はケルスス研究の中で多くの議論がなされた[317]。

　しかしながらこれら先行研究は，戦後に流行したレトリックの法学への影響という観点から，法解釈および遺言解釈といった文言解釈の方法をおもに「文言 *verba* と意思 *voluntas*」という図式の中で考えてきた。そして近代法の「私的自治 Privatautonomie」の原則ともあいまって，可能な限り行為者

---

316)　Manthe によれば，われわれに伝わるローマの法学者たちの著作の優に3分の1は相続法を扱っている。マンテ『ローマ法』79頁を参照。またローマの法学者の著作で唯一われわれに包括的に伝わっている教科書としてガイウスの法学提要があるが，ここでガイウスは相続を「物の包括的取得方法」の1つとして扱っており，ローマ人が相続を第一級の経済的要因として重視していたことがわかる。佐藤『ガーイウス』74頁を参照。

317)　例えば，Voci, Diritto ; Martini, definizioni ; Astolfi, Studi ; Horak, Rationes ; Watson, succession ; Casavola, modello ; Martini, legato ; Pescani, vox ; Schiavone, Studi ; Albanese, vox ; Astolfi, Legato ; Bretone, Diritto ; Ussani, Valori ; Cerami, Verba ; Hausmaninger, Legatsinterpretation ; Carcaterra, Semiotica ; Ussani, arcaismo 等。特に1970年代を中心に，同法文が盛んに議論された印象を受ける。

および遺言人の意思を実現させうるような形で文言を解釈するといった傾向に同法文の理解を近づけていったことは否めない。ケルススの法学の実態を把握するためには同法文の詳細な検討を行い，ローマ社会における家財道具遺贈の実態を踏まえた上で，他の法学者の家財道具遺贈についての見解とケルススのものとを比較することが必要である。

第 *1* 節　D.33,10,7

　本章で中心として扱うケルススの家財道具遺贈に関する法文は以下の通りである。

　　D.33,10,7（ケルスス「法学大全」第19巻）Nr.168
　　pr. ラベオは家具の起源は以下のようなものであったと言う。すなわち使節に旅立つ者たちにテントの下で必要なものが〔国家によって〕支給されるのが常であった，ということである。
　　1. トゥベロは以下のような方法で家具を示すことを試みている。すなわち家父が所有する財産の内にある道具で，日常の使用に用意され他の種類に属さないもの，その種類とは例えば〔家財道具という〕言葉から推測される備蓄食料，銀製品，布製品，装飾品，農地もしくは家の道具といったもの，である。そしてローマ市民の諸習俗およびものの使用により，その呼称が変化することは珍しくない。なぜならば陶製の，あるいは木製の，あるいはガラス製の，あるいは最終的には金製の家財道具も使用されたであろうし，今でも象牙製や亀甲製や銀製の家財道具のみならず，金製や宝石をちりばめた家財道具も使用するからである。当該物が銀製品であるかあるいは布製品であるか，あるいは家財道具であるかを問うには，材質より物の種類を問うことが当然である。
　　2. セルウィウスは遺贈した者の意向が考慮されるべきであり，どの勘定元帳にそれらを書き込むことが常であるかが考慮されるべきである，と述べる。しかし他の類に属することに疑いがないもの，その類とは例えば銀製の食器または外套やトガといったものを，ある者が家具に書き

加えることが常である場合，遺贈された家具にこれらのものも含まれると評価されるべきでないことも〔セルウィウスは〕述べている。なぜならば個々人の主張からではなく，共通の使用から名称というものは聞き取られるべきであるからである。それをトゥベロは不明確であると述べる。すなわち，言う者の意思を示すのでないならば名称とは何のためにあるのか，と。私はそのように呼ばれることを常とする名称が最も使われていたように，考えていないことを誰も言うとは思わないし，確かにわれわれは言葉の助力を用いており，さらに誰も心で意図しなかったことを言ったと判断されるべきではない。しかし私にはトゥベロの説明も権威も説得力あるものに見えるとしても，その固有の名称を使わなかった者は誰も言ったとは見なされないというセルウィウスの見解に，私は異論を唱えるものではない。確かに声よりも言う者の意図が優先しより効力のあるものとしても，誰も声なしに言ったと評価されない。話すこ

318）　pr. Labeo ait originem fuisse supellectilis, quod olim his, qui in legationem proficisceren-
tur, locari solerent, quae sub pellibus usui forent.
1. Tubero hoc modo demonstrare supellectilem temptat : instrumentum quoddam patris
familiae rerum ad cottidianum usum paratarum, quod in aliam speciem non caderet, ut
verbi gratia penum argentum vestem ornamenta instrumenta agri aut domus. Nec mirum
est moribus civitatis et usu rerum appellationem eius mutatam esse : nam fictili aut lignea
aut vitrea aut aerea denique supellectili utebantur, nunc ex ebore atque testudine et ar-
gento, iam ex auro etiam atque gemmis supellectili utuntur. Quare speciem potius rerum,
quam materiam intueri oportet, suppellectilis potius an argenti, an vestis sint.
2. Servius fatetur sententiam eius qui legaverit aspici oportere, in quam rationem ea soli-
tus sit referre : verum si ea, de quibus non ambigeretur, quin in alieno genere essent, ut
puta escarium argentum aut paenulas et togas, supellectili quis adscribere solitus sit, non
idcirco existimari oportere supellectili legata ea quoque contineri : non enim ex opinionibus
singulorum, sed ex communi usu nomina exaudiri debere. Id Tubero parum sibi liquere ait
: nam quorsum nomina, inquit, nisi ut demonstrarent voluntatem dicentis ? Equidem non
arbitror quemquam dicere, quod non sentiret, ut maxime nomine usus sit, quo id appellari
solet : nam vocis ministerio utimur : ceterum nemo existimandus est dixisse, quod non
mente agitaverit. Sed etsi magnopere me Tuberonis et ratio et auctoritas movet, non ta-
men a Servio dissentio non videri quemquam dixisse, cuius non suo nomine usus sit. Nam
etsi prior atque potentior est quam vox mens dicentis, tamen nemo sine voce dixisse exis-
timatur : nisi forte et eos, qui loqui non possunt, conato ipso et sono quodam καὶ τῇ ἀνάρθρῳ
φωνῇ dicere existimamus.

とのできない者も自身の努力と音で，不明瞭に発音された声で言っているとわれわれが評価する場合を除く[318]。

同法文はケルススの法学大全Digestaの第19巻からの抜粋とされている。Lenelは同法文に「遺贈された家財道具についてDe supellectili legata」という章題を付けており，内容的にも家財道具の遺贈，特に「家財道具」という言葉の射程を扱った法文だといえるが，この他にケルススの家財道具遺贈に関する法文はない。同法文は首項，第1項，第2項という3つの部分からなっている。D.33,10には「遺贈された家財道具についてDe supellectili legata」についてという章題が付けられており，Lenelもそれを踏襲したものといえるが，D.33には他にも〔土地の〕設備または道具instructus vel instrumentumの遺贈，特有財産peculiumの遺贈，備蓄食料penusの遺贈といった章が設けられ，これらいわゆる集合物財産の遺贈について，遺贈の対象物をめぐり多くの紛争が起こったことが推測される。同法文の中でも家財道具の語源についてラベオの見解を参照したり，共和政期の法学者であるセルウィウスやトゥベロの家財道具の理解についての見解を参照したりしているところから，家財道具遺贈の場合の具体的な対象物の確定をめぐって，共和政期から多くの議論がなされたことがわかる。ケルススはこれら法学者たちの見解を参照しながら，対象物の確定をめぐって自身の見解を紹介しようとしているように見える。

また同法文はケルススの「法学大全」からの抜粋であるが，ローマの法学著作についてLiebsは法学提要institutionesといった教本，個別の問題についてのモノグラフ，「サビヌス注解」や「告示註解」といった注釈，「質疑録」や「解答録」といった法学者の事例集という4つに分類している[319]。第四の部類の事例集に同法文は含まれるが，どのような目的で書かれ，誰を読者として想定しているか明らかではない。「法学大全」という著作形式は共和政期のアルフェヌス・ウァルスに始まり，アルフェヌスは全40巻を書いたと伝えられている。ケルススの「法学大全」は全39巻から構成される

---

319) Liebs, Jurisprudenz, SS.151-174

が，このほかにも同時代のユリアヌスが全90巻を，同じく帝政期の法学者であるマルケッルスが全31巻を，クィントゥス・ケルウィディウス・スカエウォラが全41巻を残している。この「法学大全」という著作の構成はおおむねアルフェヌスの最初のものが範になっているといえるが，定かではない。De Marini Avonzoは，法学大全という著作形式について，まずプラエトル告示の体系に従い，それから諸法律，元老院議決，勅法という順番で構成していく体系は「法学大全の体系Digestensystem」と呼ばれてきたが，実際にそのような体系性を有していたかは疑わしい，と述べている[320]。

またHausmaningerによれば，ケルススの*Digesta*はいくつかの彼の法学著作すなわち*commentarii*（講義ノート，あるいは講義用の入門書），*epistulae*，そして*quaestiones*（問題集，すなわち門弟と議論した実際の，または仮想の事例）の抜粋から構成されているとする[321]。同法文は語源論を展開したり定義を紹介したりするところから，Hausmaningerの言うように門弟への講義録に近いものといえる[322]。

1 首　項

首項では家財道具の語源についてラベオの説明が紹介されている。Babusiauxは，ガイウスやポンポニウス，パウルスやウルピアヌスを分析対象として，ローマの法学著作における語源論の機能について論文を書いているが，同論文は語源論がローマ法研究者によって無視される傾向にあったことを指摘し，近年の文献学の成果を根拠として語源論が同時代の学術的著作の特徴であったと述べている[323]。Babusiauxは語源論の機能を以下のよう

320）　De Marini Avonzo, Digesta

321）　Hausmaninger, Iuventius, pp.245-264

322）　ユスティニアヌスの学説彙纂に採録される諸法文が前提とする具体的な諸事情が不明な点について，マイッセル「ユリアヌス」100頁を参照。それによれば著名な法学者の見解それ自体に1つの法源としての性格が認められており，このような法学者たちによる学説の権威はその問題提起によって具体的な紛争を処理したのか，それとも架空の「教室設例」を論じたのかによって左右されない，とする。

323）　Babusiaux, Funktion, pp.39-60

に分類する。すなわち，①ガイウスの「十二表法註解」およびポンポニウス
の「エンキリディオン」においては歴史的論拠として，②ガイウスの「法学
提要」など教科書的類いのものにおいては教授法の手段として，③パウルス
やウルピアヌスの告示註解といった著作においては説明の手段としてそれぞ
れ用いられた，と。結論としてBabusiauxは，語源論は歴史的発展の証拠
でも法学的思考の衰退でもなく，論拠であったと結論付ける。

　またBabusiauxはガイウスの法学提要を例に語源論が法学教授の方法の
1つとして展開されたことを指摘しているが，Hausmaningerも一連のケ
ルスス研究の中で同法文を取り上る中で同法文を彼の門弟を対象とした法
学講義における解説として考えている[324]。先述したようにこの「法学大全
Digesta」という著作形式の詳細がよくわからないため，さしあたりはその
ような説明で考えるのが適当といえる。同項でラベオの語源論から入ってい
るところから推測すると，ラベオの権威をケルススが借りているようにも見
えないわけではない。同項以降，ケルススはセルウィウスやトゥベロといっ
た法学者たちの見解を紹介していくが，ラベオはプロクルス学派の初代学頭
であるから[325]，ケルススがプロクルス学派に属していたことからもラベオ
の説を引用するのは不思議なことではない。

　ラベオの語源論によれば，家財道具supellexの起源とは使節legatioに向
かう者が「テントの下でsub pellibus」常に使っていたもの，である[326]。
「置くlocare」という動詞が使われているが，この動詞はローマ法学的には
いわゆる賃貸借locatio conductioとの関係でしばしば「賃貸する」と解さ
れる[327]。英訳もhireと訳しているし，旧独訳もvermietenと解している。
旧伊訳もaffittareとしており，「賃貸する」という意味で解している。しか
しながら独訳はstellenという動詞を用い，「賃貸する」というニュアンスか

---

324)　Hausmaninger, Legatsinterpretation, SS.20-21
325)　ラベオについて，Kupisch, Labeo, SS.365f.を参照。またラベオの語源論について，
　　　Pernice, Labeo, SS.21-31を参照。
326)　ローマにおけるlegatus職について，de Dominicis, legatiを参照。また共和政期の
　　　legatus職について，比佐「レガトゥス」18-31頁を参照。
327)　Heumann-Seckelではlocareの意味として，まずvermietenといった意味が挙げられ
　　　ている。

らは離れて「置く」という程度に解している。

　さらに独訳はstellenという行為をなす主体を示すものとして「国家Staat」という言葉を補っているが，同時にスエトニウス[328]およびリウィウス[329]を参照するよう指示している。スエトニウスの史料から推測するにアウグストゥスの改革の一環として属州に派遣されるプロコンスルには，公に置かれることを常としたラバや小屋のために一定の金銭が支給されたということであるが，独訳はおそらく「公に*publice*」という言葉を国家が用意するものとして解したといえる。しかしながらここで*locare*の主体を国家とする根拠は，スエトニウスからは見出されない[330]。またリウィウスの史料からは第二次ポエニ戦争の終了後，ローマからヌミディアの王マシニッサへ贈物が決定される場面が伝えられているが，「軍用家財道具*supellex militalis*」なるものがコンスルに与えられることが慣習であったことが伝えられ

---

328) Suetonius, Augustus 36 : Auctor et aliarum rerum fuit, in quis: ne acta senatus publicarentur, ne magistratus deposito honore statim in provincias mitterentur, ut proconsulibus ad mulos et tabernacula, quae publice locari solebant, certa pecunia constitueretur, ut cura aerari a quaestoribus urbanis ad praetorios praetoresve transiret, ut centumviralem hastam quam quaesturam functi consuerant cogere decemviri cogerent.「アウグストゥスはその他にもいろいろなことを創案しあるいは開始した人である。その中から例えば元老院議事録を公開しないこと，公職者は辞任後，直ちに属州へ派遣されないこと，プロコンスルには公に置かれることを常としたラバや小屋のために，一定の支度金が支給されることになり，国家管理は首都在住の公職者の手からプラエトル級の人に，そしてプラエトルの手に移行された，従来，クアエストル経歴者が招集するしきたりであった百人法廷は，十人委員が招集することになる。」なお翻訳の際，国原『皇帝伝』を参照した

329) Livius, 30,17,13 : Munera quoque quae legati ferrent regi decreuerunt, sagula purpurea duo cum fibulis aureis singulis et lato clauo tunicis, equos duo phaleratos, bina equestria arma cum loricis, et tabernacula militaremque supellectilem qualem praeberi consuli mos esset.「使者たちが王に届ける贈物も決議され，金の留め針および幅の広い縞のトゥニカと共に二枚の紫色の軍用外套，飾りを付けられた二頭の馬，銅鎧を付けた2つの騎士用武具，およびコンスルに与えられることが慣習であった小屋や軍用家財道具が贈られた。」なお独訳はリウィウスの30,3,17を参照するよう指示しているがそのような箇所は存在せず，おそらく30.17.13の誤植である。

330) 「*publice*」という副詞についてHeumann-Seckelを調べると「öffentlich」と記された後にc)で「ある者からあるいはある者のために，公の使用に〔供される〕」という意味が挙がっており，あるものの提供が「公の使用のために」ではあっても提供の主体が国家だけではなく，一私人である場合も想定されている。

ている。しかしながらコンスルに与えられることが慣習であっただけで属州に派遣されるレガトゥスにまで与えられていたかはわからず，「軍用家財道具」なるものがいかなるものかも判然としない[331]。

おそらくここでは英訳をはじめとする諸外国語訳が解しているような「賃貸し」という法律行為に限定せず，独訳が採用する原義的な「置く」という意味に捉えた方が間違いはないといえるが，その主体を「国家」に限定する必要はないといえるのではないか。

2　第1項

第1項では共和政末期の法学者であるトゥベロの家財道具の定義が扱われている。第2項でも確認するが，ケルススはこの法学者に対して非常に敬意を払っている[332]。ここでトゥベロの家財道具の定義は，①家父 *pater familias* が日常の使用 *usus cottidianus* のために使うもの，②備蓄食料 *penus* や布製品 *vestis* といった他の種類に属さないもの，という二点に集約されるといえる。

ローマの法学者たちの定義を扱った研究として Martini のものがあるが，Martini によればこのトゥベロによる定義はキケローがトピカで述べている定義の方法と完全に一致しているとする[333]。そのトピカによれば，キケローは以下のように述べている。

Cicero. Topica. 28-29
われわれはただ定義の方法とはどのようなものかを述べればよい。その場合，古法学者たちは次のような指針を与えている。すなわちまず定義

---

331)　Georges, Handwörterbuch, 2928 を参照すると，*supellex militalis* の意味として Feldwagen という意味が挙げられており，出典はリウィウスである。

332)　トゥベロについては BNP 1, Aelius［I 17］を参照。ゲッリウスは NA 1,22,7 において，キケローが「市民法を科学化することについて」の中でトゥベロを非常に賞賛していることを伝えている。大西『アッティカ』99頁を参照。

333)　Martini, defiizioni, p.122

しようとするものと，他のものと共通する性質を全て取り出していき，
そして他のものには転化できない，それ固有の性質が出てくるまでその
区分を続けるように，と[334]。

Martiniによればトゥベロが述べる「家父が所有する財産の内にある道
具」がキケローの述べる「他のものと共通する性質」に対応し，「日常の使
用のため」という箇所が「固有の性質」に対応し，「他の種類に属さない」
という箇所が「他のものには転化できない」に対応する。トゥベロがレト
リックの影響を受けたかどうかは明らかではないが，後に触れるアルフェヌ
スやポンポニウスといった法学者たちも家財道具に関して定義を試みてい
る。もちろん時代や社会状況によってその定義は変化を免れえないが，家財
道具概念の変化によって法学者たちもそれぞれの時代に即した定義を考えて
いた様子がうかがえる。また定義をしつつも備蓄食料をはじめとする他の種
類*species*に属さないものを家財道具としようとしているところから，その
ような財産との区別が非常に難しかったことがうかがえる。

また「そしてローマ市民の諸習俗〜（*Nec mirum est*〜）」以下でケルスス
は家財道具の材料について述べているが，金や銀といった高価な材料で作ら
れたものであっても家財道具であることには変わりがないと述べている。後
にも触れるように金製品や銀製品といった高価なものを家財道具に含むかと
いった議論は共和政期からなされていたと思われ，共和政期は奢侈を忌避す
る社会的風潮と相俟って，高価なものは家財道具に含まないという見解が支
配的であったといえる[335]。しかしながらケルススの時代，すなわち帝政期
に入るとローマの支配領域の拡大に伴う財の流入によって奢侈品が増え，そ
のような線引きを維持するのが困難になったといえるのではないか。ケルス

---

334) Tantum est dicendum qui sit definitionis modus. Sic igitur veteres praecipiunt: cum
sumpseris ea quae sint ei rei quam definire velis cum aliis communia, usque eo persequi,
dum proprium efficiatur, quod nullam in aliam rem transferri possit. なお翻訳にあたって，
吉原「トピカ」を参照した。

335) 共和政期の奢侈に関する法律についての学説概観は，原田俊彦「浪費に関する法律」
1-17頁を参照。

スは共和政期のいわゆる金製品や銀製品をはじめとする奢侈品を家財道具から除外する傾向を，家財道具へ含む方向へと大きくシフトさせた。

3 第2項

第2項では前半部分で同じく共和政期の法学者であるセルウィウスの見解およびそれに対するトゥベロの批判が，後半部分でこの議論についてのケルススの見解が述べられている。

3-a 前半部分

まず前半部分で共和政期の代表的な法学者であるセルウィウスの家財道具遺贈についての見解が示されている[336]。セルウィウスは，遺言人の考え sententia を確認するために，どの勘定元帳 ratio に記載していたのかを確認するべきでる，と述べている。この勘定元帳というものについて，Heumann-Seckel を確認すると ratio では最初に Rechnung や Rechnungsbuch といった意味が挙げられている[337]。帳簿の一種と思われるが，林信夫は帳簿を出納事務の必要事項を記入している書面とし，それに類似する概念として「出納表 tabulae」，「会計簿 codices」，「日計表 calendarii」，「出納手帳 ratiunculae」等を挙げた上で rationes を「勘定元帳」としている。その上で諸史料に基づきながら帳簿の機能については，その日の取引だけについて記した日計表に過ぎないものから，週計表，月計表等多岐にわたることを指摘した上で，これらの中で両替商が年月日を示した上で受領や支払いなど取引内容を書いているものを勘定元帳と呼んだのではないかと推測している。またその帳簿を作成した両替業務の担い手は奴隷や被解放自由人といった社会的下層に属する人々であり，彼らによって両替業務が行われたとする従来の研究成果を踏まえた上で，両替業務に携わる者は原則として家父，すなわち自由人であるローマ市民であったことを指摘してい

---

336) セルウィウスについては林智良『共和政末期』63-81, 210-232頁を参照。

337) Heumann-Seckel, ratio, Nr.1

る[338]。またローマの帳簿慣行について，パピルス史料を中心に包括的な研究を行ったR. M. Thiloによれば，これらセルウィウスが言及している帳簿とは家政を維持するための財産目録であり，家財道具，銀製品，布製品にそれぞれ目録が設けられていたとする[339]。本法文でセルウィウスの言う勘定元帳とはおそらくThiloの言うように遺言人が財産管理のために用いたものであるが，「どの勘定元帳に*in quam rationem*」という表現から推測するに，複数の勘定元帳が存在し，問題の係争物eaを遺言人がどの帳簿に書き記すのが常であったかを確認し，遺言人の考えを考慮するというのがセルウィウスの見解であったといえる。

　このようなセルウィウスの考えに対してトゥベロは異議を唱えている。すなわち，文言こそは遺言人の意思*voluntas*を示すものであって，遺言人の慣行を考慮する必要はない，と。またその後の「私はそのように呼ばれることを常とする〜*Equidem non arbitror*〜」以下では動詞が一人称単数の活用になり，書き手のケルススの発言であると読むのが適切である[340]。しかしながら，当該箇所から「意図しなかったことを言ったと判断されるべきではない*quod non mente agitaverit*」までをトゥベロの発言として読むのは例えばMartiniである。Martiniは「私はそのように呼ばれることを常とする〜意図しなかったことを言ったと判断されるべきではない」はトゥベロの発言であり，「しかし*Sed*」以下がケルススの発言である，と述べる。すなわち前節の「述べる*inquit*」の主語はトゥベロであるが，その発言の内容が「私はそのように呼ばれることを常とする〜意図しなかったことを言ったと判断されるべきではない」において示されている，とする。さらにMartiniは*Equidem*は*Sed*と対応するのではなく*ceterum*と対応しており，「*Equidem〜Sed〜*」ではなくて「*Equidem〜ceterum〜*」で読むべきであるとする[341]。Martiniは注釈学派のウィウィアヌスの読みを注に挙げており

---

338)　林信夫「帳簿」90-127頁
339)　Thilo, codex, S.155f.
340)　例えばVociやAstolfi は当該箇所をケルススの発言として理解している cfr.Voci, Diritto, 835ss. ; Astolfi, Studi, 164ss.
341)　Martini, definizioni, pp.157-163

これを参照したものといえるが，Lenel も「私はそのように呼ばれることを常とする〜意図しなかったことを言ったと判断されるべきではない」の部分をトゥベロの発言として再構成している[342]。しかしながら「述べる *inquit*」の内容を *Equidem* から *agitaverit* までの箇所に拡大する必要性はないように思われ，さしあたって「私はそのように呼ばれることを常とする〜意図しなかったことを言ったと判断されるべきではない」の部分はケルススの発言として読むのが適当である。

3-b　後半部分

Equidem 以降の後半部分ではセルウィウスおよびトゥベロの議論について，ケルススの見解が述べられている。ケルススはここでトゥベロの権威を認めつつも，セルウィウスの見解に異議を唱えないという中立的な立場を取っている。武藤はローマ法における解釈活動について業績を残しているが

---

342)　Lenel, Palingenesia I, SS.378f.

343)　武藤「ことば」26-30頁。武藤によればD.33,10,7,2は以下のように理解されている。

（第一段：セルウィウス説）

セルウィウスの意見はこうである。遺贈者がいかなる理由によって遺贈の該当物件を勘定したか，その意向が吟味せられなければならない。然し，何人かが銀製食器とか衣服やトガのような，他の種類に属することに疑いのない物件を家具として勘定するとしても，そのために，遺贈された家具の中にこれらの物件が包含されているということを認めることはできない。なんとなれば名称というものは，個人の意見によらずして，一般的慣用によって成立するものだからである。

（第二段：トゥベロ説）

トゥベロはこれを首肯し難いと言う。彼は曰く，名称は，言明者の意思を外にして，それが多数者によって通常用いられている名称を使用するということを信用しないで，自己の判断で他の名称を用いる人がいるとは信ぜられない。何となれば言葉は使われる道具に過ぎない。予め心に思わなかったことを何か話すというようなことは，何人にも考えられない所である。

（第三段：ケルスス説）

然し如何にこのトゥベロの言う道理と根拠を是認するにせよ，私にはやはりセルウィウスの見解を−すなわち，何人も本来の名称を用いることなしに何かを物語るということは認められない，という考え方を−不当とすることはできない。縦令言明者の意思が言明そのものよりも優位に立ち且つ重要であるにしても，言葉によらずに話をするということは−言語能力を欠く人が，何らかの試みや何らかの音乃至は発言のない音響で表現せざる限り−何人にも考えられない所である。

武藤はトゥベロの発言は *Equidem* から *agitaverit* までの部分を含むものとして理解し

その中で同法文を取り上げており，トゥベロを「意思理論の熱心な遵奉者」とし，それに対しセルウィウスを「より用意周到な」立場にある者としている[343]。また真田はローマにおける法学とレトリックとの関係について業績を残しており，その中で同法文を取り上げている。真田は，ケルススがセルウィウスの見解に従っていると述べている[344]。しかしながら「セルウィウスの見解に，私は異論を唱えるものではない。」という表現から明確にトゥベロを否定し，セルウィウスに従うという意味ではないといえる。

　武藤も真田もD.33,10,7を遺言解釈における意思主義の台頭を物語る史料として挙げているが，これは戦後のローマ法研究におけるレトリックの影響を重視する立場の影響といえる。遺言文言解釈をめぐる文言 *verba* 対意思 *voluntas* という対立は，いわゆるクリウス事件における意思主義の勝利という形で語られることが多いが[345]，これはローマ法学に対するレトリックの影響を扱ったStrouxの業績が大きなきっかけになったといえる[346]。レトリッ

　　ている。また武藤は *Nisi* 以下をインテルポラティオ（「ローマ法大全」の編纂委員による改竄）として解している。

343)　真田「弁論術」180-181頁。真田はD.33,10,7,1-2を以下のように理解している。
　　(1)　トゥベロによれば家財道具 *supellex* とは家長のものにして，日常の用に供されるのを目的とした道具であり，例えば食料，銀製器具，衣服，装飾品，耕地および住居の用に供される道具，といった他の種に属さないものである。
　　(2)　この概念は国家の風俗習慣と物の使用の仕方によって歴史的に移り変わりがある。
　　(3)　しかしセルウィウスの見解は，遺言人の意思に従って概念規定すべきであるが，その場合，この意思は遺言人の帳簿に表現されているそのものであるが，他面，一般的な言語慣用によって表現されているものに限定されるべきである。それゆえある物が家具のカテゴリーに入るかどうかは，物の材料よりむしろ，物の種類を観察して決めねばならない。
　　(4)　トゥベロはセルウィウスに反対し，名称を用いる者の意思を示すことができないならば，その名称はいかなる価値を有するであろうか，と疑問を投じている。
　　(5)　ケルススはセルウィウスの見解に従うが，ここに2つの見解，すなわち言葉の歴史的変化に注目する思考過程と，遺言人の個人的意思の役割を重視する思考過程とが混合している。ここで特に注目すべきは後者の思考過程である。ここにおいてセルウィウスは，遺言書に記載されている家具の言葉を解釈する場合，例えばトガは家具に属するというように，特に指摘された物が言語の一般慣用に反しないものである限りにおいて，遺言人が帳簿記入に際しどんな性癖を持っていたかを考慮しなければならない，という立場を指示した。これに対しトゥベロはかかる制限には反対した。ケルススはセルウィウスの見解に従った。
345)　クリウス事件については，ハルプバックス「クリウス事件」を参照。

クによる文言解釈の技法がその後のローマ法の発展を促し，特に遺言人の意思を尊重する態度が大きな役割を果たしたとするStrouxの研究に刺激され，武藤も真田も意思を尊重する立場から同法文を理解したものといえるが，文言対意思という枠組みでもって本法文を理解できるかどうかはわからない。

またケルススはセルウィウスの見解を要約する際に，「その固有の名称を使わなかった者は誰も言ったとは見なされない」としているが，この「固有の名称suum nomen」とは何か。このsuum nomenについて英訳ではthe correct word，となっているが，所有形容詞suusから英訳のように「正しい」というニュアンスを抽出するのは難しいといえる。またCasavolaはハドリアヌス帝の時代の法学者たちについての研究の中でケルススと哲学者ファウォリヌスとの関係を扱いそこで両者の言葉の近似性を指摘しているが[347]，法文から推測する限りにおいて当該箇所がケルススによるセルウィウスの見解の要約であること，およびセルウィウスが名称nominaについて「共通の使用usus communis」から判断されるべきであるとしていることから，この「固有の名称」というのは「共通の使用」に則った名称と言う意味であるといえる。この点について独訳はdie übliche Namenとしており，「慣例に従ったüblich」というニュアンスから「共通の使用」と関連させた理解を示している。

---

346) J. Stroux, Summum, SS.9–80

347) Casavola, modello, pp.122–124. Casavolaは以下のゲッリウスの史料に述べられるある文法家と哲学者ファウォリヌスの備蓄食料penusの理解をめぐる議論の中でファウォリヌスが述べたことに基づいて，ケルススとファウォリヌスとの関係性を指摘する。Gellius, Noctes Atticae 4.1.18 : "Haec ego," inquit "cum philosophiae me dedissem, non insuper tamen habui discere ; quoniam civibus Romanis Latine loquentibus rem non suo vocabulo demonstrare non minus turpe est, quam hominem non suo nomine appellare." 「私は，哲学に専心してきたとは言え，加えて，こうした知識も学びの対象とした。ラテン語を話すローマ市民にとって，物事を，それ自体の名で示すことができないのは，誰か，ある人を，その人自身の名で呼べないのに劣らず恥ずべきことだからね。」なお翻訳にあたり，大西『アッティカ』を参照した。

4 同法文についての先行研究

　首項から第2項までケルススは家財道具遺贈の文言解釈をめぐってラベオの語源論から，トゥベロの家財道具の定義，またセルウィウスの家財道具遺贈についての考え方までを参照している。これほど詳細な議論を展開していることからも，その文言の射程範囲の広さゆえ，家財道具遺贈における文言解釈がいかに難しいものであったかがわかる。Hausmaningerは同法文の重要性を以下の三点に分けて説明する。

a）同法文は家具という文言について語源学的に解明しようとしており，さらに定義の試みがなされ，それから解釈の問題に取り組んでいる。抽象的で体系化されたケルススの描写は，古典後期の註解著作の構成や文体を先取りしている。ラベオやセルウィウスといった過去の法学者たちの言説を用いたりしていることから，法学授業における解説と考えられる。

b）ケルススは〔セルウィウスに対する〕トゥベロの反対の立場に二重に感銘している。ケルススが「権威 *auctoritas*」より前に「説明 *ratio*」を立てる事例はない。〔ケルススの〕合理的な理由付けを優位させる態度は，ケルススの引用方法や彼の論証法について今日まで得られたイメージと一致している。

c）トゥベロの権威に対するケルススの心酔はまた，彼の説明に起因するものである。ケルススは古法学者たちの議論に魅了され，彼らの価値を同時代の法学に浸透させるためその議論を用いた。

　さらにHausmaningerは，ケルススが法解釈に際して意思を尊重した一方で，遺贈の解釈においては言葉の一般的な用法を重視しているように見えるが，しかしケルススは遺贈解釈に関する同法文においても原則として意思の重要性を認識し（声よりも言う者の意図が優先しより効力がある *prior atque potentior est quam vox mens dicentis*），さらに「誰も声なしに言った

と評価されない*tamen nemo sine voce dixisse existimatur*」と続けてはいるが，単に意思を考慮する際にどこでその限界を設けるべきかを示そうとしたに過ぎない，とし，パウルスは後にこの原則を「言葉において疑いが無いならば，意思の問題は取り上げられるべきではない*Cum in verbis nulla ambiguitas est, non debet admitti voluntatis quaestio*」と表現した，とする[348]。

　Hausmaningerは意思を尊重することに重点を置いているが，果たしてケルススを意思主義者と断定することは可能だろうか。Hausmaningerを含めた先行研究の多くはトゥベロ＝文言主義，セルウィウス＝意思主義という形で同法文を理解し，「文言*verba*対意思*voluntas*」という解釈学の枠組みの中に収めてきた。先に触れた武藤および真田も「文言対意思」という枠組みの中で同法文を取り上げているが，第2項の前半部分においてセルウィウスは遺言人の「考え*sententia*」を考慮せよと述べている一方で，トゥベロはそれを「意思*voluntas*」と読み替えている。トゥベロの段階で「意思*voluntas*」理論の萌芽が現れたとしても，果たして「文言対意思」という枠組みの中でセルウィウスの段階の遺言解釈活動を把握することは妥当だろうか。同法文を「文言対意思」という枠組みで理解するには，問題がかなり複雑であるといえる[349]。

　例えばラベオまでの時代の集合物遺贈の解釈について研究を行ったJohnもこのような解釈の基準の置き方に疑問を呈し，*verba-voluntas*論を含めたそれまでの解釈論を批判する。Johnによれば*verba-voluntas*という枠組みの他に，individuell-typischという枠組みも存在するが，両者とも集

---

348)　Hausmaninger, Legatsinterpretation, SS.19-22

349)　さらに第2項の後半部分においてケルススはこれら*sententia*および*voluntas*といった「意思」に相当する言葉を*mens*という言葉に置き換えており，「文言*verba*」も「口頭文言*vox*」という言葉に置き換えている。ケルススが前提としている事例がどのようなものであるかは定かではないが，このような言葉の使い方の相違があるという事実からも，いわゆる文言解釈のローマの法学者たちの考え方の複雑性が見て取れる。例えば*sententia*についてHeumann-Seckelを確認すると純粋に内的な意思についての考えを表す他に決定についての一要素を示すこともあり，*voluntas*や*mens*とは異なって内面的な状態のみならず，考えや表現された決定をも表しうる。Cfr. Heumann-Seckel, *sententia*, Nr.3

合物遺贈解釈の理解には不十分とする[350]。「文言対意思」という枠組みに執着するこのような研究状況は，レトリックのローマ法学への影響というStrouxの研究をはじめとする論点から刺激され，特に解釈学への影響という視点から分析された結果であるといえるが，これまでの先行研究は特に第2項の解釈を中心に論じてきた。第1項でケルススがトゥベロの定義を紹介した後，家財道具はどのような高価な材料で作られても構わないと述べる意味については積極的に検討されてこなかった印象を受ける。

またこのような「遺言人の意思」に重点を置く解釈は，近代法の大きな原則の1つである「私的自治」に由来する。大木は私的自治について以下のように述べる。すなわち私的自治の概念は一般には民法の根本原則として論じられ，論者および文脈によっては異なる意味で用いられているが，日本の民法学では一般に「個人が自己の意思に従って法律関係を自ら形成する自由」と理解されている。そこでは私的自治の概念は個人の自由と平等を理念とする近代法における基本原則として論じられ，近代社会においては個人は自らの意思に基づいた生活関係を形成することが理想であることを反映したものと捉えられている，と[351]。このような私的自治の概念は，星野によればドイツ法に由来するが[352]，先行研究は同概念をローマ社会に結び付け，ケルスス法文も同概念で把握しようとし過ぎたのではないか。

このような近代法的な発想から離れてケルススの法文を正確に把握するためには，ローマ社会において家財道具という財産が持つ特徴，および家財道具をはじめとする集合物の遺贈が持つ特徴を押さえた上で理解する必要があろう。以下ではそれぞれについて検討してみたい。

---

350)　John, Auslegung, SS.2-7

351)　大木『均等待遇原則』14頁を参照。

352)　星野「契約思想」215-219頁を参照。また私的自治に類似する意思自治との対比を論じたものとして，同「意思自治」117-166頁を参照。

第 *2* 節 ローマにおける家財道具遺贈

1 家財道具 *supellex*

　家具や什器とも訳される家財道具 *supellex* を代表的なラテン語辞典で調べてみると，OLDではまず「家具furnitue」という意味が挙げられ，続いて「特殊な占領や招待に必要な物品の一組，道具一式，身の回り品the set of articles necessary to a particular occupation, calling, etc., outfit, paraphernalia」といった意味が挙げられる[353]。またGeorgesの羅独辞典を見るとまず「家具Hausrat」という意味が挙げられ，「道具一式Apparat, das Rüstzeug」といった意味が挙げられる[354]。またHeumann-Seckelを調べると「D.33,10を参照せよ」と書いているのみである[355]。また諸辞典でも *supelex* と表記されたり *suppellex* と表記されたり，通説では *supellex* となっているが表記も様々あるような状況である。

　またREによる家財道具の説明によれば，その言葉の起源は明確ではなく，一説では元来「寝台の上で」を意味する *super lectis* または *super lectos* とする説もあり，寝台の上で使用される敷物や掛物を指していたと考えられた。ローマの法学者たちがその言葉の範囲を確定しようとしていた様子が，D.33,10を介して伝わっている。古い法学上の用語法では，家政の管理に必要な全てのものが家財道具に含まれ，農場や手工業の経営に必要なものである道具 *instrumentum* とは区別されていた。*supellex* は銀製品 *argentum* や布製品 *vestis* と共に主として家内動産を形成したが，贅沢が流行することで国民の見解は法学者たちの細部に亘る区別を気にするのではなく，貴金属で作られた食器や象牙で作られた用品をも家財道具に数えるようになり，材料

---

353)　なおここで挙げられる2つ目の意味の用例として，独訳がD.33,10,7,pr.の註において挙げるリウィウスが挙げられている。

354)　Georges, Handwörterbuch, 2927-2928

355)　Cfr. Heumann-Seckel, supellex

356)　RE 2 : 7, S.923f.

ではなく，慣行に従って決定するようになった[356]。

　諸辞典が示すようにその語源も明確ではなく表記も一致していないという
状況が，より一層言葉の理解を難しくしていた様子がうかがえる。またその
言葉の抽象性の高さや，REが示すように道具や銀製品や布製品といった他
の集合物財産との区別が非常に難しいことを理由に，法学者たちも苦心した
様子がうかがえる。本書で取り上げるケルスス法文でもセルウィウスやトゥ
ベロといった法学者たちの見解を取り上げながら，これら他の集合物財産と
の区別について論じていることが確認できる。特に金製品や銀製品といった
動産は経済的な価値が非常に高く，遺贈の対象物として当該財産が含まれる
か否かといった問題が発生するのは想像に難くない。

2　集合物遺贈

　遺贈*legatum*とはいうまでもなく遺言を通じた贈与であるが，ローマでは
遺言が頻繁に作成され被相続人が自身の財産の処分を生前にあらかじめ決め
ておくことが多く，遺言がない場合に無遺言相続*abintestato*という形で法
定相続が適用された[357]。そのように遺言慣行が発達していれば当然そこに
書かれた文言の解釈をめぐる問題が多発し，ローマの法学者たちもこの問
題をめぐって多くの解答を残している。ユスティニアヌス帝の学説彙纂にお
いても第28巻あたりから遺言をめぐる法文が取り上げられ，第30巻から第
32巻まで「遺贈および信託遺贈について」という章題で遺贈に関する多く
の法文が採録されている。本章で取り上げるケルススの法文は第33巻第10
章に採録されるものであるが，同章は「遺贈された家財道具について」とい
う章題を付けられており，特に第33巻から第34巻第3章まで「遺贈された
〜について」という章題を付けられているところから推測するに，具体的
な遺贈の対象物の確定をめぐって多くの紛争が起こったことは想像に難くな
い。

---

357)　ローマの遺言慣行について，マンテ著『ローマ法』106-108頁を参照。またローマ
　　において無遺言相続より遺言相続が先行するという見解を否定するものとして，真田
　　「無遺言相続」を参照。

またこのような遺贈特有の問題性に加えて家財道具をはじめとする金製品aurumや銀製品argentum，布製品vestisといったいわゆる集合物Sachgesamtheitと呼ばれる財産の遺贈解釈をめぐる問題はより複雑なものとなる。家財道具を遺贈する際に具体的に何を含むかという問題はもちろん，これら諸集合物の境界をどこで確定するかといった問題について，ローマの法学者たちは共和政期から多くの議論をしてきた。遺贈の対象について分析したAstolfiは，家財道具をはじめとして「道具instrumentum」や「備蓄食料penus」といった集合物の遺贈について論じている。Astolfiは遺贈解釈における定義および解釈，ならびに意思および表示の重要性を強調する。Astolfiは銀製品の遺贈について述べる中で銀製品と家財道具との関係について，銀製品に含まれる家財道具とはテーブルで使用する銀製品であったことを指摘し，このような考え方は共和政期のクィントゥス・ムキウスやセルウィウスのみならず，トゥベロやケルススにも受け入れられていた，とする[358]。

　また同じく集合物遺贈解釈について分析したJohnによれば，「道具」や「備蓄食料」や「木材lignum」や「女性の装身具mundus muliebris」といった多くの集合物は，それらに含まれる対象物の経済的機能によってもその用途が決定される。すなわち道具は土地fundusの生産に，備蓄食料は家族の扶養に，木材は薪に，女性の装身具は女性の美容に，そして家財道具は家父pater familiasの日常の使用にそれぞれ役立つ。そして家財道具遺贈については家父が使用するという基準のみならず，遺言人自身がどのような対象物を家財道具として扱っていたか（どのように名称nominaが解されるべきか）を考えるべきである，とする[359]。またverba-voluntas理論といった解釈法に代わるものとして「具体的には遺言人に関連しない視点nicht konkret-testatorbezogene Gesichtspunkte」と「具体的に遺言人に関連する視点konkret-testatorbezogene Gesichtspunkte」とに分ける。さらに後者を「家父を通じて対象物を分類することdie Zuordnung

---

358）　Astolfi, Studi, pp.156–163

359）　John, Auslegung, S.107f.

der Gegenstände durch den pater familias」と「家父を通じて既成概念に対象物を加算すること das Dazurechnen der Gegenstände durch den pater familias zum ausgelegten Begriff」と「意思を解釈すること Willensauslegung」との３つに分ける。その上で家財道具の遺贈については D.33,10,7,1 および２を根拠に「家父を通じて対象物を分類すること」だけでは不十分であり，「家父を通じて既成概念に対象物を加算すること」をさらに必要とした，と述べる[360]。

　このような諸先行研究の成果から明らかなのは，①家財道具の場合，銀製品といった他の集合物財産との分類が重要な論点であったこと，②このような目的を果たすため，家財道具をはじめとする集合物遺贈解釈の理解にあたっては定義が用いられたこと[361]，③定義の他に遺言人の慣行を考慮するといった手法が試みられたことである。特に①については John も家財道具遺贈の場合の特殊な問題として扱っている[362]。第１節の４でも見たようにこれまで D.33,10,7,2 を中心とした解釈論を中心に先行研究は議論をしてきたが，家財道具の材料，特に金や銀で作られるかどうかについては問わないと D.33,10,7,1 でケルススが述べたことの意味を検討する必要がある。ここまで主に D.33,10,7 に焦点をあててきたが，諸先行研究においても家財道具遺贈の理解において取り上げられているのは D.33,10 に採録される諸法文である。以下ではこれら諸法文を年代順に並べ替え，家財道具遺贈解釈にどの

---

360)　John, Auslegung, S.110f. John によれば「家父を通じて既成概念に対象物を加算すること」と「意思を解釈すること」との境界は流動的 fließend である，とする。

361)　D.33,10,7,1 でトゥベロが試みている家財道具の定義の他にも，共和政期の代表的な法学者の一人であるクィントゥス・ムキウス・スカエウォラが備蓄食料を以下のように定義したことが伝えられている。Gellius, NA 4.1.17 : Nam Quintum Scaevolam ad demonstrandam penum his verbis usum audio: ""Penus" est", inquit "quod esculentum aut posculentum est, quod ipsius patrisfamilias aut matris familias aut liberum patrisfamilias aut familiae eius, quae circum eos aut liberos eius est et opus non facit, causa paratum est. 「実際，聞くところ，クィントゥス・スカエウォラは，penus を定義しようとして，このような言葉を使ったという。『penus とは，家長や寡婦自ら，あるいは家長の子供たちや，家長を取り巻く一家の，郎党，あるいはその子供たち，あるいは［外での］仕事に従事しない者のために備蓄された食料や飲料のことである』と。」なお翻訳の際には，大西『アッティカ』を参照した。

362)　John, Auslegung, S.77f.

ような変遷があり，D.33,10,7はどのように位置づけられうるのかを考えて
みたい。

第 *3* 節　D.33,10に採録される諸法文

1　共和政期

まずケルスス法文の直前の第6法文に，共和政末期の法学者であるアル
フェヌス・ウァルス[363]の法文が採録されている。

> D.33,10,6（アルフェヌス『パウルス抄録』第3巻）
> pr. 家財道具とは以下のような物であると私は考える。すなわち家父の
> 共通の使用のために準備されたもの，また特殊な種類を形成しないも
> の，である。したがって巧妙な技術の類いの何かに属し，家父の共通の
> 使用に適用されなかったものは，家財道具には属さない。
> 1. しかし書字版も会計簿も家財道具には含まれない[364]。

アルフェヌスは時代的にはセルウィウスより後，トゥベロよりも前という
ことになるが，アルフェヌスは家財道具について「家父の共通の使用のため
に準備されたもの」や「特殊な種類を形成しないもの」という2つの基準を
もとに，トゥベロと同じく定義を試みている。1つ目の基準についてはトゥ
ベロが「日常の使用」と言っているのと対照的である。この2つの間にどの
ような違いがあるのかは明らかではないが，家財道具の使用の態様をめぐっ
ても法学者たちの見解が分かれていた。

またアルフェヌスは「特殊な種類を形成しない」と言っており，トゥベロ

---

363) アルフェヌスについては，林智良『共和政末期』82-98頁，233-244頁を参照。

364) pr. Supellectilis eas esse res puto, quae ad usum communem patris familias paratae
essent, quae nomen sui generis separatim non haberent : quare quae ad artificii genus al-
iquod pertinerent neque ad communem usum patris familias accommodatae essent, supel-
lectilis non esse. 1. Sed nec pugillares et codices in supellectili sunt.

が「他の種類に属さない」と言っているのとほぼ符合しているが，「特殊な種類」を考える基準として「巧妙な技術」というものを想定している。材料といった財産的価値を上げる要素について法学者たちは議論するようになるが，アルフェヌスもここでもそのような財産的価値を上げる手工業を想起しているのであろうか。全体としてD.33,10,7,1でトゥベロが述べている定義と同じような構成になっているといえる。

　またアルフェヌスは書字板および会計簿が家財道具遺贈の対象にはならないことも述べているが，これらも先ほどのセルウィウス法文の中で出てきた勘定元帳と類似する「帳簿」の一種といえる。セルウィウスとは異なり遺言人の帳簿慣行を参照するのではなく，トゥベロの場合は帳簿そのものが遺贈の対象となるかが議論されている。ただその書字板または会計簿それ自体に一定の財産価値を認めて遺贈の対象として考えているのか，あるいはそれらに記載されている財産を対象としているのかはわからない。

2　帝政期（五賢帝期まで）

　帝政期に入るとサビヌス学派の学頭でもあったヤウォレヌス[365]の家財道具遺贈に関する法文が残っている。なおケルススは以下に述べるヤウォレヌスやポンポニウスとほぼ同時代の人物である。

　　D.33,10,10（ヤウォレヌス『ラベオ遺作抄録』第3巻）
　　全ての衣服およびより多くの種類のものを家具の費用として〔帳簿に〕記入するのが常であった者が，妻に家財道具を遺贈した。ラベオ，オフィリウス，カスケッリウスは布製品が遺贈物と見なされることを正当に否定していた。なぜならば布製品は家財道具の名称に含まれえないからである[366]。

---

365)　ヤウォレヌスについては，Seiler, Iavolenus を参照。
366)　Qui vestem omnem et res plurium generum supellectilis expenso ferre solitus erat, is uxori supellectilem legaverat. Recte negabant vestem legato cessuram Labeo Ofilius Cascellius, quia non posset videri vestis appellatione supellectilis contineri.

ここで扱われている*expensum ferre*という表現について，Heumann-Seckelでは「〔費用を〕記帳する」といった意味が挙げられ[367]，遺言人がどのような物を家財道具として考えていたかを考慮するという考え方は，D.33,10,7,2でセルウィウスが述べていることに近いといえる[368]。同法文によればそのような遺言人の慣行を確認しても，ラベオ，オフィリウス，カスケッリウスといった法学者たちは布製品といったものを家財道具の遺贈に含むことは否定したことを伝えている。オフィリウスとカスケッリウスは共に共和政期の法学者で，ラベオは帝政期の法学者である。ヤウォレヌスはこれらの法学者たちの見解を参照しながら，最後に布製品は家財道具とは異なることを述べている。

家財道具遺贈の解釈の際に，共和政期のセルウィウスが考えた遺言人の慣行を考慮するという方法は，その後もオフィリウスやカスケッリウスといった法学者たちにも引き継がれ，それをヤウォレヌスも参照していた様子がわかる。この段階でも布製品といった他の集合物との境界画定をヤウォレヌスが試みていた様子がうかがえる。さらにヤウォレヌスは以下の法文でも家財道具の範囲について述べている。

D.33,10,11（ヤウォレヌス『ラベオ遺作抄録』第10巻）
ラベオやトレバティウスは，噴水に置かれた青銅製の容器と同様に使用のためというより贅沢のために用意されたものは家財道具であるとは考えていない。しかし食べたり飲んだりするために用意された，蛍石製またはガラス製の容器は，家財道具であると言われている[369]。

ヤウォレヌスはラベオやトレバティウスが嗜好品は家財道具に含まない

367）　Cfr. Heumann-Seckel, ferre, Nr.5
368）　独訳はD.33,10,7,2の参照法文として，D.33,10,10を挙げている。
369）　Vasa aenea salientis aquae posita, item si quid aliud magis deliciarum quam usus causa paratum esset, non esse supellectilis Labeo Trebatius putant. Murrea autem vasa et vitrea, quae ad usum, edendi et bibendi causa, parata essent, in supellectili dicuntur esse.

と判断したことを伝えている。トレバティウスは共和政末期の法学者であるが，ポンポニウスによれば彼はラベオの師でもある（D.1,2,2,47）。またポンポニウスはトレバティウスと，D.33,10,10のヤウォレヌス法文でも取り上げられているオフィリウスおよびカスケッリウスとの対比を試みており（D.1,2,2,45）[370]，このラベオを含めた共和政末期から帝政初期にかけての代表的な法学者たちが家財道具遺贈について議論をしていた様子がうかがえる。ここでの議論から共和政末期においても嗜好品については家財道具に含まないという解釈が優勢だったことがわかる。

　また蛍石やガラスで作られたものも一種の嗜好品として考えられたといえるが，これらが食器であった場合は家財道具であるとすることから，ヤウォレヌスはこのような生活用品は少し高価な材料で作られていても家財道具として考えたといえる。しかしながらこのような食器が金製品あるいは銀製品であった場合も，ヤウォレヌスが同じように判断したかどうかはわからない。また以下のようにポンポニウスも家財道具について定義を試みている。

　　D.33,10,1（ポンポニウス「サビヌス注解」第6巻）
　　家財道具とは銀や金で作られていない，または布製品には数えられない，家父が家内で用いる道具である[371]。

　ポンポニウスは家財道具と金製品や銀製品，および布製品とを区別しようとしている。特に金製品や銀製品との区別から推測するに，嗜好品については家財道具として考えないというポンポニウスの態度が見て取れる。布製品についてはD.33,10,10でヤウォレヌスが述べていることと一致している。

370）　ポンポニウスはトレバティウス，カスケッリウス，オフィリウスの三者について，トレバティウスはカスケッリウスよりも実際的な法技術が巧みであり，カスケッリウスはトレバティウスよりも雄弁で，三者の中でオフィリウスが最も学識ある者とする。平野「覚書」122頁を参照。

371）　Supellex est domesticum patris familiae instrumentum, quod neque argento aurove facto vel vesti adnumeretur.

3 帝政期（セウェルス朝期）

セウェルス朝期になるとパピニアヌス[372] をはじめとしてパウルス[373]，カッリストラトゥス[374]，モデスティヌス[375] らの家財道具遺贈に関する法文が伝わっている。

> D.33,10,9,1（パピニアヌス『解答集』第7巻）
> あらゆる材料で作られた食卓は，家財道具に含まれるということが通説である。銀製品であったり，銀製品を埋め込まれた食卓ももちろんそうである。なぜならば銀製の寝台も，同様に銀製の燭台も家財道具に含まれるというのがより後の世代に受け入れられたからである。ホメロスが欲したように，ウリクセスも生きている木の幹によってできた寝台を金と銀とによって飾りつけ，ペネロパがそれを，彼を認識するための目印として受け取ったのであるから[376]。

パピニアヌスはどのような材料で作られた食卓 mensa も家財道具に含まれ，銀製品が関係する場合もそうであると述べている。その理由としてより後の世代 posterior aetas によって銀製の寝台 lectus や燭台 candelabrum も家財道具に含まれるようになったことを挙げている。この「より後の世代」というのが正確にどの時代を想起しているのかは明確ではないが，少なくともパピニアヌスより以前の法学者たちの中には銀製のこれらの物を家財道具に含まないとする者もいたことがわかる[377]。

---

372) パピニアヌスについては，Knütel, Papinianus を参照。

373) パウルスについては，Knütel, Paulus を参照。

374) カッリストラトゥスについては，BNP 2, Callistratus [II] を参照。

375) モデスティヌスについては，Knütel, Modestinus を参照。

376) Supellectilis mensas esse cuiuscumque materiae, scilicet vel argenteas vel argento inclusas placet : nam et argenteos lectos, item argentea candelabra supellectili cedere posterior aetas recepit : cum et Ulixem ex auro et argento lectum viventis arboris truncis aedificatum ornasse, quem Penelopa recognoscendi viri signum accepit, ut voluit Homerus.

第 5 章　ケルススの遺贈解釈 | 169

D.33,10,3（パウルス「サビヌス注解」第 4 巻）

Pr. 家財道具が遺贈された場合，以下の物が含まれる。食卓，テーブル，デルフィカ，ベンチ，腰掛，もちろん銀装飾を施されていない寝台，敷布団，長椅子の掛け布，フェルト掛布団，水の容器，たらい，洗面器，燭台，ランプ，室内用便器，

1. 同様にありふれた青銅の容器，すなわち特別な場所にないものである。

2. さらに本箱，戸棚もそうである。しかし本箱や戸棚が，本または衣服または索具のために用意されたならば，家財道具には含まれないと正当に考える者たちがいる。なぜならば確かにこれら〔本箱や戸棚〕が下位分類されるものそれ自体は，家財道具の道具とはならないからである。

3. ガラス製の食器や酒杯は陶器のように家財道具に含まれ，一般的なものだけでなく，非常に高価なものも含まれる。なぜならば銀製のたらいも銀製のアクイミナリアも食卓も銀または金でメッキされ宝飾品を埋め込まれた寝台も家財道具に含まれるというのは疑われていないし，全て純銀や純金であってもそうであるからである。

4. 蛍石で作られたものと水晶で作られたものについては，勘定外の使

377）　このパピニアヌスのテクストにおいてホメロスが登場しているが，独訳ではオデュッセイアの以下の箇所を参照するよう注記されている。Homeros, Odysseia 23, 192-206「『この寝台の造りには重大な特徴があるからだ。寝台は余人ならぬこのわしが造ったものだ。屋敷の垣の内に今を盛りと生い栄える，葉長のオリーブの株があった。その太さは柱ほどもあったが，わしはこの樹を中に置いて寝室を建て，隙間なく石を積んで仕上げると，しっかりと屋根を葺き，繋ぎ合わせた扉をぴったりと合うように建て付けた。そうしてから葉長のオリーブの枝葉を落とし，幹を根元から粗削りした後，手斧で幹のまわりを手際よく削って平らにした。さらに墨縄をあてて真っ直ぐにし，こうして寝台の支柱を造ると，その全体に錐で孔をあけた。まずこの作業から手を着けて寝台を造り，金，銀，象牙で装飾を施して仕上げ，赤紫に美しく染めた牛皮の紐を孔に通してぴんと張った。わしがそなたにいう寝台の特徴とは，こういうことなのだ。奥よ，この寝台が今もそのまま元の場所にあるのか，あるいは誰ぞオリーブの根元を伐って他所に移したのかわしは知らぬが。』オデュッセウスがこう言うと，彼の語った確かな証拠をそれと認めて，妃の膝の力も気の張りも，その場でゆるんでしまった（松平『ホメロス』）。」またローマ法文に出てくるホメロスについて，Mayer-Maly, Homer, SS.231-242 を参照。

用と価格のため家財道具に数えられるか疑いうるが，これらについても
同様のことが言われるべきである。

5. 家財道具に含まれる物がどのような材料で作られているかは重要で
はない。しかしまだ銀製の家財道具を認めない先代の厳格さによれば，
銀製のかめは家財道具に含まれずまたある銀製の容器も含まれない。今
日では未知者の使用により銀製の蠟台が銀製品として〔帳簿に〕記録さ
れた場合，銀製品に含まれるものとみなされ，間違いが法を作る[378]。

パウルスは家財道具遺贈の際の対象物について1つ1つ例示しながら，か
なり具体的に物品名を挙げている。ここまで具体的に物品名を挙げる傾向
は，パウルス以前の法学者たちと比べると特徴的である[379]。

---

[378] Pr. Suppellectili legata haec continentur : mensae, trapezophora, delficae, subsellia,
scamna, lecti etiam inargentati, culcitae, toralia, imperia, vasa aquaria, pelves, aquiminalia,
candelabra, lucernae, trulla,
1. Item vasa aenea vulgaria, id est quae non proprie essent loco adtributa :
2. Praeterea capsae, armaria. Sed sunt qui recte putant capsas et armaria, si librorum aut
vestium aut armamentorum gratia parata sint, non esse in suppellectili, quia ne hae qui-
dem ipsae res, quibus adtributae essent, suppellectilis instrumento cederent.
3. Vitrea escaria et potoria in suppellectili sunt sic ut fictilia, nec solum vulgaria, sed etiam
quae in pretio magno sunt : nam et pelves argenteas et aquiminalia argentae et mensas et
lectos inargentatos vel inauratos atque gemmatos in suppellectili esse non dubitatur, usque
adeo, ut idem iuris sit et si tota argentea vel aurea sint.
4. De murrinis et crystallinis dubitari potest an debeant adnumerari suppellectili propter
eximium usum et pretium : sed et de his idem dicendum est,
5. Nec interest, cuius materiae sunt res, quae sunt in suppellectili. Sed craterem argen-
teum non esse in suppellectili nec ullum vas argenteum secundum saeculi severitatem non-
dum admittentis suppellectilem argenteam hodie , propter usum imperitorum si in argento
relatum sit candelabrum argenteum, argenti esse videtur, et error ius facit.

[379] このような傾向は，パウルスの「意見集 sententiae」の法文の中にも表れている。
PS 3,6,67 : Suppellectile legata capsae armaria, nisi solum librorum aut vestis ponendae
gratia paratae sint, debebuntur, sed et buxina et cristallina et argentea et vitrea vasa tam
escaria quam pocularia, et vestis stratoria legato cedunt.「家財道具が遺贈された場合，
箱や戸棚は義務付けられることになる。ただし，それらがもっぱら書物あるいは布製
品を収納する目的で用意された場合には，この限りではない。他方，ツゲ製の，水晶
製の，銀製の，ガラス製の飲食器も敷物も，遺贈された物と解される（早大ローマ法
研究会「パウルス（III）」)。」

第3項以下でパウルスは家財道具の材料について議論をしているが，金製品や銀製品についても家財道具として把握できるとしている[380]。これはパピニアヌスと同じく，共和政期以来の家財道具理解の伝統とは異なる。それは第5項でパウルス自身が「先代の厳格さ *saeculi severitas*」という表現でもって古法学者たちを表現しているのにも表れている[381]。さらにパウルスは旅行に関する家財道具として，以下の2つの法文を残している。

D.33,10,4（パウルス『道具の意味についての単巻書』）
旅行用の四輪馬車[382]とセドゥラリアは家財道具に数えられるのが常である[383]。

D.33,10,5,1（パウルス「サビヌス注解」第4巻）
しかし馬車を覆う敷物または幕については，家財道具に含まれるかは疑いうる。しかし衣類を覆うことを常とするテントや，このテントを縛ることを常とする革ひものように，旅人の道具にこれらは属するというのがより適当である[384]。

これら旅の道具と家財道具との区別について，パウルスは四輪馬車といっ

380）　独訳は第3項の注でプリニウスを参照するよう指示しており，それによれば共和政末期における銀をはじめとした奢侈品の流行の様子が伝えられている。Cfr. Plinius. Naturalis historia.33,143-144

381）　なおこの法文Nec interest, ~ supellectilem argenteamの部分についてインテルポラティオの可能性を指摘する研究もある。例えばMommsenはargenteamとhodieとの間にSextus Aelius statuit, sed in argento : etiamを挿入し，Sextus Aelius statuit, sed in argento : etiam hodieとする。またVociは同箇所にQ. Mucius putabatを挿入し，Q. Mucius putabat : hodieとする。Cfr. Voci, Diritto, p.841, n.62 ; Astolfi, Studi, p.156. なおsaeculumは「世代」といった意味を表すが，独訳はdie alte Zeitと訳しており，おそらく「古い時代」という意味を表している。

382）　「旅行用の四輪馬車raeda」については，水谷『図解辞典』raedaの項を参照。

383）　Redae et sedularia suppellectili adnumerari solent.

384）　De tapetis autem vel linteis, quibus insternuntur vehicula, dubitari potest, an sint in suppellectili. Sed dicendum est potius instrumenti viatorii ea esse, sicut pelles, quibus involvuntur vestimenta, lora quoque, quibus hae pelles constringi solent.

たものは家財道具に含むと言っているが，これら馬車を装飾する敷物や幕に
ついては家財道具とは把握していない。D.33,10,7,pr.でケルススはラベオ
の家財道具の語源論について取り上げ，家財道具の語源が*legatio*に向かう
人間が用いるものだったということを述べているが，このように旅先で使用
するものとしてラベオの語源論を持ち出したのかは定かではない。しかし，
パウルスの法文から，このような旅の道具も家財道具として把握しうるのか
について議論があったことはわかる。さらにセウェルス朝期の法学者の一人
であるカッリストラトゥスの法文が伝わっている。

D.33,10,14 （カッリストラトゥス『審理論』第3巻）
土地が遺贈された場合，特にそれが明示されているときにのみ，その道
具は遺贈物となる。なぜならば家が遺贈された場合も，遺言人がそれを
名前を挙げて明示しているときにのみ，その道具や家財道具は遺贈物と
なるからである[385]。

家*domus*に内在する家財道具について，カッリストラトゥスは家とは別
に明示しなければ遺贈の対象に含まれえないことを伝えている。これはやは
り家財道具が一定の財産的価値を有していたことを表しているといえる。さ
らにパピニアヌスやパウルスと同時代の法学者であるウルピアヌスの門弟で
あるモデスティヌスは，以下のような法文を残している。

D.33,10,8 （モデスティヌス「解答録」第9巻）
ある者が自身の妻に彼の全ての権利と道具と家財道具と共に家を遺贈し
た場合，銀製の食器や酒杯が遺贈物に含まれるかどうかが問われてい
た。〔モデスティヌスは〕答える。ある銀製品が家財道具に含まれるので
あれば義務付けられるが，しかし銀製の食器または酒杯は，遺言人が
これらをも意図していたと受遺者が証明しなければ義務付けられない，

---

385) Fundo legato instrumentum eius non aliter legato cedit, nisi specialiter id expressum sit
: nam et domo legata neque instrumentum eius neque supellex aliter legato cedit, quam si
id ipsum nominatim expressum a testatore fuerit.

と[386]。

　カッリストラトゥスは家とは別に家財道具を遺贈しなければ，家財道具は遺贈の対象とはならないことを述べているが，モデスティヌス法文では家とは別に家財道具が明示的に挙げられている。その場合に食器類の銀製品が遺贈の対象になるかが問われており，家財道具の中に銀製品があればそれは義務付けられるが，食器類の銀製品についてはそれらをも遺言人が考えていたかについて，受遺者に挙証責任を負わせている。ここで注意せねばならないのは銀製品*argentum*と食器類の銀製品*argentum escale et potorium*とを分けていることである。D.33,10,7においてもセルウィウスとトゥベロが銀製品と銀製の食器類とを分けて論じているが，このような区別は共和政期以来なされてきたものといえる。

第*4*節　小　　括

　ここまで共和政期から帝政期までの家財道具遺贈解釈の事例を見てきたが，方法論的には共和政期のアルフェヌスが家財道具について定義を試みており，この傾向は同じく共和政期のトゥベロおよび帝政期のポンポニウスにも見て取れる。また共和政期のセルウィウスが述べるような遺言人の帳簿慣行を考慮する傾向は，共和政期のオフィリウスやカスケッリウスに見て取れる。年代順にみるとセルウィウスが遺言人の帳簿慣行を考慮する方法を考え出し，これが共和政末期まで受け継がれた様子がわかる。しかしながらこのような方法では不十分であり，アルフェヌスが定義を用いる方法を持ち出し，これが帝政期にも受け継がれたという経過が，史料上見て取れる。

　また金製品をはじめとする高価な材料で作られたものも家財道具として把握するかどうかについて，共和政期については嗜好品として把握しないとい

---

386)　Cum quidam uxori suae legaverat domum cum iure suo omni et instrumento et supellectili, quaerebatur, an videretur et argentum escale et potorium legato contineri. Respondit, si quid in supellectili argentum est, deberi, escale autem vel potorium argentum non deberi, nisi hoc quoque testatorem sensisse legatarius doceat.

う傾向があったことが見て取れる。セルウィウスはD.33.10.7.2において銀製の食器*escarium argentum*は家財道具には含まないと言っているが，このような食事に関係する銀製品をどのように扱うかは法学者の間でもかなり議論されたようで，それは帝政期のヤウォレヌスやパピニアヌスやパウルス，そしてモデスティヌスの法文にも表れている。しかしながら大きな流れとしては銀製品と同じく，銀製の食器類も家財道具に含むようになるというのがパピニアヌス以降の流れではなかろうか。このような流れの中でケルススは「銀製の食器」を家財道具から除外するというセルウィウスの見解を取り上げており，家財道具に銀製品は含むが銀製食器は含まないという中立的な立場を取っている。

　また帝政期に入るとヤウォレヌスがD.33,10,11で述べるように，厳格に金製品をはじめとする嗜好品を家財道具から除外するという考え方が崩れ始めたことがわかる。しかし金製品や銀製品についてはなおポンポニウスが述べるように，家財道具に含まないとする見解も存在した。このような流れの中でケルススは，食器類は例外とするものの，金といった高価な材料で作られても家財道具であるという大きな解釈上の転換をもたらし，それがセウェルス朝期の法学者たちにも受け継がれたことがわかる。D.33,10,7,pr.でケルススがラベオの家財道具の語源について使節と関係させながら述べているが，おそらくローマ以外の土地で野営をする際に必要とする最小限のものという意味でこの語源論を取り上げているといえる[387]。

　以上，家財道具遺贈についてのケルスス法文を中心にその他の法学者たちの見解を見てきたが，家財道具遺贈については共和政期から多くの法学者たちが議論を重ねており，特に金製品や銀製品をはじめとした奢侈品をその中に含めるのかが論点の1つになっていることを確認した。また共和政期においてはそのような奢侈品は家財道具には含まないというのが支配的な見解であったが帝政期になると，ポンポニウスのような例外は除いて，そのような境界線は崩れ始め，ケルススが金や銀といった奢侈品で作られたものでも家財道具に含むという解釈の転換をなした。このような解釈の転換はその後の

387）　Johnもこのような意味で同語源論を捉えている。Cfr. John, Auslegung, S.78

パピニアヌスやパウルスといったセウェルス朝期の法学者たちにも受け継がれた。

　そのような解釈の転換をなすにあたってケルススはD.33,10,7,2でセルウィウスの見解を紹介しているが，それまで支配的であった遺言人の慣行を確認したり家財道具という言葉それ自体の定義をしたりという解釈の傾向とは異なり，セルウィウスが提唱した名称の「一般的な使用usus communis」という観点に着目し，その転換を図ったのが特徴的である。D.33,10,7,1でケルススが述べるように，ローマ社会における金製品や銀製品をはじめとする奢侈品の浸透という社会の実態が，ケルススの解釈の転換の背後にはあるといえる。しかしながら銀製の食器類については家財道具に含まないという共和政期以来の伝統をケルススは守り，「法は善および衡平の術である」と述べている通り，より社会実態に即した衡平な解決のために，「名称の一般的な使用」というセルウィウスの見解を用いたといえる。

　またケルススはセルウィウスやトゥベロ，ラベオといった先代の法学者たちの見解を引用するが，このように先代の法学者たちの議論を丁寧に紹介したことが結果として後世にローマ法学をつないでいくことになった点は重要である。Hausmaningerも述べるように「法学大全Digesta」は教育目的で編まれた可能性が高く，第3章や第4章で見たようにケルススは後世のパウルスやウルピアヌスといった法学者からも引用されており，先学を重んじるケルススの姿勢が後世にも少なからず影響を与えたといえる。

コラム：ローマの皇帝

　初代皇帝アウグストゥスをはじめ，ローマの歴代の皇帝たちは実に多彩な人物像を見せてくれる。共和政から帝政への転換のきっかけを作ったのは，ヨーロッパ系言語で「皇帝」を表す言葉の語源ともなったカエサルであるが，本格的に帝政を開始したのは彼の後継者であったオクタウィアヌス，すなわち後のアウグストゥスであった。アウグストゥスは自身を「命令者 *imperator*」とは呼ばず，あくまで「市民の第一人者 *princeps*」と呼んで市民の上に立つものではなく，あくまで市民の一員であることを強調し独裁を嫌うローマ市民の支持を巧みに得ていった。アウグストゥスの治世は40年に及び，後の帝国の基盤を作り上げることになる。

　本書で話題になっているハドリアヌス帝はあまり一般に知られていないがローマ五賢帝の一人であり，最大版図を成し遂げた先代トラヤヌス帝の拡大路線を切り替え，内政充実のため諸外国を視察して回り，ローマにいることが少なかった皇帝として有名である。気難しい性格としても有名だが，イギリスに防備のための長城を築いたり，ローマ郊外にエジプトの情景を模した別荘を建てたりと多彩な面を見せる人物でもある。「ローマ皇帝群像」には公共浴場におけるハドリアヌスのエピソードが伝えられている。それによればハドリアヌスは戦争で腕を負傷し背中を洗い流せない兵士が壁に背中をこすりつけて洗い流すのを見て，その兵士に奴隷を与えるよう指示した。それを見た他の市民が同じように奴隷目的で背中を壁にこすりつけていると，お互いに背中を洗い流すよう指示したという。

第6章
ユリアヌスの法解釈
アクィリウス法を素材に

　ここまでケルススを分析してきたが，本章で取り上げるユリアヌスも古典期法学者の一人である。ユリアヌスはハドリアヌス帝の時代に活動したとされ，高位の公職を務め皇帝顧問会にも所属した。また法学上においては，ハドリアヌス帝の命によりそれまでの告示を集成した「永久告示録」を編纂した[388]。

　ユリアヌスについては多くの先行研究がなされているが，基本的にはユリアヌスの法学上の功績を積極的に評価した上で，個別の事例においてその例を検討するというものが多い[389]。筆者もこのような評価を否定するものではないが，本章の問題関心はユリアヌスの法学的思考の特徴を明らかにすることである。したがって本章の問題関心は，これまでの先行研究のそれとは異なる。すなわち先行研究は，本書の中心となるD.9,2,51を中心としてそれに関連する諸法文を取り上げ，それら諸法文の整合性を取ろうとしたのに対し，本章の目的は，法解釈という行為を題材としてユリアヌスの置かれた

---

388) この他にユリアヌスが残した法学著作として，法学大全 *Digesta*, *Libri ex Minicio* 〔ミニキウス抄録〕，*Ad Urseium Ferocem* 〔ウルセイウス・フェロクス註解〕，*Liber singularis de ambiguitatibus* 〔多義的論点についての単巻書〕が挙げられる。

389) 国内における業績として，芹澤「用益権」を挙げることができる。芹澤によれば，WesenerやBundといった研究者たちの研究を参照しながらユリアヌスが用益権取戻訴権の被告適格を初めて占有者に対しても認めるという創造的な法的判断を下した。そうするにあたって，すでにラベオやネルウァが個別的な場合について承役地所有者としての第三者にその被告適格を認めていた事例をもちろん解釈のために援用したと芹澤は想定し，その意味でBundがユリアヌスの法的思考の特徴として指摘した「結合的事例思考」の一例としてD.7,6,5,1を積極的に評価することができるとする。芹澤「用益権」42頁を参照。

社会的状況をも考慮しながら，その思考方法および活動の実態を明らかにするということである。このようなアプローチは伝統的なエクセゲーゼを中心とした法文理解とは趣を異にするかもしれないが，ローマの法学者たちの思考方法を明らかにし，その活動実態を解明する1つの試みとして位置づけることが可能であるといえるのではないか。

　本章ではユリアヌスの法解釈，中でもそのアクィリウス法の解釈について見てみるが，D.9,2,51はユリアヌスがアクィリウス法解釈について述べる法文である。同法文に関する解釈史は，中世の注釈学派にまで遡りうる先行研究の蓄積があり，本書もこれらに依拠しつつ筆者自身の見解を加えるものである。同法文は首項，第1項，第2項の3つの部分からなるが，首項においてはアクィリウ法上の殺害行為について，その定義をはじめとして詳細な説明を試みている。また第1項においては古法学者の見解が紹介され，第2項においては類似の事例を紹介するなど，ユリアヌスの法思考の特徴がよく表れている法文として捉えることができるといえる[390]。また第4章で触れたように，アクィリウス法は共和政期以来，帝政期に至るまで古代ローマの法学者たちが様々にその解釈を展開してきた法律である。後で見るようにユリアヌスもD.9,2,51の中で同法に関する古法学者たち*veteres*の見解を紹介するが，このような長い解釈史の中でユリアヌスがどのように過去の法学に向き合い，どのように実際の問題に解決を与えたかを見るために，同法の解釈は適宜なものである。

　このような問題関心からまずBundの研究成果[391]によりながらユリアヌスの出自および公職就任経歴といったプロフィールを確認する。そして学説彙纂に採録されるアクィリウス法解釈に関連するユリアヌスの法文を分析し，それについての先行研究を概観する。そしてLenelがウルピアヌスNr.614として再構成するアクィリウス法上の殺害行為の解釈に関連する法

---

390)　同法文はユリアヌスの著作の1つである「法学大全」からの抜粋であるが，門弟が師であるユリアヌスに質問して彼が解答するという形式を取っているため，法学を教授する際に定義をはじめとして詳細な説明を試みたものといえる。

391)　約半世紀前のものであるが，現時点で代替するもののないユリアヌスに関する古典的な評伝といえる。

文を概観した上で，D.9,2,51で扱われるユリアヌスの解決の意図を筆者なりに明らかにしてみたい。

第 *1* 節　ユリアヌスの出自および法学修習経歴，公職就任経歴

　ユリアヌスの生年については争いがあるが，100年から110年の間である。ユリアヌスが生まれた都市についてはSHAのディディウス・ユリアヌス伝に父方の祖父の出身がメディオラヌム（現在のイタリア北部），母方の祖父の出身がハドルメントゥム（アフリカ北部の都市）であったと伝わるため諸説あるが，ハドルメントゥムであったといえる[392]。

　ユリアヌスの法学修習経歴について唯一わかることは，彼がヤウォレヌスの弟子であったということである。ヤウォレヌスは，ポンポニウスの記述によればカエリウス・サビヌスに次いでサビヌス学派の中心人物と目された者である。ヤウォレヌスは数々の公職を務め最終的にはアフリカのプロコンスルに就任したが，ユリアヌスは，ヤウォレヌスが職務でアフリカの地に就任中にその教えを受けたと思われる。ユリアヌスが受けた教育は同時代に通例のものであったが，彼のストア哲学や特にその論理学に対する知識は，同時代の知識階層の水準を超えていたとされる[393]。

　さらにユリアヌスの公職就任経歴については，Pupputの碑文[394]が伝えている。

X vir（*stlitibus iudicandis*）　訴訟裁定のための十人委員[395]

Quaestor Imperatoris Hadriani　ハドリアヌス帝のクアエストル（財務官）

Tribunus plebis　トリブヌス・プレビス（護民官）

Praetor　プラエトル（法務官）

Praefectus aerarii Saturnii　国民国庫の管理官

392）　Cfr. Bund, S.415

393）　Cfr. Bund, S.417f.

394）　Cfr. CIL VIII 24094. なお帝政前期の公職就任階梯については，新保『帝国官僚』16-17頁，および127-128頁を参照。

Praefectus aerarii militaris　軍事国庫の管理官

Consul　コンスル（執政官）

Curator aedium sacrarum　神殿のためのクラトル（監督官）

Legatus Imperatoris Antonini Augusti Pii Germaniae inferioris　アントニウス・ピウス帝の下ゲルマニア属州長官

Legatus imperatorum Antonini Augusti et Veri Augusti Hispaniae citeriori　アントニヌス帝およびウェルス帝の内ヒスパニア属州長官

Proconsul Africae　アフリカ属州長官

　このようなデータから，ユリアヌスがその公職経歴を「訴訟裁定のための十人委員」から始めていることがわかる。アウグストゥスの時代から当該公職は，特に相続に関する事案を担当する百人裁判所委員会の議長であった[396]。またユリアヌスはプラエトルに就任しているが，このときにハドリアヌス帝から「永久告示録」を最終的に編纂する任を任されたと思われる[397]。またハドリアヌス帝治世に皇帝顧問会 *consilium principis* に所属し，特別審理手続や勅答を作成する際の助言をしたものと思われ，同時代の法学の発展に大きな影響を及ぼした。またユリアヌスはコンスルに就任しているが，それはピウス帝治下の148年のことであった[398]。またユリアヌスはコンスルの後に属州長官としてのキャリアを積んでいるが，*legatus* は *proconsul* の副官・代官として随伴し，その前提としてコンスルが得た命令権を任期満了後にも行使させる命令権延長方式を帝国が採っていたことがある。

395）　ユリアヌスが最初に就任した「訴訟裁定のための十人委員」は，「造幣三人委員 III vir monetalis」「道路管理四人委員 IV vir viarum curandarum」「死罪担当三人委員 III vir capitalis」と共に，「二十人委員 XX vir」を構成する。新保によれば，「二十人委員」のうちどれに就任するかで将来の経歴はすでにある程度予見可能であったとし，出自による偏向が厳然と存在したとする。すなわち，「造幣三人委員」の多くはパトリキ，コンスル級議員の息子，皇帝に厚遇された若者により占められ彼らには輝かしい経歴が待っていたとし，「道路管理四人委員」および「訴訟裁定のための十人委員」がこれに次ぐ経歴を後に示すことになったとする。新保『帝国官僚』128-129頁を参照。

396）　Cfr. Bund, S.418f.

397）　Cfr. Bund, S.421

398）　Cfr. Bund, S.427

ユリアヌスの経歴を概観すると，中央の帝国行政の官職にユリアヌスの公的な活動の重点が置かれているということがわかる。ユリアヌスが*legatus*として派遣された皇帝属州は同時代においては平和であったため，軍事上の課題はユリアヌスにとって大きな意味をなさない[399]。

第 *2* 節　ユリアヌスのアクィリウス法解釈法文 (D.9,2,51)

1 史　料

以下に掲げる法文はLenelのPalingenesiaにおけるユリアヌス著作の再構成において，「アクィリウス法註解」という題を付けられた章の冒頭に掲げられる法文である[400]。同法文は首項，第1項，第2項の3つの部分からなるが，まずは首項部分から見ていくことにする[401]。

学説彙纂第9巻第2章第51法文　ユリアヌス「法学大全」第86巻 (Iul. Nr.821)

①首項：その打撃で確かに死亡するよう奴隷が打撃を受け，さらにその間に奴隷が相続人に指定されその後，他の者から打撃を受け死亡した。私は問う。〔先行する加害者と後続の加害者の〕双方を相手方として殺害についてアクィリウス法で訴えうるかと。〔ユリアヌスは〕答える。確かに一般的にはいかなる方法であろうと，死因を与えた者が殺害したと言われる。しかしアクィリウス法によってはただ以下の者のみが責を負うとみなされた。すなわち暴力を用いそして手で死因を与えたと扱われた者であり，明らかに「殺害する*caedere*」や「殺害*caedes*」から〔アクィリウス法の〕文言を解釈した結果である。他方でアクィリウス法によっては，直ちに死に至るよう攻撃を加えた者のみならず，加えた危害である者が死ぬことが確実になった者も責を負うと判断された。した

---

399)　Cfr. Bund, S.430f.
400)　Lenel, Palingenesia Vol.I, S.480f.
401)　アクィリウス法の再構成および紹介については，第4章第4節の2を参照。

がってある者が奴隷に致命的な危害を加え，時が経ち他の者がその奴隷に最初の危害で死亡するよりもより早く死に至るよう危害を加えた場合，彼らのうち両者ともアクィリウス法で責を負うと決定されるべきである[402]。

②1項：このことは古法学者の決定と合致するものであり，古法学者たちは，このような奴隷が数人の攻撃によって損傷を受けたが，そのうちの誰の打撃により死亡したかは明白でないような場合には，全員がアクィリウス法に基づいて責を負うと決定したのである[403]。

③2項：だが死亡した者の賠償評価額は両者いずれも同一となるのではない。すなわち，最初に損傷を与えた者は，損傷を受けた日から365日を遡った最近一年の内に奴隷が最高価格を有していたものに相当する額を賠償し，後で打撃を加えた者は，生命を喪失した時点での最近一年の内にその奴隷が最高価格に達しうるものに相当する額について責を負うことになり，その額には遺産の価格も含められうるであろう。したがって同一の奴隷が殺害されたという理由でも，一方はより多くの評価額を賠償し，他方はより少ないものを賠償することになるけれども，各々が奴隷を殺害したのには原因にも違いがあり時も異なると理解されるので，決して奇異なものではない。もしわれわれの解決を馬鹿げたものだとする者がいるとすれば，むしろ両者のいずれもアクィリウス法に基づいて責を負わないとしたり，あるいはいずれか一方がそれに基づい

---

402) Ita vulneratus est servus, ut eo ictu certum esset moriturum : medio deinde tempore heres institutus est et postea ab alio ictus decessit : quaero, an cum utroque de occiso lege Aquilia agi possit. Respondit: occidisse dicitur vulgo quidem, qui mortis causam quolibet modo praebuit : sed lege Aquilia is demum teneri visus est, qui adhibita vi et quasi manu causam mortis praebuisset, tracta videlicet interpretatione vocis a caedendo et a caede. Rursus Aquilia lege teneri existimati sunt non solum qui ita vulnerassent, ut confestim vita privarent, sed etiam hi, quorum ex vulnere certum esset aliquem vita excessurum. Igitur si quis servo mortiferum vulnus inflixerit eundemque alius ex intervallo ita percusserit, ut maturius interficeretur, quam ex priore vulnere moriturus fuerat, statuendum est utrumque eorum lege Aquilia teneri.

403) Idque est consequens auctoritati veterum, qui, cum a pluribus idem servus ita vulneratus esset, ut non appareret cuius ictu perisset, omnes lege Aquilia teneri iudicaverunt.

て責を負うとする方がもっと馬鹿げたものだということを考えるべきである。なぜなら，悪行が処罰されないのは許されないことであるし，また両者のいずれがこの法律に基づいて責を負うかを決定することも容易にはできないことだからである。ところで，多くの事柄が市民法上，議論する道理に反して共通の利益のために承認されたことは，多くの実例により証明されうる。さしあたり，ここでは一例を挙げておけば十分であろう。数人の者が窃盗を働く目的で他人の梁材を運び去った場合，ひとりひとりではそれを運ぶことはできないようなときには，厳格な理論からするなら，実際は誰ひとりその梁木を運び去ったことにはならないのであるから，誰も責を負わないと言い得るにしても，〔このような場合にはやはり〕その全員が盗訴権によって責を負うとみなされるのである[404]。

ある奴隷が二人の加害者から攻撃を受け死亡した事例において，奴隷の所有者はどのような訴権でもって加害者を訴えうるか。①においてユリアヌスは加害者二人を相手方として，アクィリウス法訴権でもって訴えうるとした。ユリアヌスは「殺害する」という行為について，一般的にはいかなる方法であろうとも「死因を与えること *mortis causam praebere*」であると説明した上で，アクィリウス法上は「暴力を用い，また手で死因を与えるものと扱われること *adhibita vi et quasi manu causam mortis praebere*」であ

---

[404]　Aestimatio autem perempti non eadem in utriusque persona fiet : nam qui prior vulneravit, tantum praestabit, quanto in anno proximo homo plurimi fuerit repetitis ex die vulneris trecentum sexaginta quinque diebus, posterior in id tenebitur, quanti homo plurimi venire poterit in anno proximo, quo vita excessit, in quo pretium quoque hereditatis erit. Eiusdem ergo servi occisi nomine alius maiorem, alius minorem aestimationem praestabit, nec mirum, cum uterque eorum ex diversa causa et diversis temporibus occidisse hominem intellegatur. Quod si quis absurde a nobis haec constitui putaverit, cogitet longe absurdius constitui neutrum lege Aquilia teneri aut alterum potius, cum neque impunita maleficia esse oporteat nec facile constitui possit, uter potius lege teneatur. Multa autem iure civili contra rationem disputandi pro utilitate communi recepta esse innumerabilibus rebus probari potest : unum interim posuisse contentus ero. Cum plures trabem alienam furandi causa sustulerint, quam singuli ferre non possent, furti actione omnes teneri existimantur, quamvis subtili ratione dici possit neminem eorum teneri, quia neminem verum sit eam sustulisse.

るとし，アクィリウス法上の殺害行為をより厳密に定義しようとしたといえる。またユリアヌスは「殺害する*occidere*」という文言を解釈する上で，語源の「殺害する*caedere*」という言葉から推測するという手法を取っている。*occidere*は元来，ユリアヌスが言うようにどのような方法であろうと死因を与えるものと解釈され，*caedere*は暴力でまたは手でといった物理的な行為でもって死因を与えるものとされていた。この*caedere*の理解を，ユリアヌスはアクィリウス法の「殺害する*occidere*」という文言の解釈に援用したといえる。

②においてユリアヌスは古法学者たち*veteres*の見解を紹介し，彼らによれば複数の加害者がおり奴隷が死亡した場合，誰の責に帰すかが定かでないとき，加害者全員をアクィリウス法訴権で訴えうるとした[405]。

③においてユリアヌスは第一加害者と第二加害者との間で，責任の相違を述べている。①において奴隷が相続人に指定されているため，第二加害者の賠償額には奴隷が相続するはずであった相続財産の評価額も含まれるとする。加害者が複数おり，誰の責に帰すべきかが明らかでない事例は共和政期からあったものと思われ，②でユリアヌスが古法学者たちの見解を引用している通りである。しかし後に述べるように，どの加害者をどの訴権で訴えるかという問題は，法学者間でも議論があったようである。③においてユリアヌスは自身の見解に反論が出てくることを予想して，「多くの事柄が市民法上，議論する道理に反して共通の利益のために承認された」と述べている。

2　先行研究による解釈

D.9,2,51については，以下のウルピアヌス法文と関連づけて理解されてきた注釈学派以来の研究史がある[406]。

---

405)　ウルピアヌスも，古法学者たちは誰が殺害したかが不明の場合，全員がアクィリウス法訴権で責を負うことを伝えている。D.9,2,11,4 Ulpianus libro XVIII ad edictum : Si plures trabem deiecerint et hominem oppresserint, aeque veteribus placet omnes lege Aquilia teneri.「数人の者が木を倒して奴隷を押しつぶした場合には，古法学者たちはその全員がアクィリウス法によって平等に責を負うものと一般に認めている。」

④学説彙纂第9巻第2章第11法文3項　ウルピアヌス，告示註解18巻

ケルススは以下のように書く。「一人が重大な傷害で致命傷を負わせ，別の者がその後，死亡させた場合，もちろん前者はあたかも殺害したかのように責を負わないが，他の傷害で死亡したことを理由に，あたかも損傷させたかのように〔責を負う〕。後者は殺害したことを理由に責を負う。なぜならば殺害したからである」。そしてこの見解は，マルケッルスによっても支持され，さらに同意しやすい[407]。

　また以下の史料においてウルピアヌスが伝えるユリアヌスの見解は，D.9,2,51 でユリアヌスが述べている見解と矛盾すると指摘されてきた。

⑤学説彙纂第9巻第2章第15法文1項　ウルピアヌス，告示註解18巻（Iul. Nr.825）

奴隷が致命傷を受け，後に倒壊または難破またはその他の打撃によって死期を早めた場合，殺害について訴えられることはできず，あたかも傷害について訴えられうるが，解放されたまたは譲渡された〔奴隷が〕その負傷が原因で死亡した場合，あたかも殺害されたものとして訴えられうる，とユリアヌスは述べている。なぜこのような違いが生じるかといえば，この奴隷があなたに殺害されたというのはその者の死亡によって初めて明らかになることであり，そしてまさにそれをあなたが傷害を与えた時点に求めるのが妥当であるけれども，これに対して先に述べた最初の事例においては倒壊等を被ったことによって殺害されたのかどうかを明らかにすることはできないからである。しかしあなたが致命傷を

---

406)　石川「民法719条」589〜590頁を参照。同箇所では注釈学派から普通法学に至る時代までのD.9,2,51法文の解釈史が紹介され，D.9,2,51とD.9,2,11,3との間の矛盾を解消するために中世以降の法学者たちがいかに考えたかが紹介されている。LenelのPalingenesiaにおいても，ユリアヌスのD.9,2,51がメインとなる第821法文にD.9,2,11,3が含まれる形で再構成されている。Cfr. Lenel, Palingenesia Vol.I, S.481

407)　Celsus scribit, si alius mortifero vulnere percusserit, alius postea exanimaverit, priorem quidem non teneri quasi occiderit, sed quasi vulneraverit, quia ex alio vulnere periit, posteriorem teneri, quia occidit. Quod et Marcello videtur et est probabilius.

負った奴隷に自由人となりかつ相続人となるよう命じ，その後でこの奴
隷が死亡した場合には，彼の相続人はアクィリウス法によって訴えるこ
とはできない[408]。

⑤では第一加害者はアクィリウス法第三章の規定により，第二加害者は同
法第一章の規定により責を負うとしており，D.9,2,51では両者とも同法第
一章の規定により責を負うとする，というものである。

D.9,2,51と④の見解との相違をユリアヌスとケルススとの対立という形
で捉えたSchindlerは，「追い越し原因Überholende Kausalität[409]」への問
題関心の上で両法文を取り上げ，G. BeselerによるD.9,2,51へのインテル
ポラティオの可能性の指摘[410] を紹介しながら同法文の純粋性を指摘し，以
下の三点を指摘する。すなわちa)「追い越し原因」の事例においてユリア
ヌスは加害者両者が殺害について責を負うと決定し，ケルススは最初の加害
者が傷害について，後の加害者が殺害について責を負うと決定した。b）ユ
リアヌスは，奴隷に死に至るような傷をつけ後に死亡した際は，損害を算
出するために一年の遡及が問題となる場合，傷害を加えた時点が基準であ
るとし，ケルススはそのような場合において死亡時点が基準であるとした
(D.9,2,21,1[411])。c）傷害を受けた時点と死亡時点との間に奴隷が譲渡され
たり，解放されたりまたは相続人に指定されたりした場合，アクィリウス法

408）　Si servus vulneratus mortifere postea ruina vel naufragio vel alio ictu maturius perierit,
de occiso agi non posse, sed quasi de vulnerato, sed si manumissus vel alienatus ex vul-
nere periit, quasi de occiso agi posse Iulianus ait. Haec ita tam varie, quia verum est eum
a te occisum tunc cum vulnerabas, quod mortuo eo demum apparuit : at in superiore non
est passa ruina apparere an sit occisus. Sed si vulneratum mortifere liberum et heredem
esse iusseris, deinde decesserit, heredem eius agere Aquilia non posse.

409）　山田はÜberholende Kausalitätを「追い越しの因果関係」と訳し，その内容は「例え
ば甲が乙に致命傷を与えたが，乙は前からガンにかかっていて傷害がなくても死亡し
たであろう場合に，傷害がガンを通りすぎて（追い越して）死亡にとってどれだけの
因果関係を有するか，つまり全損害の賠償を認めるべきか，ガンを考慮して賠償額を
減ずべきかというのが，追い越しの因果関係の問題である」とする。山田『用語辞典』
634頁。

410）　筆者自身はBeselerの当該箇所を確認することができなかったが，石川「民法719条」
591-593頁においてBeselerによるD.9,2,51の再構成が紹介されている。

の何章に基づいて訴えうるかについて，⑤を根拠にユリアヌスは傷害を加えた日が基準であるとし，ケルススは他の意見であらねばならずおそらく死亡日が基準であったとし，その明確な証拠は⑤にあるとする。またマルケッルスはa）の事例においては④が示すようにケルススに従い，b）やc）のような事例においてマルケッルスの見解を伝える史料はないが，おそらくユリアヌスに従ったとする。またウルピアヌスはa）の事例においてケルススに従い，このことは④と⑤の「殺害については訴えられない*de occiso agi non posse*」に示されている。しかしながらb）とc）の事例においては，ウルピアヌスはユリアヌスに従った[412]。

Pugsley は，D.9,2,51 について①および③の部分が連なった部分であり，②はむしろ不適切な挿入とする。Pugsley によれば，ユリアヌスの判断は①で物理的接触（*adhibita vi et quasi manu*）の重要性を強調しながら非常に十分かつ詳細に論じられている。このように詳細な説明を要したのは，ユリアヌスの見解が有責性は死亡の際にのみ生じるが，それは傷害を与えた日に遡るというものだからである。しかしそのような詳細な議論にかかわらず，ユリアヌスは「彼らは両者ともアクィリウス法で責を負うと決定されるべきである」というそっけない文言で結んでいる。これらの文言は真正ではないものと推測され，本来はユリアヌスが⑤で至るような結論になっていたといえる。ユリアヌスの議論は，公序良俗に基づけば完全に理解可能であるという理由でユスティニアヌス帝により簡略化され，その結論は変更された。それは元からあったと推測される，続く②の説明となる。ユスティニアヌス帝は自身の変更にさらなる補強が必要であったことを認識しており，同じような見解を有する古法学者たちの権威に訴えた[413]。

411）　D.9,2,21,1 Ulpianus libro XVIII ad edictum : Annus autem retrorsus computatur, ex quo quis occisus est : quod si mortifere fuerit vulneratus et postea post longum intervallum mortuus sit, inde annum numerabimus secundum Iulianum, ex quo vulneratus est, licet Celsus contra scribit.「しかしある者が殺害されたときから一年は遡って計算される。たとえある者が致命傷を負い，その後長い時間を経た後で死亡したとしても，ユリアヌスに従ってその致命傷を負わされた年から一年を計算するであろう。ケルススは反対のことを書いているとしても。」

412）　Schindler, S.232f.

Von Lübtowは，①について，「殺害するoccidere」の必要もなく時宜を得ていない語源論的な定義から始まるとする。Von Lübtowによれば，先行加害者Aの行為と後の加害者Bの行為との間の因果関係が排除されており，このテクストの結論は両者がアクィリウス法に基づいて殺害につき責を負うというものであるが，そのような結論がユリアヌスから出るとは考えがたく，なぜならばそのような結論は論理的にありえないからである。Von Lübtowは，断定的な形で表される「決定されるべきstatuendum」という文言は法学者の見解表明のスタイルには合わないとし，最初の加害行為と死亡との間の因果関係は否定され，Aはアクィリウス法第三章に基づいて傷害について責を負い，Bのみが殺害について責を負うものとされた，とした上でBeselerによるインテルポラティオの指摘を肯定する形で，当該法文の純粋性を否定する[414]。

Ankumは，古典期ローマ法における「追い越し原因」をテーマにした論文の中で，関係する諸法文を以下のように整理する。

I．ある者が奴隷を深く傷付け，その奴隷が一定期間経過後にその傷が原因で死亡した場合。

Ia）ある奴隷がAから深く傷つけられる。長期間経過後にその奴隷がその傷を理由に死亡する。その奴隷は死の瞬間まで，傷害を加える時点で主人であった者の所有下にあった。Ex. D.9,2,21,1

Ib）ある奴隷がAに深く傷つけられた。その後，その奴隷は自身の主人によって解放された。その後，奴隷はそのときの傷が理由で死亡した。Ex. D.9,2,15,1

Ic）ある奴隷がAによって深く傷つけられた。その後，その奴隷が彼の

---

413)　Pugsley, pp.167-168

414)　Von Lübtow, Untersuchungen, S.61f.

主人によって譲渡された。新しい主人のもとで，その奴隷はその時の傷が理由で死亡した。Ex. D.9,2,15,1

Id）ある奴隷がAによって深く傷けられた。その後，奴隷は，遺言書の中で解放および相続人への指定を記した主人によって解放され，自由人となり主人の相続人となった。Ex. D.9,2,15,1；D.9,2,16[415]；D.9,2,36,1[416]

II．ある者が奴隷を深く傷つけ，その奴隷がその後，他の事由で死亡した場合。

IIa）ある奴隷がAによって深く傷つけられた。その後，彼はBによって傷つけられた。「追い越し原因」の主要事例。Ex. D.9,2,11,3；D.9,2,51,pr.；D.9,2,15,1

---

415) D.9,2,16 Marcianus libro quarto regularum : quia in eum casum res pervenit, a quo incipere non potest. 「というのは，この事案においては事変を原因とするのであるが，それがこの事変から始まるものとはしえないからである。」

416) D.9,2,36,1 Marcellus libro 21 digestorum : Si dominus servum, quem Titius mortifere vulneraverat, liberum et heredem esse iusserit eique postea Maevius exstiterit heres, non habebit Maevius cum Titio legis Aquiliae actionem, scilicet secundum Sabini opinionem, qui putabat ad heredem actionem non transmitti, quae defuncto competere non potuit : nam sane absurdum accidet, ut heres pretium quasi occisi consequatur eius, cuius heres exstitit. Quod si ex parte eum dominus heredem cum libertate esse iusserit, coheres eius mortuo eo aget lege Aquilia. 「ティティウスが致命傷を与えた奴隷に，その奴隷の主人が自由人となりかつ自己の相続人となれと命じ，後にマエウィウスが〔相続人となった被解放自由人の〕相続人として現れた場合，マエウィウスはティティウスを相手方としてアクィリウス法訴権を持つことはない。まさにこれはサビヌスの下した判断によるものであり，彼は故人に認められなかった訴権がその相続人に移転されることはないと考えた。なぜならば確かに被相続人にあたる者が殺害されたとして相続人として現れた者がその者の価格を請求するというのは，いかにも不合理な結果を生ずることになるからである。しかし所有者がその者に自由を与えて一部について相続人となるよう命じたとすれば，共同相続人はその者の死亡によりアクィリウス法に基づいて訴訟を行うことになる。」

IIb) ある奴隷がAによって深く傷つけられた。その後，遺言で奴隷を相続人に指定した遺言人が死亡した。その奴隷が自身の主人の命令に基づいて相続を開始する前に，Bによって傷つけられた。Ex. D.9,2,51,pr.；D.9,2,51,2

IIc) ある奴隷がAによって深く傷つけられた。その後，彼は家の倒壊，または船の難破により死亡した。Ex. D.9,2,15,1

IId) ある奴隷がAによって深く傷つけられた。その後，奴隷が医師の治療行為または主人の不注意により死亡した（D.9,2,52,pr.[417] が取り扱う事例からの類推）

　その上でAnkumは，D.9,2,51について以下のように述べる。すなわち，一見するとこのユリアヌスの決定は論理的には支持できないが，多くの古典期法学者が合理性Logikと合目的性Zweckmäßigkeitとが対立する事例において，『有用性を理由にutilitatis causa』といった非合理的解決を用い，後者を優先させた。Bund[418] もD.9,2,51が論理的に飛躍したものとして捉えた上で，以下のように述べる。すなわち，ユリアヌス自身が正しいと判断した場合，彼はいとも簡単に体系的かつ教義的な論理的帰結を飛び越えてしまう。結論の有用性は，ときとして1つの解決を他の解決に優先させるために利用される，と[419]。ユリアヌスにとって概して非常に重要であった法政策的な動機rechtspolitische Motiveがここで決定要因となっている。ユリアヌスはこれを『公の有用性utilitas publica』を指摘することにより表現しており，この『公の有用性』は不法行為を罰さずにはおかないものである[420]。

---

417) D.9,2,52,pr. Alfenus libro secundo digestorum : Si ex plagis servus mortuus esset neque id medici inscientia aut domini neglegentia accidisset, recte de iniuria occiso eo agitur.「奴隷が誘拐を原因として死亡し，それが主人のの無知によるでも医師の懈怠によるでもない場合，その不法による殺害について正当に訴えうる。」

418) Bund, S.445

419) Ankum, S. 341

420) Ankum, S. 349f.

第6章 ユリアヌスの法解釈 191

またD.9,2,51と⑤との矛盾についてAnkumは，まず「難破またはその他の打撃によって*vel naufragio vel alio ictu*」が古典期より後の時代の挿入句であると指摘した上で[421]，テクストを途中で「あたかも傷害について訴えられうる*sed quasi de vulnerato*」という形で一度切り，「解放されたまたは譲渡された〔奴隷が〕その負傷が原因で死亡した場合，あたかも殺害されたものとして訴えられうる，とユリアヌスも述べている。*Sed si manumissus vel alienatus ex vulnere periit, quasi de occiso agi posse et Iulianus ait.*」という形で読むべきとする。Ankumによればウルピアヌスや他の法学者たちが「告示註解」や「サビヌス注解」において不定法を用いる場合に直説法現在を表す場合があり，この場合，話者が他の法学者について言及する場合は，「対格＋不定法」を用いる。すなわち「奴隷が致命傷……できず*Si servus vulneratus～de occiso agi non posse,*」はウルピアヌスの見解を示したものであり，ユリアヌスの見解を示したものではない，とする[422]。

西村は，有用性の原理utilitasが初めは法律自体を定立するための社会的必要性＝実際的要請として機能するが，後には法解釈における実践的論理として有用性の原理の形を取って現れ，それは法律が「正当でありかつ不可欠なもの」と確定されているからこそ出てきたとする[423]。その上で④で示されるケルススの見解がD.9,2,51に示されたユリアヌスの理論化に全く反する見解を提示するから，ユリアヌスの解決策がこの当時，共通認識となっていなかったことは明らかであり，実際，古典後期にも必ずしも支持は得られなかったとし，しかしむしろ法の論理的推論と法律の要請[424]，すなわち不法行為に対する処罰との調整を目的とした論証の仕方に着目すべき，とする[425]。

Kortmannは，①の「*ab alio ictus decessit*」について*ictus*は動詞*icere*の

---

421) Ankum, S.349

422) Ankum, S.352f. またこのような見解に対してNörrは，テクストを途中で「あたかも傷害について訴えられうるsed quasi de vulnerato.」という形で一度切ることに同意している。Cfr. Nörr, Causa, S.185, Fn.101

423) 西村，127頁を参照。

424) ②で見出される「共通の有用性utilitas communis」を指しているものといえる。

425) 西村，130頁を参照。

完了分詞であるのに着目し、「誰かによって打撃を受けながら死亡した」と読むべきとする。すなわち、ユリアヌスはここで二人の加害者のうちどちらが「殺害した*occidit*」という問題を扱っているのではない。言い換えれば「追い越し原因」ではなく「代替的原因alternative causes[426]」を扱っている。そのことは②においてユリアヌスが「古法学者たち」の見解を引用していることからも証明される。したがってユリアヌスは①において、何かしらの理由で二人の加害者のうち、誰が殺害したかがわからない事例を想定しているものと考えねばならない。③の「最初に傷害を与えた者*qui prior vulneravit*」という表現がこのような推測をより確かなものにする。すなわち、誰かが最初に傷害を加えた者であったならば、第二の者もまた「殺害した」者に対置される者として「傷害を加えた」者であらねばならない[427]。

　石川は、現行民法719条1項前段の「共同の不法行為」を歴史的にたどる中でD.9,2,51を取り上げ、その解釈史を注釈学派の時代から紹介している。D.9,2,51は④のケルススの見解、および⑤が伝えるユリアヌス自身の見解と矛盾する。この矛盾を、注釈学派は①が伝える打撃*ictus*はより重く、④で伝えられている打撃はより小さいと解することによって解決しようとした。またクヤキウスを代表とする人文主義法学は矛盾の解消を放棄し、Vangerowを代表とする普通法学は①では第一の打撃によってすでに奴隷が瀕死の重傷を負っていたので第二の打撃の後に奴隷が死亡したのに対し

---

426)　Kortmannは、alternative causesについてドイツ語のalternative Kausalitätと同義であるとするが、ドイツ法辞典ではalternative Kausalitätについて以下のような説明がなされている。すなわち、不法行為法においては複数の者が損害を生じた1つの行為について有責であるが、被害者がどの者の行為が総じてあるいは特定の部分に損害を生じたかを示せない場合がある。このような事例は例えば多重追突事故のような複数の自動車による損害惹起の際に頻繁に起こる。そのような場合にBGB 830条1項2号は被害者に立証負担の軽減を認める。すなわち、複数の者が1つの不法行為の要件に明確に関与し、複数の関与者のうちの誰がその行為によって損害を与えたのかが明らかでない場合、全ての関与者はその損害について連帯債務者として責を負う。hrg. von H. Tilch und F. Arloth, Deutsches Rechts-Lexikon, Bd.1, München : C.H. Beck, 2001, S.143

427)　Kortmann, Misconceptions, p.100. Kortmannは具体的な事例として、ある奴隷がアウルスから確実に死に至るような傷害を受けベッドで寝ていたところ、ブラシウスがその奴隷のもとを訪れ奴隷の頭部を殴打し奴隷はその後すぐには死亡しなかったが、後に死亡した場合を挙げている。

て，④では第二の打撃が単独で奴隷を死亡させるほど強かったと理解する。そしてインテルポラティオ研究の時代に入るとD.9,2,51は改竄を被ったものとして理解され，その例としてBeselerによる再構成を紹介する。それに対しSchindlerが当該法文は真正なものとし，Ankumをはじめとする近年のローマ法研究ではケルススとユリアヌスとの間に対立があったことを前提に，Schindlerを支持しているとする。その上で甲が奴隷に致命傷を負わせ，その後，乙が同じ奴隷を殺害した場合については学説の対立があり，④よりケルススは甲が傷害行為について有責，乙は殺害行為について有責という見解であり，マルケッルスとウルピアヌスがこれを支持したのに対し，D.9,2,51よりユリアヌスは甲乙いずれも有責という見解であり，パウルスがこれを支持した，とする[428]。

Sirksによれば，D.9,2,51は追い越し原因 *causa superveniens* [429] のコンテクストの中で解釈されてきたが，そのような枠組みではユリアヌスの見解に矛盾が生じる。同法文は1世紀に法学者たちの間で流行していた原因論に関するストアの理論のコンテクストの中で読むべきとされるが，これらストアの理論には現代の因果論におけるような追い越し原因はなく，D.9,2,51にそのような思考を持ち込むべきではない[430]。ストアの理論を用いれば①で扱われる事例でユリアヌスは，第一加害者に付随して起こる主要原因 *causa principalis* の効果を熟慮した上で先行原因 *causa antecedens* を適用し，同時に強化原因としてだけでなく死因 *causa mortis* や十分に影響を与える原因として評価しながら第二加害者に強化因 *causa adiuvans* [431] を適

---

428)　石川「民法719条」589-594頁。またパウルスがユリアヌスを支持したことについて，石川は同著597頁，脚注（24）においてAnkumの指摘に基づき以下のように述べる。すなわち，D.9,2,30,4で「致命的でない *non mortfere*」という文言があることについて，パウルスがケルススを支持しているとすれば奴隷が致命傷を負った場合にも「殺害についてではなく傷害について訴権が与えられる」という結論になるはずであるから「致命的でない」という文言は不要であり，逆にこの文言が存在するということは奴隷が致命傷を負った場合，殺害について訴権が与えられるという結論に至る（ユリアヌス説を支持する）蓋然性が極めて高いことを意味する，と。

429)　Sirksはここでラテン語の *causa superveniens* を用いているが，ドイツ語の Überholende Kausalität と同義であるといえる。Cfr. Sirks, p.317, note 5

430)　Sirks, pp.325-326

用する[432]。

Ankumまでの先行研究で共通するのは，D.9,2,51および④を第一加害者
が傷害を加えた後，第二加害者がさらに傷害を加え死に至らしめるケースと
して考え，D.9,2,51ではユリアヌスが両加害者ともアクィリウス法の第一
章の規定で訴えられるものとして考えたとし，④ではケルススが第一加害者
をアクィリウス法第三章の規定で，第二加害者を第一章の規定で訴えるもの
として考え，「追い越し原因」の事例として考えた，ということである。そ
の上で本来はケルススの解決が妥当であり，ユリアヌスの解決は論理的に支
持できないとしてユリアヌス法文にはインテルポラティオが加わっていると
指摘するものもあった。またAnkumは，*utilitas communis*と*utilitas pub-
lica*とを同一視するについては疑問があるが，D.9,2,51を論理的に飛躍する
法文として捉えた上で，「有用性*utilitas*」の概念から説明しようとする。ま
たD.9,2,51との関連で⑤のウルピアヌス法文が伝えるユリアヌスの見解と
の矛盾が指摘され，Ankumをはじめ両法文の矛盾を解決する試みがなされ
た。

石川も指摘するように，注釈学派以来，D.9,2,51が伝えるユリアヌスの
見解と④が伝えるケルススの見解とを対置させるという流れが存在する。④

---

431) Cfr. Sirks, pp.328–329. Sirksは，主要原因*causa principalis*をはじめとする諸原因の
概念はギリシアに由来するが，ローマの法学者たちは，以下のテクストに示される
ようなキケローによって普及した用法に依拠したとする。Cicero de fato 41: Chrysip-
pus autem cum et necessitatem inprobaret et nihil vellet sine praepositis causis evenire,
causarum genera distinguit, ut et necessitatem effugiat et retineat fatum. 'Causarum enim',
inquit, 'aliae sunt perfectae et principales, aliae adiuvantes et proximae. Quam ob rem, cum
dicimus omnia fato fieri causis antecedentibus, non hoc intellegi volumus: causis perfectis
et principalibus, sed causis adiuvantibus et proximis'. 「しかしながらクリューシッポス
は，「必然」というものを認めず，なおかつ，前提となる原因なしになにか事柄が起こ
るということも望まないから，「必然」を免れ，かつ「運命」は温存するために，「原
因」の種類を区別する。彼は言う。『原因のうちのあるものは自己完結的で第一次的な
ものであり，あるものは補助的で直前のものである。したがって，「あらゆる事象は先
行する原因によって起こる」と言う時は，「自己完結的で第一次的な原因によって」と
言いたいわけではなく，「補助的で直前の原因によって」と言いたいのだ』と。」五之
治昌比呂訳「運命について」314頁（岡他編『キケロー』11，2000年，278–323頁，所
収）

432) Sirks, pp.338–340

はLenelがウルピアヌスのNr.614法文として整理し，同法文はアクィリウス法上の「殺害する」という文言の理解をめぐる法学者たちの議論を整理している[433]。以下ではユリアヌスが①で示している「殺害」行為の定義および解決を理解するために，Nr.614に採録される法文を見てみたい。

第3節　アクィリウス法上の文言「殺害する」の理解

1　ウルピアヌス「告示註解」第18巻（Ulp. Nr.614）

　LenelがウルピアヌスNr.614とする法文は，D.9,2,7,1-8，D.9,2,9,pr.-4およびD.9,2,11,pr.-5の計19法文によって再構成されている。von Lübtowによれば，これら諸法文では第一にアクィリウス法の「殺害する*occidere*」という文言の意味，すなわち「身体によって与えられた損害*damnum corpore datum*」による殺害であることを決定する（D.9,2,7,1-5）。第二に「身体により殺害する*corpore occidere*」を「死因を与える*mortis causam praebere*」と区別し，それに基づいて直接訴権*actio directa*またはプラエトル法上の事実訴権*actio in factum*のどちらかが与えられた（D.9,2,7,6-8；D.9,2,9,pr.-3）。第三に複数人の共同行為による殺害が扱われ（D.9,2,9,4；D.9,2,11,pr-5），まず加害者の寄与過失（過失相殺）の諸事例が取り上げられ（D.9,2,9,4およびD.9,2,11,pr.），次に複数の殺害者による共同行為が扱われる（D.9,2,11,1-5）[434]。

　D.9,2,7,1ではウルピアヌスがアクィリウス法上の「殺害」行為について定義を試み，D.9,2,7,3では直接的ではない間接的な物理的接触による加害行為が取り扱われる。D.9,2,7,6[435]およびD.9,2,9,pr.では「殺害する」とは別に「死因を与える」行為の議論がなされその具体的な事例が列挙されており，そのような事例にはアクィリウス法訴権ではなく事実訴権を適用することが述べられている。またD.9,2,11,5では物理的接触をアクィリウス法

---

433)　Lenel, Palingenesia Vol.II, S.523f.

434)　von Lübtow, Untersuchungen, S.136

435)　第4章第4節第2の2dを参照。

適用の基準とするユリアヌスの見解が紹介される。これら諸法文は①でユリアヌスが試みている「殺害」行為の定義を理解するに資するものといえる。

またD.9,2,11,2および4では複数の加害者による奴隷の殺害事例が取り扱われ④もこの中に位置するが，①で扱われるような二人の加害者による事例の加害の前後関係が明らかな場合や，複数加害者による殺害事例についての古法学者たちの意見が紹介されている。これら諸法文は，二人の加害者による殺害事例について両加害者にアクィリウス法の適用を認めるというユリアヌスの解決を理解するのに資するものといえる。このような理由からLenelがUlp.Nr.614として再構成する諸法文のうち，本章では既出のD.9,2,7,6を除いた以上6つの法文を見てみる。

⑥学説彙纂第9巻第2章第7法文第1項
　ところでわれわれは，あるいは剣によろうとあるいは棍棒またはその他の武器によろうと，あるいは手によろうと（たとえば彼を絞殺した場合），あるいは足で蹴ろうと頭突きをくらわそうとその他のいかなる仕方でも殺害されたと解すべきである[436]。

ウルピアヌスはここでアクィリウス法上の殺害行為を，武器を含めた身体による *corpore* 傷害行為によるものとしている。ここでウルピアヌスが述べている素手をはじめとする傷害行為への限定は，①でユリアヌスが述べる「手で *manu*」と符合している。同法文以下で具体的な事例が列挙されるが，以下の法文ではアクィリウス法訴権ではなく事実訴権が適用される事例が紹介される。

⑦学説彙纂第9巻第2章第7法文第3項
　それゆえある者が他人から押し倒されて損害を与えた場合，プロクルスは次のように言う。押し倒した者は殺害したのではないから責を負わ

436）　Occisum autem accipere debemus, sive gladio sive etiam fuste vel alio telo vel manibus（si forte strangulavit eum）vel calce petiit vel capite vel qualiter qualiter.

ず，また押し倒された者も違法に損害を与えたのではないから，彼も責を負わない。これに従えば，押し倒した者を相手方として事実訴権が付与されるべきものとする[437]。

素手をはじめとして直接的に傷害を加えた場合にしかアクィリウス法の適用はなかったが，プロクルスは上にあげる事例において他人を押し倒して傷害を加えるという間接的な傷害行為にも事実訴権を認めている。また以下に挙げる法文では「殺害する」とは別に「死因を与える」という表現が現れる。

⑧学説彙纂第9巻第2章第9法文首項
また助産婦が投薬しその結果，女が死亡した場合，ラベオは場合を分けて次のように言う。すなわち助産婦が自らの手で薬を服用させたときは殺害したとみなされるけれども，これに対して助産婦が女自ら服用するよう薬を与えたときは事実訴権が与えられるべきである。そしてこの見解はもっともである。というのは殺害したというより死因を与えたからである[438]。

既出のD.9,2,7,6を挟んで本法文が続くが，「そして」以下の部分はウルピアヌスの発言と見られるため，ラベオがケルススの述べるような「殺害する」か「死因を与える」という区別を認識していたかはわからない。しかし少なくともケルススが言うような間接的な傷害行為を「死因を与える」行為とし，事実訴権の適用範囲に含めたというのは確認できるといえる。また「自らの手でsuis manibus」殺害した場合はアクィリウス法訴権が与えられ

---

437) Proinde si quis alterius impulsu damnum dederit, Proculus scribit neque eum qui impulit teneri, quia non occidit, neque eum qui impulsus est, quia damnum iniuria non dedit : secundum quod in factum actio erit danda in eum qui impulit.

438) Item si obstetrix medicamentum dederit et inde mulier perierit, Labeo distinguit, ut, si quidem suis manibus supposuit, videatur occidisse : sin vero dedit, ut sibi mulier offerret, in factum actionem dandam, quae sententia vera est : magis enim causam mortis praestitit quam occidit.

198

る，と述べている点はユリアヌスと符合するように見える。すなわち，ユリアヌスも①でアクィリウス法上の殺害行為は「手で死因を与えるものと扱われる *quasi manu causam mortis praebere*」と述べている。さらに以下の法文では数人の共同不法行為による，加害者不明の事例が挙げられている。

⑨学説彙纂第9巻第2章第11法文第2項[439]

しかし数人の者が奴隷を強く叩いた場合には，あたかもその全員が殺害したものとしていずれもが責を負うのか否かについてわれわれは見ることにしよう。そこでもしそのうちのだれの打撃で死亡したのかが明らかである場合には，この者が殺害した者として責を負う。またもしそれらが明らかでない場合には，ユリアヌスはこの全員が殺害した者として責を負うと述べており，もしこのうちの一人を相手方として訴える場合でも，他の者たちは責を免れるのではない。すなわちアクィリウス法によればある者が賠償したことが他の者の責を免れさせることにはならない。なぜならば有責な行為が存在するからである[440]。

ユリアヌスは加害者が明確であればその者が責を負うが，不明であれば加害者全員が責を負うとする。その理由づけとしてアクィリウス法が罰訴権 *actio poenalis* であることを挙げている[441]。またウルピアヌスは以下の法文でも数人による共同不法行為の事例を挙げている。

⑩学説彙纂第9巻第2章第11法文第4項

数人の者が木を倒して奴隷を押しつぶした場合には，古法学者たちは

---

439)　Lenelは当該法文をD.9.2.51.1と同一内容として「＝」で結んでいる。Cfr. Lenel, Palingenesia I, S.481

440)　Sed si plures servum percusserint, utrum omnes quasi occiderint teneantur, videamus. Et si quidem apparet cuius ictu perierit, ille quasi occiderit tenetur: quod si non apparet, omnes quasi occiderint teneri Iulianus ait, et si cum uno agatur, ceteri non liberantur : nam ex lege Aquilia quod alius praestitit, alium non relevat, cum sit poena.

441)　アクィリウス法訴権が「損害賠償」と「罰金」の両方を含む「混合訴権 *actio mixta*」であることについて，クリンゲンベルク『債権法講義』333-334頁を参照。

その全員がアクィリウス法によって平等に責を負うものと認めている[442]。

　この法文で述べられていることは，②でユリアヌスが述べていることと符合するといえる。すなわち，殺害者不明の共同不法行為の場合に，古法学者たちは，加害者全員が連帯して責を負うと判断した，ということである。また前述の④は，⑨と⑩との間に位置する。

　さらにウルピアヌスは，加害者が飼い犬をけしかけて被害者を傷つけた事例を挙げ，プロクルスとユリアヌスの見解の違いを紹介する。

　⑪学説彙纂第9巻第2章第11法文第5項　ウルピアヌス告示註解18巻また犬を怒らせてある者に噛み傷を負わせた者を相手方としては，たとえその者が犬をつないでいなかったとしても[443]，プロクルスはアクィリウス法訴権が認められるとした。しかしユリアヌスは，犬をつないではいたがそれでもなお他人に噛み傷を負わせた者だけがアクィリウス法によって責を負い，当然，犬をつないでいなかったときには事実訴権で訴えられるべきである，と述べる[444]。

　ユリアヌスは犬をつないでいた場合にアクィリウス法訴権を認めている。このことは①でユリアヌスが「手で*manu*」と言っていることと符合するように見える。すなわちユリアヌスはアクィリウス法訴権を行使しうるかどうかについて，あくまで物理的な接触をもったか否かを重視したということで

---

442)　Si plures trabem deiecerint et hominem oppresserint, aeque veteribus placet omnes lege Aquilia teneri.

443)　ここでの譲歩は，後でウルピアヌスが犬をつないでいなかった場合に事実訴権を認めていることから推測するに，通常，犬をつないでいなければ事実訴権を認めるべきというウルピアヌスの考えを反映したものであって，つないでいなければ免責されるという趣旨ではない。

444)　Item cum eo, qui canem irritaverat et effecerat, ut aliquem morderet, quamvis eum non tenuit, Proculus respondit Aquiliae actionem esse : sed Iulianus eum demum Aquilia teneri ait, qui tenuit et effecit ut aliquem morderet : ceterum si non tenuit, in factum agendum.

ある。

2 ユリアヌスの解決が意図するもの

LenelがウルピアヌスNr.614として再構成するアクィリウス法の「殺害」規定解釈関連諸法文をこれまで見てきた。これら諸法文から推測されるのは，ユリアヌスも他の法学者もアクィリウス法適用の条件として直接的かつ物理的接触を前提にしているが，⑥でウルピアヌスが述べるように，このような理解はウルピアヌスの時代にも保持されていたということである。これはAndrewsも指摘するように，ローマの法学者たちはアクィリウス法第一章を解釈する際に直接的原因と間接的原因との間の区別に関する抽象的議論ではなく，単に「殺害する」という文言の核となる意味を構築することに注意し，これを慎重に拡張してきたということに起因するものといえる[445]。このことをユリアヌスは①で「暴力を用い，そして手で死因を与えるものと扱われる」という形で再定義し，そしてその原則をユリアヌス自身も貫徹しているといえるのではないか。

また⑦のプロクルスの見解からわかるのは，加害者と被害者との間に直接的な接触を見出せない場合，直接訴権 actio directa としてのアクィリウス法訴権の適用が難しい場合は事実訴権を適用したということである[446]。⑧でウルピアヌスがケルススの見解を紹介しているが，それによれば「殺害する」行為と「死因を与える」行為とを区別し，前者についてアクィリウス法を，後者については事実訴権を適用する。これは⑦や⑧で加害者と被害者との間に物理的接触が認められない場合にラベオやプロクルスが事実訴権を適用しているように，アクィリウス法の適用が困難な事例への事実訴権の適用という法学者たちの議論を，ケルススが再定義するような形でまとめようとしたものといえる。

また⑨で数人の加害者による共同不法行為が取り上げられているが，これ

---

445) Andrews, Occidere, p.315
446) アクィリウス法が想定していない事例についてプラエトルが準訴権および事実訴権を案出したことについて，クリンゲンベルク『債権法講義』331頁を参照。

は①でユリアヌスが述べている判断と符合するように見える。すなわち注釈学派以来，D.9,2,51は「追い越し原因」の事例として取り上げられてきたが，Kortmannも述べるように，ユリアヌスは当該事例を殺害者不明に類似する事例として，現代法的に言えば「代替的原因」の事例のように把握していたといえる。アクィリウス法訴権が罰訴権actio poenalisでもあったことを考えれば，二人の加害者に対して殺害したものとして重畳的に責を負わせる①のユリアヌスの判断も合理的に理解できるといえる[447]。

第4節 小 括

共和政期からアクィリウス法上の「殺害する」という行為について，身体による物理的かつ直接的な傷害を加えて殺害する場合に殺害行為と理解するという原則があったものと思われ，法学者たちは個別の事例においてどこまで殺害行為と理解するかについて判断していた。⑪からもわかるようにユリアヌス自身も立法当初からのアクィリウス法上の殺害行為の解釈の原則に従った。

しかしながらアクィリウス法の立法から時が経つにつれてそのような原則ではカバーしきれない事例，例えば毒を盛って殺害するというような事例が起こり，法学者たちは「殺害する」とは別に「死因を与える」という行為でもってそのような事例を把握し，事実訴権でカバーするようになる。また複数加害者による殺害者不明の事例においては，共和政期には古法学者たちが加害者全員にアクィリウス法で責を負わせていた。

その上でユリアヌスが，⑨で殺害者不明の事例において加害者全員に連帯して責を負わせていること，またアクィリウス法がそもそも罰訴権の性格を備えたこと，および②で「悪行が処罰されないのは許されない」と述べていることを鑑みれば，D.9,2,51のような二人の加害者がおり前後関係は明白

---

447) アクィリウス法の罰訴権としての性格，および責任の重畳的競合について，原田『史的素描』348頁を参照。クリンゲンベルクによれば，アクィリウス法訴権は混合訴権であり，その目的は「損害賠償」と「罰金」の両方を含む。クリンゲンベルク『債権法講義』333頁を参照。

であるがどちらが殺害したのかアクィリウス法の適用が争われるような事例において，ユリアヌスはあくまで「殺害する」という文言の原義に立ち返り，また古法学者たちの解決も参照した上でアクィリウス法の限界を突破しようとしたといえるのではないか。

結　論

　ここまでケルススの分析を中心として彼のコンスルとしての活動，また法格言の分析を中心とした法学分析や遺贈に関する法文の分析，ユリアヌスの法解釈の分析を行ってきた。これらを統合してケルススやユリアヌスを中心として古典期法学者の総合的把握を試みるという課題設定にどのような答えを見い出せるだろうか。

第 *1* 節　ケルススの法学者像

　第1章では帝政前期の法学の状況について確認した。プロクルス学派とサビヌス学派との対立において，それぞれの初代学頭が先進的な性格と保守的な性格で対置されていること，またその学風は後の世代にも少なからず引き継がれプロクルス派の学頭を務めたケルススにも先進性という気風は継承されたといえることも確認した。またSHAの記述に基づいて，ケルススがハドリアヌス帝の皇帝顧問会に帰属していたことを確認した。この顧問会については機能や人選等，不明確な部分が多いが，この顧問会が元来，皇帝の友人たちから構成されていたことを考えれば，構成員として参加したケルススも皇帝とはかなり近い関係にあったといえる。

　また第2章ではケルススの出自や経歴，および彼がコンスルのときに定められたとされる元老院議決の分析を通じて，経歴面では当時の公職経歴として最高位に値するものを経験していること，ならびにケルスス自身がコンスルという立場ではありながら実質的にハドリアヌス帝の官吏として，皇帝

金庫への転落財産をめぐる諸問題に取り組んでいたことを確認した。これに
よって従来，皇帝顧問会への帰属でのみ語られることの多かったケルススと
ハドリアヌス帝との関係がより明確になったものといえる。ケルススは顧問
会へ帰属することで皇帝への助言を行うかたわらで，皇帝のために公職とし
て活動することもあったということが確認できた。また南川は皇帝が元老院
と切り離された存在では決してなく，元老院に集う政治支配層を自己の党派
として組織化することを不断に必要としたとし，ハドリアヌス帝が権力の維
持と発展のためにしばらく元老院との衝突と妥協を繰り返さなければならな
かったこと，またハドリアヌス帝が画期的な事業を残し安定した支配を持続
しえたのも広大な帝国の統治者としてふさわしい政治支配層全体を自己の党
派として組織しえたことがその根底にあったことを指摘している[448]。皇帝
が元老院との共同統治を重視する中で，ケルススが両者の間を取り持つ役割
を演じていたことも注目される。

　第3章ではケルススの法格言の1つである「法は善および衡平の術であ
る」を分析の対象として「善および衡平 *b.e.a.*」という論拠の法学上の用い
方についてケルススが，共和政期までの伝統的な嫁資の問題の中での用い方
に限定されず，不当利得返還請求や債務履行の遅滞といった他の問題にも適
用していったことを明らかにした。ケルススにとって *b.e.a.* は論証の1つの
カテゴリーであり，それまでの先行研究が想定してきたような彼自身の法学
を導く中心思想ではなかった。「法は善および衡平の術である」というケル
ススの言は，それまでの *b.e.a.* の法学上の用い方を変えていった，ケルスス
の革新的な法学のあり方を表しているものと考えることができる。

　第4章ではケルススの法解釈をめぐる格言を対象として，特に *vis ac
potestas* という表現に着目した。その結果，*vis ac potestas* という表現は同
じような意味を持つ *vis* と *potestas* という2つの言葉を用いた重語であり共
和政期から用いられ，法学ではセルウィウスが用いていることを確認した。
またケルススが用いる「法律の力 *v.a.p. legum*」という表現は，文言の意味
を事例に応じて限定したり拡大したりしようとするケルススの法解釈方法を

448）　南川，234-235頁。

言い表したものである。従来の先行研究が唱えてきた法解釈の際の基準を，「立法者意思」や「法律の意思」に限定するものではないことが明らかになった。また共和政期のセルウィウスが同様の表現を用いていることから，ケルススがセルウィウスをはじめとする共和政期の法学に関心を払っていたといえる。これはUssaniを除いて従来の先行研究では注目されてこなかったケルススの過去への眼差しとでも言うことができよう。

　そして第5章では家財道具の遺贈に関する法文を中心に，ケルススの遺贈解釈について見た。家財道具の遺贈解釈については共和政期から法学者たちの間で遺言人の意思を尊重する者と，家財道具の定義を試みる者とが併存していた。また金製品をはじめとする高価な材料で作られたものも家財道具として把握するかどうかについて，共和政期では嗜好品として把握しないという傾向があったが帝政期になるとそのような境界は徐々に崩れ始め，パピニアヌスを境に銀製品を含む嗜好品で作られたものも家財道具に含まれるようになった。このような流れの中でケルススは，食器類は例外とするものの金といった高価な材料で作られても家財道具であるという解釈上の転換をもたらし，それがパピニアヌスをはじめとするセウェルス朝期の法学者たちにも受け継がれたことを確認した。ローマ社会における金製品や銀製品をはじめとする奢侈品の浸透という社会の実態を考慮しながらも，共和政期以来の伝統を守りながらより社会実態に即した衡平な解決を目指したケルススの姿勢がみてとれる。これは第3章で確認した革新性，および第4章で確認した共和政期以来の伝統を守る過去への眼差しの両方がこの遺贈解釈法文には含まれているといえるのではないか。

　ローマが共和政から帝政へと変貌を遂げ，領土を拡大する中で新たに拡大した領土をどのように統治するかという問題は，皇帝にとって喫緊の課題であったろう。また拡大する領土を維持する財源をどのように確保するかということもまた大きな課題であったはずである。このような諸問題を前にしてケルススはコンスルとして，また顧問会の一員として皇帝の政策を支えた。またそのような統治の中で新たに拡大した領土を統治する*ab epistulis*をはじめとする下級官吏が増え，このような細かな法的議論を好まない下級官吏たちのために法格言を形成していった[449)]。

そのような状況の中でケルススは古法学者たちをはじめとする過去の法学者たちの学説にも目を向け，それを摂取しながら目の前にある現実の問題の解決に向かっていった[450]。法解釈や遺贈解釈に見られるように共和政期以来の伝統に目向けながらもそれに固執することなく，現実問題の状況に応じた柔軟な解決をケルススは提示しようとしたのではないだろうか。Hausmaningerはケルススが伝統を維持しながら法を革新していたことを指摘すると共に，ポンポニウスが「日に日に法をより良くしうる法学者によらなければ，法は存在しえない[451]。」と述べたことを紹介し，これを体現するにケルスス以上の法学者はいなかったと述べている[452]。直面する現実的課題を前に，先学の成果も参考にしながらより社会に即した形で法学を革新していくケルススという法学者像を，同表現はよく言い表しているのではないだろうか。

　また第4章ではケルススが後世のウルピアヌスに引用されていたこと，第5章ではケルススが先代の法学者たちを引用していたことを述べたが，これらのことからケルススがローマ法学史上において，先代と後世とをつなぐ役割を果たしていたことも注目される。「法学大全*Digesta*」が教育目的で編まれたことを考慮すれば，ケルススは後代に議論を伝えるために先代の法学者を引用したといえる。そのような姿勢を，ウルピアヌスをはじめとした後代の法学者たちも引継ぎ，結果として前後の時代をつなぐ役目をはたしたことは否定できないといえるのではないか。

第2節　ユリアヌスとの対比において

　最後にケルススとユリアヌスとを比較した場合，どのような古典期法学の

---

449)　前掲注175を参照。

450)　ローマの法学者たちの伝統主義については以下の論文も参照。Cfr. Nörr, Trad-ionalismus

451)　D.1,2,2,13 : constare non potest ius, nisi sit aliquis iuris peritus, per quem possit cottidie in melius produci.

452)　Hausmaninger, Iuventius, p.264

特徴が，特に古典盛期と呼ばれる時代の法学者の特徴が表れるか確認しよう。まず両者の経歴を確認すると二人ともコンスルや属州長官といった高位の公職を歴任しており，社会的にもかなり上層にある人物であったといえる。また両者ともハドリアヌス帝の皇帝顧問会のメンバーであることから，皇帝とも非常に関係が深かったといえる。皇帝顧問会の分析で判明したように同会の職務は司法問題に限られたわけではなかったから，両者は法的な問題の他にも行政や軍事をはじめとした様々な問題について皇帝から相談を受けていたといえる。その意味では両者とも２世紀半ばのローマ帝国を，司法面を中心として指導した人物であることは間違いないといえる。このことは両者とも「法学大全」と呼ばれる著作形式が残されていることからも推測される。このような著作形式は基本的には門弟たちが師の教えを後世に伝える目的で書いたと思われるが，このような著作は特に帝国官吏育成の要所であった法学教授の場でも用いられたと推測され，両者の法学説は後世の司法運営にあたっての模範とされたことは想像に難くない。

　また本書ではケルススとユリアヌスのアクィリウス法の解釈，特に一人の奴隷に対し二人の加害者が時間を前後して加害行為におよんだケースを取り上げたが，このようなケースの解釈をめぐって両者が異なる見解を示していることを確認した。ケルススが最初に加害行為に及んだ者を「加害者」としておそらく同法第３条の加害者責任規定により責を負わせ，後に加害行為に及んで殺害に至った者を同法１条の殺害者責任規定により責めを負わせ両者の責任に区別を付けたのに対し，ユリアヌスは同様の事例において先に加害した者と後に加害した者の両方とも同法１条の殺害者責任規定により責めを負わせた。

　多くの先行研究も示すように，ケルススの解決の方が丁寧であり，妥当なものといえる。実際にローマの法学者たちも，マルケッルスやウルピアヌスといった者たちがケルススの解決に同意していた。しかしユリアヌスはこのような事例について先に加害した者と後に加害した者と両者とも殺害したものとして責を負わせているのは，一見すると飛躍した解決のように見える。しかしユリアヌスの解決にどのような判断が含まれているにしろ，同様の事例において先に加害した者と，後に加害した者とどちらの行為が原因で死亡

したかを判断することが，特に現代ほど医学が発達してもいない社会におい
て困難であることは，想像に難くない。ケルススが個別事例を念頭に置きつ
つも法理論的に1つ1つの事例を詰めていったのに対し，ユリアヌスは実際
の裁判の場における証明の難しさを念頭に置きつつ，より実務的に妥当な解
決を模索していた様子が同事例からうかがえるのではないだろうか。

　最後に残された課題について述べておくと，本書ではケルススを中心に
扱ったが，ケルスス史料の全体的な検討にまで至ることはできなかった。ケ
ルスス史料にはケルススが書いたものとして直接的に伝わるものと，本書で
も多くの箇所で扱ったようにウルピアヌス等の法学者がケルススを引用する
形で間接的に伝わるものとがある[453]。さしあたり直接的に伝わるものだけ
でも一瞥する必要があるが，本書ではそれは適わなかったため，今後の課題
としたい。

453）　Hausmaningerは，ウルピアヌスを除いて他の法学者がケルススを引用することが少
　なかったことを指摘する。他の法学者を引用する多くの著作を書いたポンポニウスも，ケ
　ルススの引用は他の法学者の引用に比べれば稀で，ユリアヌスやマエキアヌスもケルスス
　を一回だけ引用するのみで，その他の法学者は全く引用していない。その理由として，①
　ケルススの39巻のDigestaが，同時代のユリアヌスの90巻のDigestaの影に隠れてしまった
　こと，②ケルススの攻撃的な性格が影響して，ユリアヌスのように自身の業績を宣揚して
　くれるような教え子たちに恵まれなかったこと，③同時代の法学者を引用するよりも，過
　去の法学者を引用する方が好まれたというその時代の風潮があったのではないかと考えら
　れる。Cfr. Hausmaninger, Iuventius, p.263

あとがき

　本書は2017年10月に早稲田大学に提出した博士学位論文「プブリウス・ユウェンティウス・ケルスス」に加筆修正し、既出の論文も加えて一書にまとめたものである。博士論文ではケルススについて扱ったが、博士論文の提出後に発表したユリアヌスに関する論文も加えてローマ法の古典期の法学の実態を把握しようとするのが、本書の狙いである。既出論文の詳細については、初出一覧を参照されたい。

　筆者が法制史、特にローマ法の研究を志した一つの大きなきっかけは、学部生時代にイタリアのボローニャ大学に留学したことである。ボローニャは世界最古の大学がある都市として有名で、中世の面影を残す町並みの中で多くの学生が集い、学問探求の気風を強く感じさせる町であった。ボローニャ市庁舎に中世にローマ法を復活させた註釈学派の祖であるイルネリウスが机にかじりつく絵を見たときは、この学問の町が持つ法学研究の伝統を強く感じることができた。ローマ法の祖国で勉強する機会を得たことは、間違いなく筆者のその後の人生に大きく影響したといえる。

　帰国後、学部を卒業し、大学院でローマ法研究を志し、早稲田大学大学院法学研究科の原田俊彦先生に快く受け入れていただいた。大学院へ入学した後、先生の講義を拝聴する機会に恵まれ、ローマ法史やローマ私法についてお話を伺うことができた。その講義の中で古代ローマ法の発展には法学者が重要な役割を果たしたと伺ったが、ローマの法学、特に私法についての研究は進んでいるように見えるが、法学者それ自身についての研究はどの程度進んでいるのであろうと疑問に思ったのが研究の始まりであった。すでに国内において大阪大学大学院法学研究科の林智良先生が共和政期の法学者について研究を進めておられ、林先生のご研究が大きな導きとなったのはいうまでもない。しかしながら共和政期の法学者についてはキケローが多くの史料を残してくれているのに対し、帝政期はそのような史料がほとんどない。このような状況にあってローマ史研究の成果等も取り入れながら、なんとか法学

者を立体的に描けないかと苦心した結果が本書である。

　博士論文の執筆には、博士課程への入学から6年以上の歳月を要したが、この間、原田先生のご指導がなければ博士論文の提出に至らなかったことはいうまでもない。研究についてのご指導はもちろん、生活面についても細かなお気遣いを賜った。先生にマイペースな筆者の研究を根気強く見守っていただかなければ、本書が世に出ることはなかったであろう。また早稲田大学ローマ法研究会の皆様にもことあるごとに筆者の研究報告に耳を傾けていただき、ご意見をいただいた。これからの研究に精進することでしか、これらのご恩に報いることはできない。

　また日本ローマ法研究会の皆様、上智大学ローマ法研究会の皆様にはラテン語の読解をはじめ、研究について細かなご指摘をいただいた。研究会後の食事の場を含め、そこでいただいたご意見が筆者のそのときどきの研究を進めたことはいうまでもない。改めて感謝申し上げる。

　本書の刊行に際しては、畑ひろ乃さんをはじめ早稲田大学出版部の皆様にお世話になった。改めて謝意を表する。また本書はJSPS科研費JP20K13304の助成を得て行った研究成果の一部である。

　最後に長い研究生活に理解を示し援助を惜しまなかった父と母、研究者という特殊なキャリアを理解しサポートしてくれる妻、そして目まぐるしく過ぎていく日々の中で小さな気付きを与えてくれる娘に感謝したい。

　　　2024年7月　　　　　　　　　　　　　　　　塚原　義央

初出一覧

序　論　書き下ろし

第1章　書き下ろし

第2章　「クィントゥス・ユリウス・バルブスおよびプブリウス・ユウェンティウス・ケルススがコンスルのときになされた元老院議決―古典期法学者・ケルススの社会的一側面―」早稲田法学会誌66巻1号，2015年

第3章　「法は善および衡平の術である *ius est ars boni et aequi*―古典期法学者・ケルススの法学分析の一端として―」（1）（2・完），早稲田大学大学院法研論集147〜148号，2013年

第4章　「法律を知るとはその文言を把握することではなくて，その力を把握することである Scire leges non hoc est verba earum tenere, sed vim ac potestatem」―古典期法学者・ケルススの法解釈―」（1）（2・完），早稲田大学大学院法研論集149〜150号，2014年

第5章　「古典期法学者・ケルススの遺贈解釈―家財道具 *supellex* の遺贈を中心に―」早稲田法学会誌67巻2号，2017年

第6章　「ユリアヌスの法解釈―アクィリウス法を素材に」（額定其労・佐々木健・髙田久美・丸本由美子編『身分と経済―法制史学会70周年若手記念論集』慈学社，2019年，所収）

結　論　書き下ろし

参考文献一覧

Albanese, Rei vindicatio = B. Albanese, Rei vindicatio se offerre e actio de dolo, *Annali del Seminario Giuridico della Università di Palermo* 33, Palermo, 1972

Idem, vox = B. Albanese, vox e mens dicentis in Celso (D.33,10,7), *Annali del seminario giuridico dell'università di Palermo* 34, Palermo, 1973

Idem, Tre studi celsini = B. Albanese, Tre studi celsini, *Annali del seminario giuridico della università di Palermo* 34, 1973

Albertario = E. Albertario, La responsabilità del bonae fidei possessor al limite del suo arricchimento nella restituzione dei frutti, *Studi di Diritto Romano* 4, Milano, 1933

Amarelli, Consilia = F. Amarelli, *Consilia principum*, Napoli, 1983

Idem, Giuristi = F. Amarelli, Giuristi e principe da Augusto agli Antonini. Conflitti compromessi collaborazioni, *Per la storia del pensiero giridico romano da Augusto agli Antonini : Atti del seminario di S. Marino, 12-14 gennaio 1995,* Torino, 1996

Andrews = N. H. Andrews, "Occidere" and the Lex Aquilia, *Cambridge Law Journal* 46 (2), 1987, pp.315-329

Ankum = H. Ankum, Das Problem der "überholende Kausalität"bei der Anwendung der lex Aquilia im klassischen römischen Recht, in *De iustitia et iure, festgabe für Ulrich von Lübtow zum 80. Geburtstag*, Berlin, 1980, SS.325-358

Arcaria, Commissioni = F. Arcaria, Commissioni senatorie e «conisilia principum» nella dinamica dei rapporti tra senato e principe, *Index* 19, 1991

Idem, Senatus = F. Arcaria, *Senatus censuit : Attività giudiziaria ed attività normativa del senato in età imperiale*, Milano, 1992

Astolfi, Studi = R. Astolfi, *Studi sull'oggetto dei legati nel diritto romano* II, Padova, 1968

Idem, Legato = R. Astolfi, Legato di una categoria economico-sociale, *Labeo* 20, 1974

Atkinson = K. M. T. Atkinson, The Education of the Lawyer in Ancient Rome, *South African Law Journal* 87, 1970

Babusiaux = U. Babusiaux, Funktion der Etymologie in der Juristischen Literatur ; in R. van den Bergh, G. van Niekerk, P. Pichonnaz etc., *Meditationes de iure et historia : Essays in honour of Laurens Winkel*, Unisa Press, 2014

Bauman, Republican Politics = R. A. Bauman, *Lawyers in Roman Republican politics : a study of the Roman jurists in their political setting, 316-82 BC*, München, 1983

Idem, Transitional Politics = R. A. Bauman, *Lawyers in Roman transitional politics : a study of the Roman jurists in their political setting in the Late Republic and Triumvirate*, München, 1985

Idem, Roman Empire = R. A. Bauman, *Lawyers and politics in the early Roman Empire : a study of relations between the Roman jurists and the emperors from Augustus to Hadrian*, München, 1989（書評：M. Talamanca, BIDR 94-95, 1991-1992, pp.544-571 ; O. Behrends, ZRG 108, 1991, SS.432-447）

Bayley = ed. and tr. by D. R. Shackleton Bayley, *Quintilian The Lesser Declamations I*, Cambridge, Massachusetts, 2006（Loeb Classical Library）

Behrends = O. Behrends, Institutionelles und prinzipielles Denken im römischen Privatrecht, *ZRG* 95, 1978

Berger = A.Berger, *Encyclopedic Dictionary of Roman Law*, Philadelphia : American Philosophical Society, 1953

Beseler = G. Beseler, *Beiträge zur Kritik der römischen Rechtsquellen* 4, Tübingen, 1920

Birley = Anthony R. Birley, *Hadrian : The restless emperor*, London and New York, 1997

Bretone, Tecniche = M. Bretone, *Tecniche e Ideologie dei giuristi romani*, Napoli, 1971

Idem, Diritto = M. Bretone, *Diritto e pensiero giuridico romano*, Firenze, 1976

Bruns = K. G. Bruns, *Fontes Iuris Romani Antiqui*, Tübingen,1909

Bund = E. Bund, Salvius Iulianus, Leben und Werk, in *ANRW* II.15, SS.408-454

Camodeca = G. Camodeca, Sulla biografia e la carrier del giurista Iuventius Celsus, in a cura di E. Dovere, *Munuscula : scritti in ricordo di Luigi Amirante*, Napoli, 2010

Carcaterra = A. Carcaterra, Semiotica e linguistica dei giuristi romani, *Studi in onore di Cesare Sanfilippo* VI, Milano,1985

Casavola = F. Casavola, Il modello del parlante per Favorino e Celso, *Atti dell'Accademia di Scienze Morali e Politiche della Società Nazionale di Scienze, Lettere ed Arti*, Napoli, 1971 = Idem, *Giuristi Adrianei*, Napoli, 1980, pp.107-125（書評：U. Manthe, ZRG 99, 1982, SS.422-426）

Cerami, Verba = P. Cerami, Verba e voluntas in Celso figlio, *Studi in onore di Andrea Arena* I, Padova, 1981

Idem, Concezione = P. Cerami, La concezione celsina del ius, *Annali del sem-*

inario giuridico della università di Palermo 38, 1985, pp.5-250（書評：H. Hausmaninger, Iura 36, 1985, pp.162-171）

Coli = U. Coli, Fisco : Diritto romano, in *NNDI* 7, 1961

Crawford = M. H. Crawford, *Roman Statutes*, London, 1996

Crook = J. A. Crook, *Consilium Principis*, Cambridge, 1955 (Reprint : New York 1975)

Daube = D. Daube, Zur Palingenesie einiger Klassikerfragmente, *ZRG* 76, 1959

de Dominicis = M. Antonio de Dominicis, legati, in *NNDI* 9, 1962

Degrassi = A. Degrassi, *I fasti consolari dell'Impero romano dal 30 avanti Cristo al 613 dopo Cristo*, Roma, 1952

De Marini Avonzo, funzione = F. De Marini Avonzo, *La funzione giurisdizionale del senato romano*, Milano, 1957

Idem, Digesta = F. De Marini Avonzo, Digesta, in *NNDI* 5, 1960

Di Paola = S. Di Paola, *Saggi in materia di hereditatis petitio*, Milano, 1954

Falchi = G. L. Falchi, *Le controversie tra Sabiniani e Proculiani*, Milano, 1981 （書評：T. Honsell, *ZRG* 100, 1983, SS. 644-647）

Frier = B. W.Frier, law, Roman, sociology, in *OCD*, pp.801-802

Georges = Karl Ernst Georges, *Ausführliches lateinisch-deutsches Handwörterbuch : aus den Quellen zusammengetragen und mit besonderer Bezugnahme auf Synonymik und Antiquitäten unter Berücksichtigung der besten Hilfsmittel*, Hannover, 1806-1895

Harke = J. D. Harke, *Argumenta Iuventiana : Entscheidungsbegrundungen eines hochklassiscehn Juristen*, Berlin, 1999（書評：J. Hallebeek, TR 69, 2001, SS. 145-147；F. Horak, *ZRG* 118, 2001, SS.413-430）

Hausmaninger, Regula = H. Hausmaninger, Celsus und die regula Catoniana, *TR* 36, 1968

Idem, Gesetzesinterpretation = H. Hausmaningers, Zur Gesetzesinterpretation des Celsus, *Studi in onore di G. Grosso* V, Torino, 1972

Idem, Celsus = H. Hausmaninger, Publius Iuventius Celsus : Persönlichkeit und juristische Argumentation, *ANRW* II.15, 1976

Idem, Legatsinterpretation = H. Hausmaninger, Zur Legatsinterpretation des Celsus, *Iura* 35, 1984

Idem, Proculus = H. Haumaninger, Celsus gegen Proculus, in K. Slapnicar (Hg.), *Tradition und Fortentwicklung im Recht : Festschrift zum 90. Geburtstag von Ulrich von Lübtow am 21. August 1990*, Rheinfelden, 1991

Idem, Id quod actum est = H. Hausmaninger, Id quod actum est als Argumentationsfigur bei Celsus, *Vestigia iuris Romani : Festschrift für*

Gunter Wesener zum 60. Geburtstag am 3. Juni 1992, Graz, 1992

Idem, Iuventius = H. Hausmaninger, Publius Iuventius Celsus : The Profile of a Classical Roman Jurist, *The Profile of a Classical Jurist, in Festschrift f. R. S. Summers*, Berlin 1994

Idem, Celsus filius = H. Haumaninger, Celsus filius – naturali aequitate motus – gegen Celsus pater (Ulp.D,12,3,4,7), in M. J. Schermaier, J. M. Rainer, L. C. Winkel (Hg.), *Iurisprudentia universalis : Festschrift für Theo Mayer-Maly zum 70. Geburtstag*, Köln, 2002

Hendel = A. C. Hendel, D.28,4,3 Marcellus libro 29 digestorum : Zum Sicherheitsgedanken bei der benignior interpretation, *ZRG* 130, 2013

Heumann–Seckel = H. Heumann und E. Seckel, *Handlexikon zu den Quellen des römischen Rechts*, 11 Auf., Graz, 1971

Honoré, Government = T. Honoré, Lawyers and Government in the 'Historia Augusta', *Iura* 42, 1991

Idem, Lawyers = T. Honoré, *Emperors and Lawyers : with a palingenesia of third-century imperial rescripts 193–305 AD*, 2nd ed., Oxford, 1994

Idem, Ulpian = T. Honoré, *Ulpian : Pioneer of Human Rights*, 2nd ed., Oxford, 2002

Idem, Roman lawyers = T, Honoré, lawyers, Roman, in *OCD*, pp.812–813

Horak = F. Horak, *Rationes decidendi : Entscheidungsbegründungen bei den älteren römischen Juristen bis Labeo* 1, Scientia Verlag Aalen, 1969

John = U. John, *Die Auslegung des Legats von Sachgesamtheiten im römischen Recht bis Labeo*, Karlsruhe : C. F. Müller, 1970 (書評：G. Grosso, *BIDR* 74, 1971, pp360–364 ; R. Astolfi, *SDHI* 38, 1972, pp.417–426 ; E. Bund, *Gnomon* 46.4,1974, SS.380–384)

Kaser, Passivlegitimation = M. Kaser, Die Passivlegitimation zur hereditatis petitio, in *ZRG* 72, 1955

Idem, Besitz und Verschulden = M. Kaser, Nochmals über Besitz und Verschulden bei den actiones in rem, *ZRG* 98,1981

Knütel, Modestinus = R. Knütel, Modestinus, Herennius, in Stolleis, Juristen

Idem, Papinianus = R. Knütel, Papinianus, Aemilius, in Stolleis

Idem, Paulus = R. Knütel, Paulus, Iulius, in Stolleis

Kollatz = U. Kollatz, *Vis ac potestas legis : ein Beitrag zu Auslegungsfragen, untersucht an juristischen und nichtjuristischen Quellen bis Celsus*, Frankfurt am Mein, 1963

Kortmann = J. S. Kortmann, Ab alio ictu (s) : Misconceptions about Julian's View on Causation, *The Journal of Legal History Vol.20 No.2*, 1999, pp.95–103

Kreller = H. Kreller, *Römisches Recht II : Grundlehren des gemeinen Rechts*, Wien, 1950

Kunkel, Juristen = *Die Römischen Juristen : Herkunft und soziale Stellung*, Köln : Böhlau, 2001

Idem, Funktion = W. Kunkel, Die Funktiondes Konsiliums in der magistratischen Strafjustiz und im Kaiser gericht I, *ZRG* 84, 1967, SS.218-244 ; Ibidem II, *ZRG* 85, 1968, SS.253-329 = Idem, *Kleine Schriften*, Weimar, 1974, SS.151-254

Kunkel / Schermaier = W. Kunkel / Martin Schermaier, *Römische Rechtsgeschchite*, 14. Durchgesehene Auflage, 2005

Kupisch = B. Kupisch, Labeo filius, in Stolleis

Landi = G Landi, Fisco : Diritto romano, in *ED* 17

Lenel, Edictum = O. Lenel, *Das Edictum Perpetuum*, Unveränderter Nachdruck, Leipzig, 1956

Idem, Palingenesia, =O. Lenel, *Palingenesia Iuris Civilis*, 2 Bde., Leipzig, 1889

Liebs, Gemischte Begriffe = D. Liebs, Gemischte Begriffe im römischen Recht, *Index* 1, 1970

Idem, Rechtsschulen = D. Liebs, Rechtsschulen und Rechtsunterricht im Prinzipat, in *ANRW* II.15, 1976

Idem, Juristen = D. Liebs, Juristen als Sekretäre des römischen Kaiser, *ZRG* 100, 1983

Idem, Rechtsgutachten = D. Liebs, Römische Rechtsgutachten und "Responsorum libri", in G. Vogt-Spira (Hg.), *Strukturen der Mündlichkeit in der römischen Literatur*, Tübingen, 1990

Idem, Rechtsregeln = D. Liebs, *Lateinische Rechtsregeln und Rechtssprichwörter*, 7. vollständig überarbeitete und verbesserte Aufl., München, 2007

Idem, Hofjuristen = D. Liebs, *Hofjuristen der römischen Kaiser bis Justinian*, München, 2010

Idem, Jurisprudenz = D. Liebs, Jurisprudenz, in : hrg. von K. Sallmann, *Die Literatur des Umbruchs : von der römischen zur christlichen Literatur, 117 bis 284 n. Chr.*, München, 1997

Longo = G. Longo, *L'hereditatis petitio*, Padova, 1933

Marrone = M. Marrone, A proposito di perdita dolosa del possesso, *Studi in onore di A. Biscardi* 6, Milano, 1987

Martini, definizioni = R. Martini, *Le definizioni dei giuristi romani*, Milano, 1966

Idem, legato = R. Martini, Ancora sul legato di vesti, *Labeo* 17, 1971

Mayer-Maly, Rechtsbegriff = T. Mayer-Maly, Vom Rechtsbegriff der Römer, *Österreichische Zeitschrift für Öffentliches Recht* 9, 1958

Idem, Homer = T. Mayer-Maly, Homer in römischen Rechtstexten, in *TR* 72, 2004

Mommsen = Th. Mommsen, *Römische Staatsrecht* I–III, Leipzig, 1887

Müller-Ehlen = M. Müller-Ehlen, *Hereditatis petitio : Studien zur Leistung auf fremde Schuld und zur Bereicherungshaftung in der römischen Erbschaftsklage*, Köln – Weimar – Wien, 1998

Nörr, Tradizionalismus = D. Nörr, Zum Tradizionalismus der römischen Juristen, in H. H. Jakobs, B. Knobbe-Keuk, E. Picker, J. Wilhelm (Hg.), *Festschrift für Werner Flume zum 70. Geburtstag, 12. September 1978*, Bd.1, Köln, 1978

Idem, Causa = D. Nörr, *Causa mortis : auf den Spuren einer Redewendung*, München, 1986

Idem, prosopographica = D. Nörr, Minima prosopographica zu Celsus filiius, in K. Muscheler (Hg.), *Römische Jurisprudenz – Dogmatik, Überlieferung, Rezeption : Festschrift für Detlef Liebs zum 75. Geburtstag*, Berlin, 2011

Pernice = A. Pernice, *Labeo Teil A*, Scientia Verlag Aalen, 1963

Pescani = P. Pescani, Potentior est quam vox mens dicentis, *Iura* 22, 1971

Pringsheim = F. Pringsheim, Bonum et Aequum, *ZRG* 52, 1932 = Idem, *Gesammelte Abhandlungen* I, Heidelberg, 1961, SS.173–223

Provera = G. Provera, *La vindicatio caducorum : contributo allo studio del processo fiscale romano*, Torino, 1964

Pugsley = D. Pugsley, Causation and confession in the lex Aquilia, *TR* 38, 1970, pp.163–174

Quadrato = E. Quadrato, Tenere⋯vim ac potestatem : l'interpretazione della legge in Celso (D.1.3.17), *Index* 35, 2007

Riccobono = S. Riccobono, Ius est ars boni et aequi, *BIDR* 49/50, 1947

Roldán = Y. G. Roldán, *Il senatoconsulto Q.Iuio Balbo et P.Iuventio Celso consulibus factum nella lettura di Ulpiano*, Bari, 2008

Rotondi = G. Rotondi, *Leges Publicae Populi Romani*, Milano, 1922

Scacchetti = M. G. Scacchetti, Differenze di metodo fra Sabiniani e Proculiani, in *Stuidi in onore di Arnaldo Biscardi* V, 1986

Schiavone = A. Schiavone, *Studi sulle logiche dei giuristi romani : nova negotia e transactio da Labeone a Ulpiano*, Napoli, 1971

Schindler = K.- H. Schindler, Ein Streit zwischen Julian und Celsus, *ZRG* 74, 1957, SS.201–233

Schipani = S. Schipani, *Responsabilità del convenuto per la cosa oggetto di azione reale*, Torino, 1971

Schulz = F. Schulz, *History of Roman legal science*, Clarendon Press, Oxford, 1953

Schwarz, Grundlage = F. Schwarz, *Die Grundlage der condictio im klassischen römischen Recht*, 1952

Idem, Studien = F. Schwarz, Studien zur hereditatis petitio, in *TR* 24, 1956, SS.279-323

Seiler = H. H. Seiler, Iavolenus Priscus, in Stolleis

Serrao = F. Serrao, interpretazione della legge, *ED* 22, 1972

Sirks = A.J.B. Sirks, The slave who was slain twice : causality and the lex Aquilia (Iulian. 86 dig. D.9,2,51), *TR* 79, 2011, pp.313-351

Stein, Regulae = P. Stein, *Regulae Iuris : From Juristic Rules to Legal Maxims*, Edinburgh, 1966

Idem, Two Schools = P. Stein, Two Schools of Jurists in Early Roman Principate, in *The Cambridge law Journal* 31 (1), 1972

Stolleis = M. Stolleis (Hg.), *Juristen. Ein biographisches Lexikon. Von der Antike bis zum 20. Jahrhundert*, München, 1995

Stroux = J. Stroux, *Summum ius, summa iniuria, in Römische Rechtswissenschaft und Rethorik*, 1949, SS.9-80 （吉原達也訳『法の極みは不法の極み』日大法学79巻2号, 2013年)

Talamanca = M. Talamanca, *Studi sulla legittimazione passiva alla "hereditatis petitio"*, Roma,1956

Talbert = Richard J.A. Talbert, *The senate of imperial Rome*, Princeton, 1984

Tellegen = J. W. Tellegen, Gaius Cassius and the Schola Cassiana in Pliny's Letter VII 24,8, in *ZRG* 105, 1988

Thilo = R. M. Thilo, *Der codex accepti et expensi im römischen Recht*, Göttingen, 1980

Tissoni = G. G. Tissoni, Sul 'consilium principis' in età traianea (gli 'Amici Principis' e il 'Consilium'), *SDHI* 31, 1965

Tuori, Lawyers = K. Tuori, *Ancient Roman lawyers and modern legal ideals : studies on the impact of contemporary concerns in the interpretation of ancient Roman legal history*, Frankfurt am Mein, 2007

Ussani, Valori = V. S. Ussani, *Valori e storia nella cultura giuridica fra Nerva e Adriano : Studi su Nerazio e Celso*, Napoli, 1979 （書評：C. Krampe, *ZRG* 102, 1985, SS.586-598)

Idem, arcaismo = L'arcaismo di Iuventius Celsus, *Ostraka* 14 (1), Napoli, 2005

Voci = P. Voci, *Diritto ereditario romano* II, 2a edozione, 1963

Vogt = H. Vogt, Die sogenannten Rechtsschulen der Proculianer und

Sabinianer oder Cassianer, in D. Nörr und D. Simon (Hg.), *Gedächtnisschrift für Wolfgang Kunkel*, Frankfurt am Main, 1984

Volterra = E. Volterra, senatus consulta, in *NNDI* 16, 1969

von Lübtow, Iustitia = U. Von Lübtow, De iustitia et iure, *ZRG* 66,1948

Idem, Untersuchungen = U. von Lübtow, *Untersuchungen zur lex Aquilia de damno iniuria dato*, Berlin, 1971

Watson = A. Watson, *The law of succession in the later Roman Republic*, Oxford, 1971

Welle = Welle, *In universalibus pretium succedit in locum rei, res in locum pretii : eine Untersuchung zur Entwicklungsgeschichte der dinglichen Surrogation bei Sondervermögen, Berlin*, 1987

Wieacker, Amovenitates = F. Wieacker, Amovenitates Iuventianae, Iura 13, 1962

Idem, RRG = F. Wieacker, *Römische Rechtsgeschchte*, 2 Abs., München, 2006

Wlassak = M. Wlassak, *Anklage und Streitbefestigung im Kriminalrecht der Römer*, Wien, 1917

青井＝青井秀夫『法理学概説』有斐閣，2007年

赤井＝赤井伸之「古代ローマ法学者の法社会学的研究：ティベリウス・コルンカニウスの場合」亜細亜法学10（2），1976年

粟辻＝粟辻悠「古代ローマ帝政後期における弁護人」（一）～（五・完），京都大学法学論叢174巻6号～176巻4号，2014～2015年

飯坂＝飯坂晃治『ローマ帝国の統治構造―皇帝権力とイタリア都市』北海道大学大学院文学研究科研究叢書25，北海道大学出版会，2015年

石川＝石川真人「民法719条の歴史的背景と論理構造」（新井誠，山本敬三編『ドイツ法の継受と現代日本法：ゲルハルド・リース教授退官記念論文集』日本評論社，2009年，583-597頁，所収）

上山『法社会史』＝上山安敏『法社会史』みすず書房，1966年

同『近代ヨーロッパ』＝上山安敏編『近代ヨーロッパ法社会史』ミネルヴァ書房，1987年

大木＝大木正俊『イタリアにおける均等待遇原則の生成と展開―均等待遇原則と私的自治の相克をめぐって―』日本評論社，2014年

大西『セネカ』＝大西英文他編『セネカ哲学全集』1～6，岩波書店，2005～2006年

同『アッティカ』＝アウルス・ゲッリウス著，大西英文訳『アッティカの夜 1』京都大学学術出版会，2016年

岡他編『キケロー』＝岡道男，片山英男，久保正影，中務哲郎編『キケロー選集』1～16，岩波書店，1999～2002年

同『プラウトゥス』＝岡道男他編『西洋古典叢書　プラウトゥス　ローマ喜劇集2』京都大学出版会，2001年

木村＝木村健治他編『西洋古典叢書　テレンティウス　ローマ喜劇集5』京都大学出版会，2002年

国原『皇帝伝』＝スエトニウス著，国原吉之助訳『ローマ皇帝伝』岩波書店，1986年

同『同時代史』＝国原吉之助訳『タキトゥス　同時代史』筑摩書房，1996年

佐藤「AEQUITAS」＝佐藤篤士「AEQUITAS考」早稲田法学57（3），1982年

同『12表法』＝佐藤篤士『改訂　LEX XII TABULARUM—12表法原文・邦訳および解説—』早稲田大学比較法研究所叢書21，1993年

同『ガーイウス』＝佐藤篤士監訳，早稲田大学ローマ法研究会訳『ガーイウス法学提要』敬文堂，2002年

真田「弁論術」＝真田芳憲「共和政末期における弁論術Rhetoricaと法学の解釈方法」法学新報74巻2・3号，1967年

同「無遺言相続」＝真田芳憲「古代ローマにおける無遺言相続について」法学新報74巻9・10号，1967年

同「古典性」＝真田芳憲「ローマ法の《古典性》について」中央大学90周年「記念論文集」法学部編所収（1975年）

柴田『裁判制度』＝柴田光蔵『ローマ裁判制度研究』世界思想社，1968年

同「法学」＝柴田光蔵「ローマ法学」（碧海純一他編『法学史』東京大学出版会，1976年，25-76頁所収）

柴田他編『法格言集』＝柴田光蔵・林信夫・佐々木健編『ラテン語法格言集』慈学社，2010年

島田＝島田誠「locus celebrissimus—古代ローマにおける記念建造物の設置と元老院決議等の公示について—」西洋史研究42，2013年

新保「皇帝裁判」＝新保良明「ローマ帝政前期の皇帝裁判における皇帝顧問団—判決決定への関与を巡って—」長野工業高等専門学校・紀要31号，1997年

同「皇帝顧問団」＝新保良明「ローマ帝政前期における皇帝顧問団の人的構成」東京都市大学共通教育部紀要Vol.9，2016年

同『帝国官僚』＝新保良明『古代ローマの帝国官僚と行政』ミネルヴァ書房，2016年

芹澤＝芹澤悟「用益権に関するユリアヌスの法的判断について」亜細亜法学41（2），2007年，29-53頁

早大ローマ法研究会＝早稲田大学ローマ法研究会訳「パウルス『意見集』」（I）〜（IV），早稲田法学79巻3号〜89巻4号，2004〜2014年

高橋他編＝高橋和之他編『法律学小辞典（第五版）』有斐閣，2016年

田中＝田中実「D.23.3.81およびD.46.3.94（パピニアヌス『質疑録』第8巻）に対するジャック・キュジャース（1520—1590）の註解—硬貨の所有物取戻訴

権について―」南山法学32巻3・4号，2009年

西村＝西村隆誉志『ローマ損害賠償法理論史―法律論の歴史過程―』愛媛大学法
　　学研究叢書1，1999年

能見＝能見善久「金銭の法律上の地位」（星野英一編『民法講座　別巻1』1990
　　年，有斐閣，所収）

長谷川＝長谷川史明「ローマ法学史上の二学派をめぐって」（ホセ・ヨンパルト，
　　三島淑臣編『法の理論』15，成文堂，1995年，所収）

林智良『共和政末期』＝林智良『共和政末期ローマの法学者と社会』法律文化
　　社，1997年

同「執政官」＝林智良「共和政末期ローマにおける執政官就任者と法学・弁論
　　術・軍功」奈良法学会雑誌11巻4号，1999年

同「ローマ元首政」＝林智良「ローマ元首政の始まりと法学者―ラベオーとカピ
　　トーの軌跡から」（佐々木有司編『法の担い手たち（法文化叢書7）』国際書
　　院，2009年，15-36頁，所収）

林信夫「帳簿」＝林信夫「ローマ社会における『帳簿』と法について」立教法学
　　55，2000年

同「書評」＝林信夫（書評）新保良明「ローマ帝政前期の騎士将校に関する一考
　　察―任官と任務を巡って」同「ローマ帝政前期における騎士官僚―任官と任
　　務に関する一考察」法制史研究56，2006年，所収

原田慶吉『ローマ法』＝原田慶吉『ローマ法』有斐閣，1949年

同『史的素描』＝原田慶吉『日本民法典の史的素描』創文社，1954年

原田俊彦『共和政初期』＝原田俊彦『ローマ共和政初期立法史論』敬文堂，2002
　　年

同「加工」＝原田俊彦「ローマ法上の『加工』について―小川報告へのコメント」
　　（早稲田大学比較法研究所編『比較と歴史の中の日本法学―比較法学への日本
　　法学からの発信―』早稲田大学比較法研究所叢書34，2008年，所収）

同「浪費に関する法律」＝原田俊彦「ハンニバル戦争期の浪費に関する法律につ
　　いて」早稲田法学88巻2号，2013年

比佐＝比佐篤「共和政ローマにおけるレガトゥス職の成立とその意義」歴史家協
　　会年報9号，2014年

平野＝平野敏彦「キケロ『トピカ』についての覚書―ローマにおける弁論家と法
　　学者―」（植松秀雄編『埋もれていた術・レトリック』木鐸社，1998年所収）

藤澤『弁論家の教育』＝藤澤令夫他編『西洋古典叢書　クインティリアヌス　弁
　　論家の教育』1～4，京都大学出版会，2005～2016年

船田「法学説」＝船田享二「ハドリアヌス帝の法学説公定」（1）（2・完），国家学
　　会雑誌51巻5～6号，1937年

同『ローマ法』＝船田享二『ローマ法』1～5巻，岩波書店，1968～1972年

星野「契約思想」＝星野英一「契約思想・契約法の歴史と比較法」（星野英一『民

法論集　第6巻』有斐閣1986年，所収）

同「意思自治」＝星野英一「意思自治の原則，私的自治の原則」（星野英一『民法
　　論集　第7巻』有斐閣1989年，所収）

松平＝松平千秋訳『ホメロス　オデュッセイア』（上）〜（下），岩波書店，1994年

水谷＝水谷智洋編『ラテン語図解辞典』研究社，2013年

南川＝南川高志『ローマ皇帝とその時代』創文社，1995年

南川他訳＝アエリウス・スパルティアヌス他『西洋古典叢書　ローマ皇帝群像』1
　　〜4巻，南川高志，桑山佳文，井上文則訳，京都大学出版会，2004〜2014年

宮坂＝宮坂渉「金銭の取戻し（vindicato nummorum）」早稲田法学会誌56巻，
　　2006年

武藤＝武藤智雄「ことばと意思」（一）〜（二・完），阪大法学21〜23号，1957年

山田＝山田晟『ドイツ法律用語辞典（改訂増補版）』大学書林，1993年

吉原＝吉原達也訳「キケロ『トピカ』」広島法学34巻2号，2010年

吉原他編＝吉原達也・西山敏夫・松嶋隆弘編『リーガル・マキシム：現代に生き
　　る法の名言・格言』三修社，2013年

米田＝米田利浩「ローマ元首政におけるフィスクスの性格と元首」史林76巻1
　　号，1993年

アヴェナリウス＝マルティン・アヴェナリウス（福田誠治訳）「（講演）自然法・
　　現に生きている法・主張された法意識―学説彙纂50巻17章第1法文（パウル
　　ス『プラウティウス註解』第16巻）の釈義と影響史に関する覚書」上智法学
　　論集59巻4号，2016年

クリンゲンベルク＝ゲオルク・クリンゲンベルク（瀧澤栄治訳）『ローマ債権法講
　　義』大学教育出版，2001年

ハルプバックス＝ヴェレーナ・T・ハルプバックス著（飛世昭裕訳）「クリウス事
　　件」（U.ファルク，M.ルミナティ，M.シュメーケル編著，小川浩三，松本尚
　　子，福田誠二監訳『ヨーロッパ史のなかの裁判事例―ケースから学ぶ西洋法
　　制史』ミネルヴァ書房，2014年，所収）

ボウマン＝アラン・K・ボウマン（後藤篤子訳）「ローマ帝国における官僚制と
　　文書」（深津行徳・浦野聡編著『古代文字史料の中心性と周縁性』春風社，
　　2006年，所収）

マイッセル＝フランツ＝シュテファン・マイッセル著（福田誠治訳）「ユリアヌス
　　と物権契約の発見」（U.ファルク，M.ルミナティ，M.シュメーケル編著，小
　　川浩三，松本尚子，福田誠二監訳『ヨーロッパ史のなかの裁判事例―ケース
　　から学ぶ西洋法制史』ミネルヴァ書房，2014年，所収）

マイヤー＝E.マイヤー（鈴木一州訳）『ローマ人の国家と国家思想』岩波書店，
　　1978年

マンテ＝ウルリッヒ・マンテ著（田中実 / 滝沢栄治訳）『ローマ法の歴史』ミネル
　　ヴァ書房，2008年

索　引

アルファベット

Crook　　33, 34

Honoré　　5, 6, 23, 141

Kunkel　　5, 6, 11, 33, 41, 43, 44, 51, 74, 77, 78

Liebs　　5, 24, 25, 47, 48, 62, 74, 111, 146

Mommsen　　33, 34, 37, 52, 134

O, Lenel　　3, 47, 59, 113, 114, 116, 129, 143, 145, 146, 154, 178, 181, 195, 196, 200

Schulz　　4, 5, 15, 16, 17, 19, 39

あ　行

アウグストゥス　　15, 16, 19-21, 25, 26, 28, 30-32, 34, 44, 50, 52, 53, 139, 149, 176, 180

アクィリウス法　　12, 129-141, 178, 181-184, 186-188, 194-202

アゾ　　49

アフリカヌス　　105-107, 109, 122, 124

ウルピアヌス　　3, 45-48, 58, 59, 78, 79, 125, 134, 135, 139, 141, 185, 187, 195-200

永久告示録　　17, 68, 177, 180

か　行

ガイウス　　17, 18, 22, 26, 60, 71, 83, 104, 105, 107, 109, 115, 116, 122-125, 127, 128, 133, 147, 148

解答権　　9, 15-20, 25, 26, 44, 74

カエサル　　35, 39, 50-52, 109, 176

学説彙纂　　2, 3, 5, 39, 46, 98, 161, 178, 181, 185, 196-199

カピト　　18, 20-22, 25, 27, 47

キケロー　　3, 4, 81, 83, 86, 87, 92, 93, 97, 115, 117, 118, 139, 150, 151

クヤキウス　　3, 192

ゲッリウス　　115

ケルスス　　1, 3, 10-12, 18, 20, 41-52, 54, 64, 72-75, 77-80, 82-87, 98-105, 107, 108, 111-117, 129, 131, 133, 134, 137-148, 150, 161-165, 172, 174, 175, 186, 187, 192, 194, 203-208

元老院議決　　11, 17, 30, 38, 41, 45-50, 58, 62, 65, 67, 68, 70, 71, 73, 75, 115, 147, 203

皇帝金庫　　34-36, 55-58, 60, 61, 65-67, 71-73, 75

皇帝顧問会　　6, 9, 11, 18, 28, 29, 31, 36-38, 45, 71, 177, 180, 203, 204, 207

告示註解ad edictum　　3, 45-48, 50, 55, 59-61, 63, 65, 68, 69, 83, 118, 131, 134, 135, 138, 139, 146, 148, 185, 191, 195, 199

国民金庫　　56-58

五賢帝　　3, 8, 39, 165, 176

古典期　　1, 2, 4-8, 11, 15, 47, 48, 78, 100, 126, 128, 188, 190

近衛長官　　28, 47

古法学者　　101, 102, 135, 140, 141, 150, 157, 171, 178, 182, 184, 188, 192, 198, 199, 201, 202, 206

コンスル　　4, 44, 49, 51, 75, 149

コンモドゥス　　68

さ　行

サヴィニー　　49

サビヌス　　3, 4, 9, 11, 15, 18, 20-22, 24-28, 44, 105, 146, 165, 167, 169,

171, 179, 191, 203

　―学派　3, 4, 9, 11, 15, 18, 20, 24, 25, 38, 165, 179, 203

市民法大全　2

市民法の再構成 palingenesia iuris civilis　3

市民法論　24

修辞学　13, 79, 86, 102, 112

十二表法　4, 39, 81, 93, 130, 131, 133, 148

審判人　15, 16, 18, 21, 55, 121

人文主義法学　2, 3, 192

スエトニウス　51-53, 94-96, 149

セネカ　94-96, 115, 119, 121

セプティミウス・セウェルス　36, 46

セルウィウス・スルピキウス・ルフス　4, 118, 152-158, 173-175, 204, 205

た　行

大陸法　2, 8

注釈学派　2, 49, 59, 153, 178, 184, 192, 194, 201

勅答　5, 70, 71, 180

勅法集　5, 39, 73

ティベリウス　4, 21, 22, 30, 32, 53, 54

テレンティウス　81, 86, 87, 89, 90, 115, 117

トゥベロ　20, 144-146, 148, 150-159, 161, 162, 164, 165, 173, 175

ドミティアヌス　56

な　行

ネロ　95

は　行

パウルス　31, 47, 55, 64, 67-69, 75, 101-103, 115, 118, 141, 147, 148, 158, 164, 168-172, 174, 175, 193

ハドリアヌス　16, 19, 48, 52, 54, 55, 57, 68-75, 177, 203

パピニアヌス　5, 31, 36, 48, 76, 115, 168, 169, 170, 172, 174, 205

バルトルス　49

パンデクテン　49

万民法　80, 81, 86, 100

プラウトゥス　81, 86-89, 90

プラエトル　15, 19, 21, 22, 24, 42, 80, 81, 93, 130, 142, 147, 179, 180, 195

プロクルス　3, 7, 9, 11, 15, 18, 20, 22, 24, 25, 27, 38, 41, 42, 58, 95-97, 103, 108, 119, 140, 148, 196, 197, 199, 200, 203

　―学派　3, 9, 11, 15, 18, 20, 24, 25, 27, 38, 41, 42, 96, 140, 148, 203

プロコンスル　20, 45, 53, 149, 179

プロソポグラフィー　5, 41

弁論術　13, 44

法学者　1-19, 32, 36, 107, 115, 203

法学大全　34, 36, 63, 64, 83, 98, 103, 113, 114, 144-148, 175, 181, 206, 207

法学提要　17, 26, 39, 71, 78, 83, 105, 115, 123, 146, 148

方式書　66, 93-95, 97

法務官　1, 3, 18, 41, 42, 179

ポンポニウス　3, 20, 25, 26, 27, 48, 83, 104, 147, 148, 151, 165, 167, 173, 174, 179, 206

ま　行

マルクス・アウレリウス　28-30, 35, 48, 68

や　行

ユニウス法　56

ユリアヌス　3, 17, 20, 29, 83, 177-181, 183-188, 190-196, 198-202, 206-

208
ユリウス法　56

ら　行

ラベオ　18, 20-22, 24, 25, 27, 48, 58,
　94, 96-98, 108, 139, 140, 144, 146-
　148, 156-158, 165-167, 172, 174,
　175, 197, 200
ローマ法大全　2, 39

A Study of Roman Legal Lawyers in the Imperial Period
With a Central Focus on Celsus

TSUKAHARA Yoshihisa

Romans preserved a lot of cultural heritages, one of which was the legal culture. This legal culture lived for a long time after the fall of the Roman Empire, from the medieval until the modern era. It became the basis of continental law, and influenced the Japanese legal system, especially civil law.

Romans, especially jurists, created their own legal culture. Some of their legal books, received through their pupils, are found in the *digesta* of *corpus iuris civilis*. Analyzing these books, helps us understand Roman jurists' legal thinking. These operas interested many people after the medieval age, and the analyses began at the University of Bologna, which are read by many jurists until modern times.

Acordingly, we see parts of Roman jurists' works in the *digesta* of *corpus iuris civilis*. Some scholars attempted to recompose Roman jurists' works in the modern age. In the 20th century, W. Kunkel, a German scholar of Roman law, developed the study of Roman law by reserching the origins and careers of Roman jurists.

The study of Roman lawyers developed extensively from the 19th to the 20th centuries, including the reconstruction of their legal works, in an attempt to reconstruct the thinking of Roman jurists recorded in *digesta* from various perspectives, in the absence of sources. This book surveys the real state of Roman jurists in the focus of two jurists of the classical period, Celsus and Julianus, through reserch on legal works, origins, and careers.

著者紹介

塚原　義央（つかはら　よしひさ）

1982 年生まれ。東北学院大学法学部講師。2018 年，博士（法学）早稲田大学。専門はローマ法，西洋法制史。

〈主要著作〉
小川浩三・松本尚子・宮坂渉編著『キーコンセプト法学史』ミネルヴァ書房，2024 年（担当：分担執筆，範囲：4 註解）

早稲田大学エウプラクシス叢書　46

帝政期ローマの法学者
ケルススの分析を中心に

2024 年 10 月 31 日　　初版第 1 刷発行

著　者·······················塚原　義央
発行者·······················須賀　晃一
発行所·······················株式会社 早稲田大学出版部
　　　　　　　　　　169-0051 東京都新宿区西早稲田 1-9-12
　　　　　　　　　　電話 03-3203-1551　https://www.waseda-up.co.jp/
編集協力·······················株式会社ライズ
装　丁·······················笠井　亞子
印刷・製本·······················大日本法令印刷 株式会社

ⓒ 2024, Yoshihisa Tsukahara, Printed in Japan　　ISBN978-4-657-24803-9
無断転載を禁じます。落丁・乱丁本はお取替えいたします。

刊行のことば

　1913（大正2）年、早稲田大学創立 30 周年記念祝典において、大隈重信は早稲田大学教旨を宣言し、そのなかで、「早稲田大学は学問の独立を本旨と為すを以て　之が自由討究を主とし　常に独創の研鑽に力め以て　世界の学問に裨補せん事を期す」と謳っています。

　古代ギリシアにおいて、自然や社会に対する人間の働きかけを「実践（プラクシス）」と称し、抽象的な思弁としての「理論（テオリア）」と対比させていました。本学の気鋭の研究者が創造する新しい研究成果については、「よい実践（エウプラクシス）」につながり、世界の学問に貢献するものであってほしいと願わずにはいられません。

　出版とは、人間の叡智と情操の結実を世界に広め、また後世に残す事業であります。大学は、研究活動とその教授を通して社会に寄与することを使命としてきました。したがって、大学の行う出版事業とは大学の存在意義の表出であるといっても過言ではありません。これまでの「早稲田大学モノグラフ」「早稲田大学学術叢書」の2種類の学術研究書シリーズを「早稲田大学エウプラクシス叢書」「早稲田大学学術叢書」の2種類として再編成し、研究の成果を広く世に問うことを期しています。

　このうち、「早稲田大学エウプラクシス叢書」は、新進の研究者に広く出版の機会を提供することを目的として刊行するものです。彼らの旺盛な探究心に裏づけられた研究成果を世に問うことが、他の多くの研究者と学問的刺激を与え合い、また広く社会的評価を受けることで、研究者としての覚悟にさらに磨きがかかることでしょう。

　創立150周年に向け、世界的水準の研究・教育環境を整え、独創的研究の創出を推進している本学において、こうした研鑽の結果が学問の発展につながるとすれば、これにすぐる幸いはありません。

2016年11月

早稲田大学